D1562026

LES SECRETS DU
CERVEAU FÉMININ

DR LOUANN BRIZENDINE

LES SECRETS DU CERVEAU FÉMININ

Traduit de l'américain
par
Marie-France Girod

BERNARD GRASSET
PARIS

*L'édition originale de cet ouvrage a été publiée par
Broadway Books / The Doubleday Broadway Publishing Group,
en 2006, sous le titre :*

THE FEMALE BRAIN

ISBN 978-2-246-72301-1

Pour mon mari,
Samuel Barondes,

Mon fils,
John Whitney Brizendine,

Et à la mémoire de
Louise Ann Brizendine,
avec affection.

Introduction

Ce qui fait de nous des femmes

Le code génétique des hommes et celui des femmes sont semblables à plus de 99 %. Sur les quelque trente mille gènes que compte le génome humain, une différence inférieure à 1 % entre les sexes est minime. Elle a néanmoins une influence sur chaque cellule de notre corps, depuis les nerfs qui enregistrent le plaisir et la douleur jusqu'aux neurones qui transmettent la perception, les pensées, les sentiments et les émotions.

Pour un œil exercé, le cerveau de l'homme et celui de la femme ne sont pas identiques. Le cerveau masculin est plus gros d'environ 9 %, même en tenant compte de la taille du corps. Au XIXe siècle, les scientifiques s'en sont servis pour affirmer que la femme avait une capacité mentale moindre. En réalité, les deux sexes ont un nombre égal de cellules cérébrales. Simplement, chez la femme, ces cellules sont maintenues comme dans un corset à l'intérieur d'un crâne plus petit, et leur densité est supérieure.

Durant la plus grande partie du XXe siècle, la plupart des scientifiques ont présumé que les femmes étaient essentiellement des hommes plus petits, sur le plan neurologique comme sur tous les autres, sauf celui des fonctions reproductrices. Cette présomption a été au cœur de malentendus persistants sur la psychologie et la physiologie féminines.

Jusque dans les années 1990, les chercheurs n'ont guère prêté attention à la physiologie, à la neuro-anatomie et à la psychologie féminines, qu'ils n'estimaient pas être à part de celles des hommes. J'ai pu le constater lorsque je faisais mes études de neurobiologie à Berkeley, dans les années 1970, puis pendant ma médecine à Yale et enfin durant ma spécialisation en psychiatrie au Massachusetts Mental Health Center de la Harvard Medical School. Je n'y ai pas appris grand-chose sur les différences biologiques ou neurologiques des femmes, en dehors de la grossesse. Le jour où, à Yale, un professeur a présenté une étude sur le comportement animal, j'ai levé la main et demandé quelles étaient ses conclusions pour les femelles. Il a balayé ma question d'un revers de main. « Nous n'utilisons jamais de femelles pour ce genre d'études, a-t-il affirmé, car leur cycle menstruel brouillerait les données. »

D'après les rares recherches disponibles, toutefois, on pouvait supposer que les différences cérébrales étaient importantes, quoique subtiles. En tant qu'interne en psychiatrie, j'ai été fascinée par le fait que le ratio des dépressions chez les femmes était de deux pour un chez les hommes. Personne n'était capable d'avancer un argument valable pour expliquer ce phénomène. Pour ma part, ayant fait mes études universitaires au plus fort du mouvement féministe, je penchais pour des explications d'ordre politique et psychologique. Adoptant une attitude typique des années 1970, j'attribuais la responsabilité de cette prédominance au caractère patriarcal de la culture occidentale qui, pensais-je, avait empêché les femmes de se développer et d'être aussi aptes que les hommes. Mais cette explication seule était insuffisante : de nouvelles études révélaient que dans le monde entier, le ratio de la dépression était le même. J'ai commencé alors à penser qu'il se passait quelque chose d'autre, plus important, et qu'il fallait chercher du côté biologique.

Un jour, j'ai été frappée de constater que dans le cas de la dépression, la différence de pourcentage entre les hommes et les femmes commençait seulement lorsque ces dernières atteignaient douze ou treize ans, soit l'âge des premières règles. Visiblement, l'action des modifications chimiques de la puberté sur le cerveau accentuait la dépression chez la jeune fille. À l'époque, seul un petit nombre de scientifiques faisaient des recherches sur ce lien et la plupart des psychiatres avaient comme moi été formés selon les théories psychanalytiques traditionnelles, qui se penchaient sur le vécu de l'enfance, mais ne tenaient aucun compte de la chimie spécifique du cerveau féminin. À partir du moment où, lors de l'évaluation psychiatrique de mes patientes, j'ai pris en compte leur état hormonal, j'ai découvert les effets neurologiques considérables de ces hormones à différentes étapes de la vie des femmes et leur influence sur leurs désirs, leurs valeurs et leur perception de la réalité.

Les différentes réalités créées par les hormones sexuelles m'ont sauté aux yeux lorsque j'ai eu à soigner des patientes atteintes de ce que j'appelle le syndrome prémenstruel aigu du cerveau. Chez toutes les femmes, le cerveau subit au cours des règles de petites modifications quotidiennes. Pour certaines zones cérébrales, ces variations peuvent atteindre 25 % chaque mois. Généralement, elles sont supportables, même si cela ne va pas sans moments pénibles. En revanche, chez quelques-unes de mes patientes, l'action des hormones était si perturbante certains jours qu'elles s'avéraient incapables de travailler ou de s'adresser à quelqu'un sans risquer de fondre en larmes ou de sauter à la gorge de leur interlocuteur. Le reste du mois, elles étaient actives, intelligentes, productives et optimistes, mais ces jours-là, la moindre variation du flux hormonal dans le cerveau leur donnait une vision sinistre de leur avenir et elles se haïssaient, elles et la vie qu'elles menaient. Ces idées sombres avaient une existence réelle, et ces femmes agissaient comme si elles devaient durer éternellement, même si elles étaient simplement dues aux variations hormonales de leur cerveau. Dès que le mouvement s'inversait, elles redevenaient elles-mêmes. Cette forme extrême de syndrome prémenstruel, que l'on rencontre seulement chez un petit pourcentage de femmes, m'a fait comprendre pour la première fois comment la réalité du cerveau féminin peut changer subitement.

Si la réalité d'une femme pouvait changer radicalement d'une semaine sur l'autre, il devait en aller de même des variations hormonales considérables qui se produisent au cours de son existence. Afin de poursuivre mes recherches sur une plus grande échelle, j'ai donc fondé en 1994 la Women's Mood and Hormone Clinic au sein du département de psychiatrie de l'Université de Californie à San Francisco. C'était l'un des premiers centres de soin américains consacré à l'étude des états du cerveau féminin et de l'action des hormones et de la neurochimie sur l'humeur.

Ce que nous avons découvert, c'est que les hormones agissent si intensément sur le cerveau féminin que leur influence crée à proprement parler une réalité pour la femme. Elles peuvent ainsi déterminer ses valeurs et ses désirs, et lui dicter, jour après jour, ce qui est important. Leur présence est perçue à toutes les étapes de la vie, dès la naissance. Chaque état hormonal – enfance, adolescence, période des premières aventures, maternité et ménopause – vient fertiliser différentes connexions neurologiques responsables de pensées, d'émotions et d'intérêts nouveaux. Du fait des fluctuations qui débutent dès l'âge de trois mois et durent jusqu'après la ménopause, la réalité neurologique d'une femme est moins constante que celle d'un homme. Cette dernière ressemble à une montagne que les glaciers, le climat et les variations tectoniques de la terre érodent imperceptiblement au fil des millénaires. Celle de la femme est changeante et imprévisible comme le temps qu'il fait.

La nouvelle science du cerveau a très vite modifié notre conception des différences neurologiques fondamentales entre les hommes et les femmes. Autrefois, les savants ne pouvaient étudier ces différences qu'en disséquant les cerveaux des cadavres ou en étudiant les symptômes manifestés par des individus souffrant de pathologies cérébrales. Mais grâce aux progrès de la génétique et de la technologie d'imagerie cérébrale non-invasive, la recherche et la théorie des neurosciences ont connu une véritable révolution. De nouveaux outils tels que la tomographie par émission de positons (PET) et l'imagerie par résonance magnétique fonctionnelle (IRMf) permettent désormais de voir l'intérieur du cerveau en temps réel, pendant qu'il résout des problèmes, produit des mots, évoque des souvenirs, déchiffre une expression, énonce la vérité, tombe amoureux, écoute des pleurs de bébé et ressent de la dépression, de la peur, de l'anxiété.

Ces techniques ont permis aux spécialistes de

documenter un tableau étonnant de différences fonctionnelles, structurelles, chimiques, génétiques et hormonales entre le cerveau féminin et le cerveau masculin. Nous avons ainsi appris l'existence de différences dans la sensibilité cérébrale au stress et au conflit. Les hommes et les femmes n'utilisent pas les mêmes zones, ni les mêmes circuits pour résoudre les problèmes, employer le langage, expérimenter et emmagasiner une même émotion forte. Les femmes vont se rappeler les moindres détails de leurs premiers rendez-vous amoureux et de leurs pires disputes, tandis que leur mari aura le plus grand mal à se souvenir de l'événement même. La structure et la chimie du cerveau sont intimement liées à cet état de fait.

Il existe des différences dans la façon dont le cerveau féminin et le cerveau masculin traitent les stimuli, entendent, voient, sentent, et évaluent ce que les autres éprouvent. Les systèmes opérants de l'un et de l'autre sont globalement compatibles et habiles, mais ils utilisent des circuits différents pour accomplir une même tâche et parvenir à un même but. Lors d'une étude menée par des chercheurs allemands, on a scanné le cerveau d'hommes et de femmes en train d'imprimer mentalement une rotation à des formes abstraites en trois dimensions. En terme de performance, il n'y a eu aucune différence entre les deux sexes, mais on a constaté des différences significatives au niveau des circuits du cerveau activés pour accomplir cette tâche. Les femmes ont actionné des voies cérébrales liées à l'identification visuelle et passé plus de temps que les hommes à se représenter mentalement les objets.

Sous le microscope ou le scan d'une IRMf, les différences entre les cerveaux des deux sexes se révèlent complexes et d'une certaine ampleur. Dans le centre du langage et celui de l'audition, par exemple, les femmes ont 11 % de neurones en plus. L'hippocampe, principale plate-forme des émotions et de la formation de la mémoire, est aussi plus volumineux dans le cerveau féminin, tout comme les réseaux de circuits du langage et de l'observation des émotions chez autrui. Autrement dit, les femmes sont généralement meilleures pour exprimer leurs émotions et pour se remémorer en détail des événements où l'émotion entre en ligne de compte. Chez les hommes, au contraire, l'espace cérébral consacré aux pulsions sexuelles est deux fois et demie plus important, et le centre de l'action et celui de l'agressivité sont de plus grande taille. Un cerveau masculin va être traversé par des idées sexuelles plusieurs fois par jour, celui d'une femme, seulement une fois par jour – trois ou quatre fois les jours torrides.

Ces variations structurelles fondamentales pourraient expliquer des différences de perception. Lors d'une étude, on a scanné le cerveau d'hommes et de femmes en train d'observer un homme et une femme bavardant ensemble. Chez les hommes, les zones sexuelles du cerveau ont tout de suite réagi : ils voyaient la scène comme le prélude possible à une aventure. Ce n'était pas le cas du cerveau des femmes, qui voyaient juste deux personnes en pleine conversation.

Les hommes possèdent également des processeurs de plus grande taille dans le noyau de l'aire la plus primitive du cerveau, l'amygdale, qui enregistre la peur et déclenche l'agression. C'est pourquoi certains sont capables de passer en quelques secondes du calme à la bagarre, tandis que beaucoup de femmes feront des pieds et des mains pour désamorcer le conflit. Mais le stress psychologique du conflit s'imprime plus profondément dans certaines zones du cerveau féminin. Même si nous vivons dans un environnement urbain moderne, nous habitons un corps construit pour vivre en pleine nature et le cerveau de chaque femme comporte encore l'ancien réseau de circuits de ses lointaines ancêtres, programmé pour la réussite des gènes, mais encore habité par les instincts développés en réponse au stress d'une époque reculée. Nos réponses au stress ont été élaborées pour réagir au danger physique et aux situations où notre vie est menacée. Si cette réaction au stress est associée aux défis de la vie moderne, où les femmes doivent jongler avec les exigences de l'organisation domestique, de l'éducation des enfants et de la carrière sans être suffisamment aidées, elles peuvent fort bien percevoir quelques factures impayées comme un stress qui met leur vie en danger. Cette réponse pousse le cerveau féminin à réagir comme si toute la famille était menacée par une catastrophe imminente. Le cerveau masculin n'aura pas la même perception, sauf si la menace est celle d'un danger physique et immédiat. Ces différences structurelles sont à la base de nombreuses différences que l'on constate entre les deux sexes dans le comportement et les expériences de la vie quotidienne.

Les instincts biologiques sont la clé pour comprendre la façon dont nous sommes programmées et la clé de notre succès dans le monde actuel. Si nous avons conscience que nos pulsions sont guidées par un état biologique du cerveau, nous pouvons choisir de ne pas agir ou d'agir autrement. Auparavant, il convient d'apprendre à reconnaître comment le cerveau féminin est conformé et structuré par l'évolution, la biologie et la culture. Faute de quoi, la biologie est maîtresse de notre destin et nous sommes impuissantes face à elle.

La biologie ne saurait constituer la base de notre personnalité et de nos tendances comportementales. Mais si, au nom du libre arbitre – et du politiquement correct – nous tentons de nier son influence sur le cerveau, nous luttons contre notre propre nature. En reconnaissant que d'autres facteurs, dont les hormones sexuelles et leur flux, viennent influer sur notre biologie, nous pouvons éviter qu'elle ne crée une réalité figée dont nous dépendrons. Le cerveau n'est qu'une machine à apprendre très douée. Rien n'est complètement fixé. La biologie affecte considérablement la réalité, mais ne la verrouille pas. Nous pouvons intervenir sur elle et, par notre intelligence et notre détermination, célébrer et si nécessaire modifier les effets des hormones sexuelles sur la structure du cerveau, le comportement, la réalité, la créativité – et la destinée.

Les hommes et les femmes ont le même niveau moyen d'intelligence, mais on a souvent interprété à tort la réalité du cerveau féminin en déclarant celui-ci moins capable dans certains domaines, comme les mathématiques et la science. En janvier 2005, Lawrence Summers, alors président d'Harvard, choqua ses collègues – et le public – en déclarant : « En ce qui concerne de très nombreux attributs humains comme l'aptitude aux mathématiques ou à la science, il est à peu près certain que quelle que soit la différence de moyens – ce dont on peut débattre – il existe une différence dans l'écart standard et dans la variabilité entre la population masculine et la population féminine. Et cela est vrai d'attributs qui sont déterminés ou non de manière plausible par la culture. » L'assistance en déduisit que pour lui, les femmes étaient de manière innée moins bien équipées que les hommes pour devenir des mathématiciennes et des scientifiques de haut niveau.

D'après les recherches actuelles, Lawrence Summers avait à la fois raison et tort. Nous savons

maintenant que lorsque les filles et les garçons parviennent à l'adolescence, ils ont les mêmes capacités en mathématiques et en sciences. Mais dès que
les œstrogènes imprègnent le cerveau féminin, les
jeunes filles se concentrent sur leurs émotions et sur
la communication – par exemple en bavardant au
téléphone et en retrouvant leurs copines au centre
commercial. Au même moment, tandis que la testostérone imprègne le cerveau masculin, les garçons
communiquent moins et deviennent obsédés par
l'idée de marquer des points – au jeu ou avec les
filles. À l'âge où filles et garçons commencent à
réfléchir à leur avenir, les premières s'intéressent
moins aux études qui requièrent un travail solitaire
et peu d'échanges avec les autres, tandis que les
seconds peuvent fort bien passer des heures devant
l'ordinateur.

L'une de mes patientes, Gina, avait manifesté
très tôt des dons étonnants pour les mathématiques.
Elle devint ingénieur, mais à vingt-huit ans, elle eut
envie d'exercer un métier qui lui permettrait de
rencontrer plus de gens et de mener une vie de
famille. Elle aimait résoudre les problèmes d'ingénierie, mais le contact quotidien avec les autres lui
manquait. Elle envisagea donc une nouvelle orientation professionnelle. C'est un conflit auquel les
femmes sont souvent confrontées, du fait de
l'action sur le cerveau féminin d'hormones qui
poussent aux relations et à la communication. Cela
explique pourquoi les femmes se retrouvent en

minorité dans les filières scientifiques, et à des postes de haut niveau dans les domaines des sciences et de l'ingénierie.

Le cerveau féminin a de formidables aptitudes : une remarquable agilité verbale, la capacité de s'impliquer à fond dans l'amitié, un don pratiquement médiumnique pour déchiffrer les émotions et les états d'âme d'après l'expression du visage et le son de la voix, la capacité de désamorcer les conflits. Tout cela est programmé dans le cerveau féminin. Ce sont des dons innés que beaucoup d'hommes, disons-le franchement, ne possèdent pas. Les hommes viennent au monde avec d'autres talents, déterminés par leur propre réalité hormonale. Mais c'est là le sujet d'un autre ouvrage.

Pendant vingt ans, j'ai soigné mes patientes en attendant avec impatience que progresse la connaissance du cerveau et du comportement féminins. C'est seulement avec le passage au nouveau millénaire que la recherche est devenue passionnante et a révélé comment la structure, le fonctionnement et la chimie du cerveau de la femme agissent sur son humeur, l'élaboration de ses pensées, son énergie, ses pulsions sexuelles, son comportement et son bien-être. Cet ouvrage fait le point sur les nouvelles recherches concernant le cerveau féminin et les systèmes neurocomportementaux propres aux femmes. Il s'appuie sur mon expérience clinique en tant que neuropsychiatre. Il montre les progrès spectacu-

laires accomplis dans notre compréhension de la génétique, des neurosciences moléculaires, de l'endoc-
rinologie fœtale et pédiatrique et du développement
neurohormonal. Il présente des exemples empruntés
à la neuropsychologie, aux neurosciences cognitives, au développement infantile, à l'imagerie du cerveau et à la psychoneuroendocrinologie. Il explore la
primatologie, l'étude des animaux et l'observation
des jeunes enfants, et tente de montrer comment des
comportements particuliers sont programmés dans
le cerveau féminin par une combinaison d'inné et
d'acquis.

Grâce à ces progrès, nous entrons enfin dans une
ère où les femmes vont pouvoir comprendre leur
biologie propre et la façon dont elle affecte leur
existence. Je me suis personnellement efforcée de
transmettre ces enseignements à des médecins, des
psychologues, des enseignants, des infirmières, des
pharmaciens et à des stagiaires, afin qu'ils en fas-
sent bénéficier les femmes et les adolescentes dont
ils s'occupent. Toutes les fois que je l'ai pu, j'ai
informé les femmes et les adolescentes sur leur
système cerveau-corps-comportement particulier et
je les ai aidées à se sentir bien à tout âge. J'espère
que ce livre sera utile à infiniment plus de femmes
et de jeunes filles que je ne peux en rencontrer dans
le cadre de ma profession. Et j'espère que le cerveau
féminin sera compris et considéré comme l'instrument doué et subtilement accordé qu'il est en fait.

LE CERVEAU FÉMININ

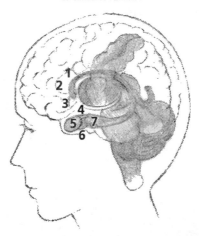

1. **CORTEX CINGULÉ ANTÉRIEUR (CCA) :** évalue les choix, prend les décisions. C'est le centre qui « se fait du mauvais sang », et il est plus volumineux chez la femme que chez l'homme.

2. **CORTEX PRÉFRONTAL (CPF) :** le souverain qui régit les émotions et les maîtrise. Il freine l'amygdale. Est de taille supérieure chez la femme, et atte sa maturité un à deux ans plus tôt que chez l'homme.

3. **INSULA :** le centre qui traite les sensations viscérales. Plus grand et plus actif chez la femme.

4. **HYPOTHALAMUS :** le chef d'orchestre de la symphonie hormonale. Il met en branle les gonades. Entre en action plus tôt dans la vie de la femn

5. **AMYGDALE :** la bête sauvage. Le noyau de l'instinct, que seul le cortex préfontal peut domestiquer. Plus grande chez l'homme.

6. **HYPOPHYSE :** produit les hormones de la fertilité, de la production de lait, et du comportement nourricier. Aide à éveiller le « cerveau maternel ».

7. **HIPPOCAMPE :** l'éléphant qui n'oublie jamais une dispute, une rencontre amoureuse ou un moment de tendresse, et ne vous laissera pas l'oublier. Plus grand et plus actif chez la femme.

NEURO-HORMONES :
LA DISTRIBUTION DES RÔLES

*(ou comment les hormones agissent
sur le cerveau féminin)*

Celles que votre médecin connaît :

L'ŒSTROGÈNE : la reine – puissante, maîtresse de la situation, super-consommatrice ; parfois strictement professionnelle, parfois d'une séduction agressive ; amie de la dopamine, de la sérotonine, de l'ocytocine, de l'acétylcholine et de la norépinéphrine (les substances chimiques du cerveau génératrices de bien-être).

LA **PROGESTÉRONE** : sœur puissante des œstrogènes, quoiqu'au second plan ; se manifeste par intermittence ; vient parfois comme un ouragan inverser les effets des œstrogènes ; à d'autres moments joue le rôle d'agent modérateur ; mère de l'alloprégnanolone (le Valium – disons le tranquillisant – du cerveau).

LA **TESTOSTÉRONE** : rapide, impérieuse, ciblée, super-consommatrice, masculine ; séductrice acharnée ; agressive, sans état d'âme ; pas de temps pour les préliminaires.

Celles dont votre médecin ignore peut-être qu'elles affectent aussi le cerveau féminin :

L'OCYTOCINE : la bonne fée ; ronronne comme un petit chat ; câline, maternelle ; aime rendre service et servir ; sœur de la vasopressine (l'hormone mâle socialisante), sœur de l'œstrogène, amie de la dopamine (une autre substance chimique du cerveau génératrice de bien-être).

LE **CORTISOL** : à cran, en boule, stressé ; extrêmement sensible, tant sur le plan physique qu'affectif.

LA **VASOPRESSINE** : énergie mâle agressive subtile, secrète, à l'arrière-plan, « frère » de la testostérone et de l'ocytocine (comme l'ocytocine, donne envie aux femmes d'avoir des rapports sur le mode actif, masculin).

LA **DHEA** : réservoir de toutes les hormones ; brume vitale omniprésente, pénétrante, fortifiante ; énergisante ; père et mère de la testostérone et des œstrogènes, surnommée « l'hormone-mère », le Jupiter et la Junon des hormones ; très présente dans la jeunesse, est réduite à presque rien dans la vieillesse.

L'**ANDROSTÈNEDIONE** : la mère de la testostérone dans les ovaires ; source d'effronterie ; au sommet de sa forme dans la jeunesse, diminue à la ménopause, meurt avec les ovaires.

L'**ALLOPRÉGNANOLONE** : la fille de la progestérone, somptueuse, réconfortante, modératrice ; sans elle, nous sommes sur les nerfs ; calmante, apaisante, elle facilite les choses ; neutralise le stress, mais dès qu'elle n'est plus là, c'est le manque et l'irritation prend le relais ; son départ soudain est l'élément clé du syndrome prémenstruel, les trois ou quatre jours qui précèdent l'arrivée des règles.

LES PHASES DE LA VIE D'UNE FEMME

Les hormones sont capables de déterminer quelles activités intéressent le cerveau. Elles aident à orienter certains comportements – maternel, social, sexuel et agressif. Elles jouent un rôle quand il s'agit de se montrer bavarde, de séduire, de sortir ou de recevoir, d'écrire des lettres de remerciement, d'organiser des goûters pour les copains des bambins, de faire des câlins, d'avoir une apparence soignée, de veiller à ne pas blesser les sentiments d'autrui, de se maintenir dans la compétition, de se masturber et de prendre l'initiative en matière sexuelle.

	MODIFICATIONS HORMONALES MAJEURES	CE QUE LES FEMMES ONT PAS LES HOMMES
STADE FŒTAL	Niveau de testostérone élevé dans le cerveau masculin, sans incidence sur sa croissance et son développement	Les cellules du cerveau sont X un surcroît de gènes pour un c pement cérébral rapide et des spécifiquement féminins
ENFANCE	Entre 6 et 24 mois, sécrétion de quantités massives d'œstrogènes avant que la pause juvénile n'arrête la production d'hormones	Niveau d'œstrogènes élevé l'âge de 2 ans
PUBERTÉ	Accroissement des niveaux d'œstrogènes, de progestérone et de testostérone, qui entament un cycle mensuel	Plus d'œstrogènes, moins de t rone; le cerveau des filles a d'avance sur le développement des garçons
MATURITÉ SEXUELLE, CÉLIBAT	Les œstrogènes, la progestérone et la testostérone varient chaque jour du mois	Plus d'intérêt pour les relat recherche d'un partenaire pour le choix d'un travail ou d'une compatible avec la vie de famille
GROSSESSE	Augmentation massive du niveau de progestérone et d'œstrogènes	Accent mis sur la constitution c ce qui va faire vivre la famille; intérêt pour la carrière et la com
ALLAITEMENT AU SEIN	Ocytocine, prolactine	Intérêt surtout centré sur le bébé
ÉLEVAGE DES ENFANTS	Ocytocine; fonctionnement cyclique des œstrogènes, de la progestérone et de la testostérone	Moindre intérêt pour le sexe, souci pour les enfants
PÉRI-MÉNOPAUSE	Fonctionnement cyclique irrégulier des œstrogènes, de la progestérone et de la testostérone	Intérêt fluctuant pour le sexe, irrégulier, augmentation de la fa l'inquiétude, des variations de des bouffées de chaleur et de l'
MÉNOPAUSE	Niveau d'œstrogènes bas, progestérone inexistante; taux FSH/LH élevé	L'ultime modification abrupte du produite par les hormones
POST-MÉNOPAUSE	Niveau d'œstrogènes et de testostérone bas et stable; ocytocine en baisse	Plus de calme

MODIFICATIONS PROPRES AU CERVEAU FÉMININ	CHANGEMENTS DANS LA RÉALITE
La croissance des circuits de la communication, des sensations viscérales, de la mémoire émotionnelle et de la suppression de la colère se poursuit sans que les cellules soient anéanties par un niveau élevé de testostérone	Plus de circuits du cerveau pour la communication, le déchiffrage des émotions, les subtilités des rapports sociaux, l'aptitude au maternage ; capacité d'utiliser les deux hémisphères
Accent mis sur les circuits de la parole et des émotions	Intérêt centré sur le jeu et le partage de bons moments avec les autres filles, pas avec les garçons
Croissance et sensibilité accrue des circuits du stress, de la parole, des émotions et de la sexualité	Intérêt centré sur l'attirance sexuelle, les histoires d'amour malheureuses, l'évitement des parents
Maturation plus précoce des circuits de la prise de décision et des émotions	Intérêt centré sur la quête du partenaire, l'amour, l'évolution de la carrière
Suppression des circuits du stress ; cerveau apaisé par la progestérone ; le cerveau se réduit ; les hormones du fœtus et du placenta envahissent le corps et le cerveau	Intérêt centré sur son propre bien-être physique, sur la lutte contre l'épuisement, les nausées et la faim, sur la protection du fœtus, la survie sur le lieu de travail et la programmation du congé maternité
Circuits du stress toujours supprimés ; circuits des émotions et de la sexualité détournés par les soins donnés au bébé	Accent mis surtout sur la lutte contre l'épuisement, l'irritation des mamelons, la production de lait, l'idée de tenir le coup jusqu'au lendemain
Fonctionnement accru des circuits du stress, de l'inquiétude et des liens affectifs	Intérêt centré sur le bien-être, le développement, l'éducation, et la sécurité des enfants ; gestion de l'augmentation du stress et de la charge de travail
Baisse de la sensibilité aux œstrogènes dans certains circuits du cerveau	Intérêt centré sur la survie au jour le jour et sur la gestion des hauts et des bas de l'humeur
Déclin des circuits alimentés par les œstrogènes, l'ocytocine et la progestérone	Intérêt centré sur la préservation de la santé, l'amélioration du bien-être et l'affrontement de nouveaux défis
Circuits moins réactifs au stress, moins sensibles aux émotions	Intérêt centré sur ce que l'on a vraiment envie de faire ; moindre désir de s'occuper des autres

1

Naissance du cerveau féminin

Leïla était une vraie petite abeille. Elle circulait sur l'aire de jeux en parlant aux autres enfants, même inconnus. Elle n'allait pas tarder à former des phrases de deux ou trois mots, mais pour l'instant elle se servait surtout de son sourire communicatif et de hochements de tête appuyés pour communiquer. Et elle communiquait fort bien, tout comme les autres petites filles. « Courses », proposa-t-elle. « Poupée », dit une autre. Une communauté miniature se formait, bruissante de bavardages, de jeux et de familles imaginaires.

Leïla était toujours ravie de voir son cousin Joseph la rejoindre pour jouer, mais sa joie était de courte durée. Joseph s'emparait des cubes avec lesquels ses petites camarades et elle bâtissaient une maison. Il voulait construire une fusée, seul. Ses copains détruisaient tout ce que les petites filles avaient fait. Les garçons les poussaient, refusaient d'attendre leur tour et quand l'une d'elles leur disait d'arrêter ou de rendre le jouet, ils n'écoutaient pas. À la fin de la matinée, Leïla et ses amies s'étaient réfugiées à l'autre bout de l'aire de jeux pour jouer tranquillement ensemble au papa et à la maman.

Le bon sens nous dit que les filles et les garçons ne se comportent pas de la même manière. Nous le constatons chaque jour à la maison, en classe et dans la cour de récréation. Mais ce que la société ne nous a pas appris, c'est que ces attitudes divergentes sont dictées par le cerveau. Les pulsions des enfants sont tellement innées qu'elles se manifestent même si les adultes tentent doucement de les orienter dans une autre direction. L'une de mes patientes donnait de nombreux jouets unisexes à sa fille de trois ans et demi, dont un beau camion rouge vif en guise de poupée. Un après-midi, elle découvrit l'enfant dans sa chambre en train de bercer le camion enveloppé dans une couverture de bébé et de murmurer : « A pas peur, 'ti camion, ça va aller. »

Il ne s'agit pas là de socialisation. Cette petite fille ne dorlote pas son « 'ti camion » parce que son environnement a modelé son cerveau unisexe. Il n'existe pas de cerveau unisexe. Elle est née avec un cerveau féminin complètement formé, avec ses propres pulsions. Les filles viennent au monde déjà programmées pour être des filles, les garçons programmés pour être des garçons. À la naissance, leurs cerveaux sont différents, et c'est le cerveau qui détermine leurs pulsions, leurs valeurs et leur réalité même.

La façon dont nous voyons, entendons, sentons et goûtons dépend de notre cerveau. Il est relié à nos organes sensoriels par des nerfs, et c'est lui qui interprète. Un coup sur la tête, donné en un point précis, peut se solder par une perte du goût ou de l'odorat. Mais le rôle du cerveau ne s'arrête pas là. Il affecte profondément la manière dont nous conceptualisons le monde – si quelqu'un est bien ou pas bien à nos yeux, si le temps nous plaît ou s'il nous déprime, si nous avons ou non envie de nous attaquer aux tâches du jour. Nul besoin d'être un neuroscientifique pour le savoir. Si vous n'avez pas trop le moral et que vous buvez un verre de bon vin ou mangez un carré de chocolat, votre attitude peut se modifier. Une journée grise va s'illuminer, l'irritation suscitée par un proche disparaître sous l'action des substances chimiques sur le cerveau. La réalité immédiate peut changer en un instant.

Si les substances chimiques peuvent créer une réalité différente en agissant sur le cerveau, que se passe-t-il lorsque deux cerveaux ont chacun une différente structure? La réalité de chacun va être différente, cela ne fait pas de doute. Les atteintes au cerveau, les attaques, les lobotomies préfrontales et les blessures à la tête peuvent modifier les priorités d'une personne. Elles peuvent même changer la personnalité, rendre agressif quelqu'un de doux et vice versa.

Ce n'est pas comme si nous avions tous au départ la même structure cérébrale. Le cerveau des femmes et celui des hommes sont différents par nature. Que se passe-t-il si le centre de la communication est plus grand dans l'un que dans l'autre? Si l'un des deux développe une meilleure capacité à déchiffrer des indices chez autrui? Dans ce cas, la personne dotée d'un tel cerveau va vivre une réalité qui lui fera mettre au premier plan les valeurs que sont la communication, les relations, la sensibilité émotionnelle et l'attention aux autres.

Nous, les médecins et les scientifiques, avons longtemps pensé que la différence entre les hommes et les femmes était un fait culturel. Certes, quand je faisais mes études de médecine, dans les années 1970 et 1980, on avait déjà découvert que, chez l'animal, le cerveau du mâle et celui de la femelle commençaient à se développer différemment in utero, ce qui suggérait que les pulsions comme l'accouplement, la gestation et l'élevage des petits étaient programmées au niveau cérébral. Mais on nous enseignait que chez l'être humain, les différences entre les sexes venaient en grande partie de la façon dont les parents l'avaient élevé : comme une fille ou comme un garçon. Nous savons aujourd'hui que ce n'est pas totalement juste et si nous remontons aux origines, le tableau devient clair.

Imaginez un instant que vous êtes dans une microcapsule qui file dans le canal vaginal et atteint le col de l'utérus avant le tsunami de spermatozoïdes. Une fois à l'intérieur de l'utérus, vous voyez un œuf géant en train d'onduler, dans l'attente de l'heureux têtard qui sera animé d'une énergie suffisante pour pénétrer la surface. Admettons que le spermatozoïde qui mène la charge porte un chromosome X et non pas un chromosome Y. Voilà, l'ovule fécondé est une fille.

En l'espace de trente-huit semaines, cet amas de cellules pas plus grand qu'une tête d'épingle va devenir un bébé de 3,5 kilos en moyenne, doté de tout l'équipement nécessaire pour vivre en dehors du corps maternel. Mais l'essentiel du développement du cerveau, qui détermine les circuits propres à son sexe, s'effectue durant les dix-huit premières semaines de la grossesse.

Jusqu'à l'âge de huit semaines, le cerveau de tous les fœtus a l'apparence d'un cerveau féminin – la nature le programme en quelque sorte féminin par défaut. Si l'on regardait un cerveau masculin et un cerveau féminin se développer en accéléré, on pourrait voir les diagrammes de leurs circuits se mettre en place selon le plan préparé par les gènes et les hormones sexuelles. À partir de la huitième semaine, un afflux important de testostérone va faire de ce cerveau unisexe un cerveau masculin, en anéantissant certaines cellules des centres de la communication et en augmentant le nombre de cellules des centres de la sexualité et de l'agressivité. Si cette montée de testostérone n'a pas lieu, le cerveau féminin poursuit tranquillement sa croissance. Les cellules cérébrales du fœtus féminin génèrent d'autres connexions dans les centres de la communication et les zones qui traitent les émotions. En quoi cette bifurcation au stade fœtal nous affecte-t-elle ? Tout d'abord, avec un centre de la communication plus volumineux, la petite fille sera plus bavarde en grandissant que son frère. En société la femme utilise des moyens d'expression plus nombreux que l'homme. Ensuite, cela influe sur notre destin biologique inné en modifiant le prisme à travers lequel nous considérons et abordons le monde.

DÉCHIFFRER LES ÉMOTIONS, C'EST DÉCHIFFRER LA RÉALITÉ

L'une des premières choses que le bébé doté d'un cerveau féminin va faire, c'est observer les visages. L'une de mes ex-étudiantes, Cara, venait nous voir régulièrement avec sa petite Leïla. Nous avons ainsi pu voir grandir Leïla de la naissance au jardin d'enfants et constater son évolution. À quelques semaines, elle étudiait tous les visages qui apparaissaient dans son champ de vision. Mon équipe et moi réussissions souvent à accrocher son

regard et elle n'a pas tardé à nous rendre nos souri-
res. Nous nous imitions réciproquement. C'était
passionnant de créer un lien avec elle par l'expression et par la voix.

J'étais ravie que cette petite fille veuille me regarder et j'aurais aimé que mon propre fils ait
montré le même intérêt pour mon visage quand il
était petit. Or, cela n'avait pas été le cas. Il regardait les mobiles, les lumières, les boutons de porte,
tout sauf moi. Etablir un contact visuel était la
dernière activité qui l'intéressait. Pendant mes études
de médecine, on m'avait enseigné que les bébés
naissaient avec le besoin d'un échange de regards,
clé du développement du lien mère-enfant. Pendant
des mois, j'ai donc cru qu'il se passait quelque
chose d'anormal avec mon petit garçon. À l'époque,
on ignorait les nombreuses différences cérébrales
entre les deux sexes. On pensait tous les bébés programmés pour regarder les visages. Or, il s'avère
que les théories sur les premiers stades du développement infantile étaient faussées. Les filles naissent
programmées pour la contemplation mutuelle, pas
les garçons. Dans l'utérus, elles ne reçoivent pas le
flux de testostérone qui va réduire les centres de la
communication, de l'observation et du traitement
des émotions. Leur potentiel de développement des
aptitudes en ces domaines est donc meilleur à la
naissance que celui des garçons. Au cours des trois
premiers mois de la vie, un bébé fille va voir ses
capacités de contact visuel et d'observation mu-

tuelle du visage s'accroître de plus de 400 %, tandis que celles du garçon n'augmentent pas.

Les bébés filles naissent avec un intérêt pour l'expression des émotions. Elles apprennent des éléments sur elles-mêmes à partir des regards, du contact physique et des réactions des gens avec lesquels elles sont en contact. Ces indices leur donnent des indications sur leur petite personne, sa valeur, son côté mignon ou au contraire agaçant. Mais si l'on supprime les éléments fournis par un visage expressif, on supprime ce qui, dans le cerveau féminin, est la pierre de touche vis-à-vis de la réalité. Une petite fille qui s'approche d'un mime va tout faire pour lui arracher une expression. Les petites filles ne supportent pas un visage impassible tourné vers elles. Elles l'interprètent comme le signe qu'elles ne savent pas y faire. Elles vont donc s'acharner jusqu'à obtenir une réaction, pensant que si elles s'y prennent bien, elles y arriveront. C'est le même type d'instinct qui, à l'âge adulte, les poussera à poursuivre un homme narcissique ou inaccessible : « Si je fais ce qu'il faut, il va m'aimer. » On peut imaginer en conséquence l'impact négatif du visage figé d'une mère dépressive ou botoxée à l'extrême sur la conscience du moi en formation chez la petite fille. L'absence d'expression faciale trouble énormément celle-ci et parce qu'elle n'a pas obtenu la réaction attendue à sa demande d'attention ou de geste d'affection, elle risque de croire que sa mère ne l'aime pas vraiment. Elle se tournera par la suite vers des visages qui répondront plus à ses sollicitations.

Tous ceux qui ont élevé des garçons et des filles ou les ont vus grandir, peuvent constater qu'ils se développent différemment. Notamment, quand ils sont bébés, les filles ont des façons d'établir des contacts affectifs qui sont inconnues des garçons. La théorie psychanalytique, toutefois, a représenté sous un faux jour cette différence entre les sexes et avancé que les filles, parce qu'elles contemplaient plus les visages et cherchaient à établir un lien, étaient dans une plus grande demande de symbiose avec la mère. Or, l'observation plus intense des visages ne dénote pas un besoin, mais un don inné pour l'observation. Cette capacité est propre à un cerveau qui est plus mûr à la naissance et se développe avec un ou deux ans d'avance sur le cerveau masculin.

ENTENDRE, APPROUVER ET ÊTRE ENTENDU

Grâce aux circuits cérébraux particulièrement développés qui leur permettent d'interpréter un visage et le son d'une voix, les filles saisissent également de très bonne heure si les autres les approuvent. Cara était stupéfaite de pouvoir emmener Leïla avec elle lorsqu'elle sortait. « C'est stupéfiant, racontait-elle. On peut s'installer au restaurant : à dix-huit mois, Leïla sait que si je lève la main, elle doit arrêter d'essayer de saisir mon verre de vin. Et j'ai remarqué que si son père et moi discutons un peu vivement, elle va manger avec les doigts jusqu'à ce que l'un de nous deux la regarde. À ce moment-là, elle reprend sa fourchette et essaie de se débrouiller avec. »

Ces brèves interactions montrent que Leïla repérait sur le visage de ses parents des indices que son cousin Joseph n'y aurait vraisemblablement pas cherchés. Une étude menée à l'Université du Texas sur des garçons et des filles de douze mois a montré leur différence en matière de désir et de capacité d'observation. En l'occurrence, on introduisait la mère et l'enfant dans une pièce, puis on les laissait seuls en leur demandant de ne pas toucher à un objet. La mère se mettait en retrait. Tout fut filmé, le moindre geste, le moindre regard, le moindre mot. Très peu de filles touchèrent l'objet, même quand leur mère ne le leur avait pas explicitement interdit. Les filles regardèrent le visage maternel dix à vingt fois plus souvent que les garçons, quêtant des signes d'approbation ou de désapprobation. Les garçons ne le firent que rarement. Ils se déplacèrent dans la pièce et touchèrent fréquemment l'objet défendu, y compris lorsque la mère leur cria : « Non ! » À un an, les petits garçons, dont le cerveau est imprégné par la testostérone, sont poussés à explorer leur environnement, en passant outre les interdictions.

Parce que leur cerveau n'a pas mariné dans la testostérone in utero et que leurs centres de l'émotion ont été laissés intacts, les filles naissent mieux équipées pour lire sur les visages et capter les nuances de la voix. Elles perçoivent une gamme de fréquences sonores et de tonalités vocales plus étendue que les garçons, un peu comme les chauves-souris perçoivent des sons que même les chiens et les chats n'entendent pas. Dès son plus jeune âge, une fille comprend au moindre durcissement du ton maternel qu'elle ne doit pas ouvrir le tiroir de la commode dans lequel se trouve le papier cadeau, tandis qu'il faudra empêcher par la force un garçon de saccager les présents soigneusement enveloppés sous l'arbre de Noël. Ce n'est pas qu'il ignore sa mère, il est simplement incapable de déceler le même avertissement dans sa voix.

Une fille sait aussi, d'après l'expression d'une personne, si celle-ci l'écoute ou non. À dix-huit mois, Leïla ne pouvait se tenir tranquille. Mes collaboratrices et moi ne comprenions rien de ce qu'elle essayait de nous dire, mais elle allait vers chacune d'entre nous et racontait mille choses apparemment très importantes pour elle, en essayant d'obtenir notre approbation. Au moindre signe d'indifférence, ou si nous regardions ailleurs un instant, elle mettait ses mains sur ses hanches, tapait du pied et lançait d'un ton indigné : « Ecoute ! » Pour elle, si on ne croisait pas son regard, on ne l'écoutait pas. Ses parents, Cara et Charles, étaient inquiets, car à la maison, leur fille tenait à participer à toutes les conversations. Elle était si exigeante qu'ils croyaient l'avoir trop gâtée. Or, il n'en était rien. Son cerveau cherchait seulement le moyen d'affirmer sa personnalité.

Selon qu'on l'écoute ou non, une petite fille va en déduire si les autres la prennent au sérieux, ce qui va jouer sur le développement de son affirmation de soi. Même si elle ne sait pas encore très bien verbaliser, elle comprend plus de choses qu'elle ne peut en exprimer et elle sait – avant vous – si vous avez eu un instant d'inattention. Elle peut dire si un adulte la comprend. Si celui-ci se place sur la même longueur d'ondes qu'elle, il contribue à lui donner l'assurance que sa petite personne est importante ou réussit ce qu'elle entreprend. Dans le cas contraire, elle a l'impression qu'elle ne vaut rien. Charles, particulièrement, était surpris de l'intensité d'attention nécessaire pour maintenir la relation avec sa fille, mais il voyait que s'il l'écoutait attentivement, elle commençait à manifester plus d'assurance.

L'EMPATHIE

Ce cerveau supérieur branché sur la communication et les tonalités émotionnelles joue très tôt un rôle dans le comportement du bébé fille. Quelques années plus tard, Cara, qui avait eu entre-temps un garçon, ne comprit pas pourquoi celui-ci ne se calmait pas aussi vite que Leïla lorsqu'elle le prenait dans ses bras. Elle pensait qu'il s'agissait d'une question de caractère, que l'enfant était plus difficile. Vraisemblablement, cela tenait aussi au fait que le cerveau féminin et le cerveau masculin ne sont pas programmés de la même manière pour l'empathie. Le bébé fille est plus en résonance avec sa mère et réagit rapidement à une attitude apaisante qui va arrêter ses pleurs et son agitation. Les observations effectuées lors d'une étude à la Harvard Medical School ont montré que les bébés garçons y parviennent moins bien.

D'après une autre étude, dès les premières vingt-quatre heures de vie, les filles réagissent plus que les garçons aux pleurs d'un autre bébé – et au visage humain. À un an, elles sont plus réceptives à la détresse des autres personnes, surtout celles qui ont l'air triste ou peiné. Un jour où j'étais un peu déprimée, je l'ai dit à Cara. Leïla, alors âgée de dix-huit mois, a perçu la tonalité dans ma voix. Elle a grimpé sur mes genoux et s'est mise à jouer avec mes boucles d'oreilles, mes cheveux et mes lunettes. Elle a pris mon visage dans ses mains et m'a regardée dans les yeux. Immédiatement, je me suis sentie mieux. Cette petite fille savait parfaitement ce qu'elle faisait.

À ce stade, Leïla était dans la phase hormonale de ce que l'on appelle la puberté infantile, une phase qui dure vingt-quatre mois chez les filles et neuf mois chez les garçons. Pendant cette période, les ovaires commencent à produire de grandes quantités d'œstrogènes, d'un niveau comparable à la production d'une femme adulte, et ils imprègnent le cerveau de la petite fille. D'après les scientifiques, ces afflux infantiles d'œstrogènes préparent les ovaires et le cerveau à la reproduction. Mais ils accélèrent également la construction des circuits cérébraux. Ils stimulent la croissance et le développement des neurones dans le cerveau féminin, ce qui va renforcer les centres et les circuits de l'observation, de la communication, des sensations viscérales, de l'attention aux autres et des soins.

LES GÈNES MATERNELS NE SONT PAS LE SEUL HÉRITAGE

Par ses dons d'observation et sa capacité à capter les émotions, la petite fille incorpore en quelque sorte le système nerveux maternel au sien. Sheila est venue me consulter parce qu'elle avait besoin d'aide avec ses filles issues d'un premier mariage, Lisa et Jennifer. À la naissance de Lisa, Sheila était heureuse dans son couple et elle se révéla une très bonne mère. Dix-huit mois plus tard, quand elle mit Jennifer au monde, le contexte était différent. Son mari la trompait et elle était harcelée par l'époux de la femme avec laquelle il avait une liaison. La situation s'aggrava encore quand son riche et puissant beau-père la menaça d'enlever les enfants si elle essayait de quitter l'Etat pour aller se réfugier auprès de sa propre famille.

C'est dans cet environnement stressant que Jennifer passa sa petite enfance. La fillette se méfiait de tout le monde et à l'âge de six ans, elle se mit à raconter à sa sœur aînée que le nouveau mari de leur mère, un homme adorable, trompait celle-ci. Jennifer en était certaine et elle l'affirma à plusieurs reprises. Finalement, Lisa alla trouver leur mère et lui demanda si c'était vrai. Sheila savait que le beau-père de ses filles n'était pas du genre à la trahir et elle n'arrivait pas à comprendre pourquoi la cadette faisait une fixation sur son infidélité supposée. En fait, le système nerveux de Jennifer s'était imprégné dans sa petite enfance de l'inquiétude maternelle, et même les gens bien lui semblaient peu fiables et menaçants. Les deux sœurs avaient été élevées par la même mère, mais dans un contexte différent, et les circuits cérébraux de l'une avaient incorporé une mère épanouie et ceux de l'autre une mère aux prises avec la peur et l'anxiété.

L' « environnement du système nerveux » dont une petite fille s'imprègne au cours de ses deux premières années devient une vision de la réalité qui l'affectera sa vie durant. D'après des études faites sur des mammifères, on sait maintenant que ce stress précoce qui vient remplacer une incorporation paisible – l'empreinte épigénétique – peut se

transmettre sur plusieurs générations. Les recherches sur les mammifères effectuées par le groupe de
Michael Meaney ont montré que le degré de calme
et de maternage des mères influe considérablement
sur leur progéniture féminine. Cette relation a aussi
été constatée chez l'être humain et les primates. Les
mères stressées deviennent naturellement moins
maternantes et leurs petites filles incorporent des
systèmes nerveux stressés qui modifient leur perception de la réalité. Il ne s'agit pas d'un apprentissage cognitif, mais d'une absorption neurologique
par le microcircuit cellulaire. C'est peut-être une
explication à la vision de l'existence radicalement
différente qu'ont certaines sœurs. Apparemment,
les garçons incorporent dans une bien moindre
mesure le système nerveux maternel.

Cette incorporation neurologique débute au cours
de la grossesse. Durant la gestation, le stress maternel agit sur la réaction hormonale au stress et aux
émotions, notamment chez la progéniture féminine.
On a pu mesurer ces effets sur les chèvres. Les
chevrettes stressées sursautaient plus facilement et
se révélaient moins paisibles et plus anxieuses que
les chevreaux. En outre, celles qui avaient été stressées in utero faisaient preuve d'une plus grande
détresse affective que les autres. Donc, si l'on est
une fille, mieux vaut naître d'une mère non stressée, soutenue par sa famille et vivant avec un compagnon calme et aimant. Et si l'on est la future
maman d'une petite fille, il est préférable de pren-

dre la vie du bon côté pour que l'enfant puisse être détendue.

SANS SE BATTRE

Pourquoi donc la fille naît-elle avec un instrument si bien adapté pour déchiffrer les expressions, percevoir les tonalités affectives dans la voix et réagir à des émotions inexprimées? Eh bien, il est tout simplement construit pour établir des connexions. C'est la tâche principale du cerveau féminin dès la naissance. Elle est le résultat d'une double programmation, génétique et évolutionniste, qui, pendant des millénaires, a eu et a probablement encore des conséquences réelles sur la survie. Si vous pouvez saisir les expressions et les nuances dans la voix, vous êtes capable de pourvoir aux besoins d'un tout petit. Vous pouvez prévoir ce qu'un mâle plus costaud et plus agressif s'apprête à faire. Et dans la mesure où vous êtes moins forte, vous avez sans doute besoin de vous regrouper avec d'autres femmes pour parer aux attaques d'un homme des cavernes évincé, ou de plusieurs.

Une fille est programmée de façon à préserver la paix sociale. Pour le cerveau, c'est une question de vie ou de mort, même si la conjoncture a beaucoup changé au XXIe siècle. Le comportement de petites jumelles de trois ans et demi l'illustre bien. Tous les matins, au moment de s'habiller, chacune allait dans le placard de l'autre. L'une d'elles avait un ensemble rose, l'autre un ensemble vert et leur mère s'amusait en les voyant échanger le haut, sans jamais se disputer. Leur dialogue était du genre : « Tu me prêtes ton haut rose ? Je te le rendrai plus tard. Tu peux avoir mon haut vert, si tu veux. » S'il s'était agi d'une fille et d'un garçon, les choses se seraient passées autrement. Le garçon aurait attrapé la chemise qu'il voulait sans autre forme de procès et sa jumelle aurait essayé de le raisonner, pour finir en larmes parce que les aptitudes langagières de son frère auraient été moins avancées que les siennes.

Les filles, dominées par les œstrogènes et non par la testostérone, font tout pour préserver des rapports harmonieux avec les autres. Dès leur plus jeune âge, elles se sentent à l'aise dans un univers de bonnes relations interpersonnelles. Elles préfèrent éviter les conflits, car la discorde fait obstacle à leur besoin de rester connectées, de susciter l'approbation et d'être chouchoutées. Pendant vingt-quatre mois, le déversement d'œstrogènes de la puberté infantile renforce l'élan qui les pousse à créer des liens sociaux fondés sur la communication et le compromis. C'est ce qui s'est passé avec Leïla et ses nouvelles petites copines sur l'aire de jeux. Elles se connaissaient depuis quelques minutes à peine qu'elles étaient déjà en train de se suggérer mutuellement des jeux, de s'occuper ensemble et de créer une petite communauté. Elles avaient trouvé un terrain d'entente pour partager des activités et établir des liens de camaraderie. Quant à Joseph, avec son irruption bruyante, il gâcha comme souvent la journée et l'harmonie recherchée par le cerveau des filles.

C'est le cerveau qui met au point les différences langagières infantiles que Deborah Tannen décrit sous le terme *genderlects*. Elle a remarqué que dans les études portant sur le langage des enfants entre deux et cinq ans, les filles invitent en général les autres à jouer en les incluant dans leur proposition au moyen de la formule « On va », comme dans « On va jouer au papa et à la maman ». En fait, les filles se servent du langage pour parvenir à un consensus et influencent leurs camarades sans leur indiquer directement ce qu'il faut faire. À son arrivée sur l'aire de jeux, Leïla prononça le mot « courses » comme une suggestion de jeu. Au lieu de se précipiter, elle attendit de voir la réaction des autres. Il en alla de même quand l'une de ses petites compagnes dit « poupée ». Les recherches ont montré que les filles prennent conjointement les décisions, de la façon la plus égalitaire possible, avec un minimum de stress et de conflits. Souvent, elles approuvent les suggestions de leurs camarades. Et quand elles ont une idée propre, elles la formulent sous forme interrogative : « C'est moi qui fais l'institutrice, d'accord ? » Leurs gènes et leurs hormones ont créé dans leur cerveau une réalité qui leur indique que les relations sociales sont au cœur de leur existence.

Les garçons savent utiliser ce type de discours conciliant, mais les études montrent qu'ils ne le font guère. Ils vont plutôt se servir du langage pour donner des ordres, obtenir ce qu'ils veulent, se vanter, menacer, ignorer la suggestion d'un camarade et empêcher l'autre de parler. Peu de temps après l'arrivée de Joseph sur l'aire de jeux, Leïla était déjà en pleurs. Un garçon, à cet âge, n'hésite pas à passer à l'acte ou à s'emparer de ce qu'il convoite. Joseph s'emparait des jouets de sa cousine quand il en avait envie et détruisait ce qu'elle faisait avec ses petites camarades. Les garçons agissent ainsi entre eux. La perspective d'un conflit ne les gêne pas et la constitution de leur personnalité passe par la compétition. Quant aux commentaires ou aux instructions des filles, ils n'en tiennent pas compte.

Leur cerveau imprégné par la testostérone ne recherche pas autant les liens sociaux que celui des filles. Les troubles qui rendent incapable de saisir les nuances dans les rapports sociaux – c'est-à-dire les troubles du spectre autistique et le syndrome d'Asperger – sont huit fois plus courants chez les garçons. Il est possible que chez les personnes souffrant de ces troubles, un supplément de testostérone, au cours du développement du cerveau, détruise certains des circuits cérébraux impliqués dans la sensibilité sociale et affective.

Elle est sociable, mais à ses conditions

Vers l'âge de deux ans et demi, la puberté infantile s'achève et la petite fille entre dans une « phase de latence », la pause juvénile. Le flux d'œstrogènes issu des ovaires a temporairement été interrompu, mais nous ignorons à ce jour de quelle manière. Ce que nous savons, en revanche, c'est que chez les garçons comme chez les filles, les niveaux d'œstrogènes et de testostérone deviennent très bas durant l'enfance, même si les filles ont six à huit fois plus d'œstrogènes que les garçons. Quand les femmes évoquent « la petite fille qu'elles ont laissée derrière elles », c'est généralement à cette étape qu'elles font allusion. Lors de cette phase tranquille qui précède le chambardement de la puberté, les petites filles sont très attachées à leur meilleure amie et n'aiment habituellement pas jouer avec les garçons. Les recherches ont montré qu'entre deux et six ans, le phénomène est commun à toutes les cultures étudiées.

J'ai eu mon premier camarade de jeu, Mikey, à l'âge de deux ans et demi. Lui avait presque trois ans. Ma famille venait d'emménager dans la maison voisine de la sienne, à Kansas City, dans Quincy Street. Nos jardins étaient mitoyens. La balançoire était à cheval sur la ligne invisible qui les séparait et le bac à sable se trouvait dans le nôtre.

Nos mères n'ont pas tardé à devenir amies. Elles ne voyaient que des avantages à nous laisser jouer ensemble pendant qu'elles bavardaient ou nous surveillaient chacune à son tour. La mienne m'a raconté que la plupart du temps, quand Mikey et moi jouions dans le tas de sable, elle devait venir à mon secours car il s'emparait de ma pelle ou de mon seau sans me laisser emprunter les siens. Je protestais en pleurnichant, tandis qu'il hurlait et jetait du sable sur moi et sur sa mère qui tentait de lui reprendre mes jouets.

Nos mères se sont obstinées, dans la mesure où elles aimaient bien être ensemble, mais rien n'y a fait. Celle de Mikey a eu beau le réprimander, lui expliquer les vertus du partage, le priver de ceci ou de cela, le punir de diverses façons, il n'a pas changé de comportement. La mienne a dû me trouver d'autres petites camarades de jeu dans le quartier. Elles essayaient de temps à autre de chiper les jouets des autres, mais on pouvait les raisonner, et si elles disaient parfois des méchancetés, elles ne cherchaient pas à taper, ou à pincer. J'ai apprécié le changement, car j'avais fini par craindre les bagarres quotidiennes avec Mikey.

Les raisons de cette préférence pour des camarades de jeu du même sexe nous échappent encore, mais les scientifiques pensent que des différences cérébrales sont en cause. Chez les filles, les aptitudes sociales, verbales et relationnelles se développent avec quelques années d'avance sur les garçons, ce qui est sans doute à l'origine de la façon radicalement différente dont les uns et les autres communiquent et interagissent. De manière typique, les garçons aiment lutter, faire semblant de se battre, jouer sans douceur avec des voitures, des camions, des épées, des revolvers et des jouets bruyants, de préférence du genre explosif. Les filles, elles, n'aiment pas les jeux brutaux et si les choses s'enveniment, elles préfèrent arrêter. D'après la psychologue Eleanor Maccoby, quand les petites filles se font bousculer par des garçons de leur âge – qui sont juste en train de s'amuser – elles s'en vont jouer ailleurs à un autre jeu, si possible du genre qui n'implique pas des garçons débordants d'énergie.

Les études montrent que les filles jouent chacune à son tour vingt fois plus souvent que les garçons et leurs jeux d'imagination portent généralement sur un échange relationnel autour de soins nourriciers. Le développement du cerveau féminin typique est à la base de ce comportement. La socialisation des filles, exprimée par le jeu et déterminée par leur développement cérébral, passe par l'établissement de relations proches, en tête à tête. Quand les garçons s'amusent, ce ne sont pas les relations avec les autres qui les intéressent, mais le jeu ou le jouet lui-même, le rang dans la société, le pouvoir, la défense du territoire ou la force physique.

Une étude effectuée en Angleterre en 2005 a comparé des filles et des garçons âgés de quatre ans sur la base de la qualité de leurs relations avec les autres. Elle incluait une échelle de popularité, établie selon le nombre d'enfants qui souhaitaient jouer avec chacun d'entre eux. Les petites filles gagnèrent haut la main. On avait mesuré le niveau de testostérone de ces mêmes enfants in utero entre douze et dix-huit semaines de vie fœtale, à la période où leur cerveau était en train de se développer selon un schéma masculin ou féminin. Ceux qui avaient reçu le moins de testostérone avaient la meilleure qualité de relations sociales à quatre ans. Il s'agissait des filles.

Des études réalisées sur des primates non humains fournissent d'autres preuves du caractère inné de ces différences entre les sexes et de la nécessité d'un amorçage adéquat des hormones. Si les chercheurs bloquent les œstrogènes chez les femelles durant la puberté infantile, celles-ci ne vont pas manifester l'intérêt habituel envers les petits. De plus, s'ils injectent de la testostérone à des fœtus femelles encore au stade du fœtus, ces femelles manifesteront par la suite un goût plus marqué que la moyenne pour les jeux brutaux. Cela se vérifie également chez les humains. Aucune expérience de blocage des œstrogènes chez les petites filles ou d'injection de testostérone à des fœtus humains n'a été effectuée, mais on peut constater l'action de la testostérone sur le cerveau à travers le déficit enzymatique rare appelé hyperplasie surrénale congénitale (HSC), qui touche un enfant sur dix mille.

Emma refusait de jouer à la poupée. Elle aimait les camions, les Meccano et les jeux d'escalade. À deux ans et demi, quand on lui demandait si elle était un garçon ou une fille, elle répondait en donnant une bourrade qu'elle était un garçon. Elle effectuait des démarrages soudains, fonçait droit devant elle comme un joueur de rugby et entrait en collision avec quiconque se trouvait sur sa route. Elle jouait à la balle avec ses animaux en peluche, qu'elle lançait violemment. Elle était brutale et les autres petites filles n'aimaient pas jouer avec elle. Sur le plan du développement du langage, elle avait également un peu de retard. Pourtant, Emma aimait les jolies robes et appréciait quand sa tante la coiffait. Quand sa mère, Lynn, professeur de sciences et grande sportive, vint me voir avec elle, elle se demandait si cette dernière activité avait pu influencer le comportement de sa fille. En temps normal, Emma aurait simplement été un garçon manqué, ce qui est le cas d'une petite fille sur dix. En l'occurrence, elle souffrait d'hyperplasie surrénale congénitale.

À environ huit semaines d'existence du fœtus, au moment où son cerveau prend sa forme féminine ou masculine, l'HSC accroît la production par les surrénales de testostérone, l'hormone sexuelle de l'agressivité. Si l'on observe des femelles génétiques dont les cerveaux sont exposés à des poussées

de testostérone au cours de cette période, on s'aper-
çoit que le comportement de ces petites filles et
sans doute leurs structures cérébrales ressemblent
plus à ceux des mâles. Je dis « sans doute », car il
est difficile d'étudier le cerveau d'un tout jeune
enfant. On voit mal un bout de chou de deux ans
restant immobile pendant deux heures dans la machine à IRM sans avoir reçu au préalable des calmants. Le comportement nous permet néanmoins
de tirer un certain nombre de déductions.

L'étude de l'hyperplasie surrénale congénitale
fournit des preuves que la testostérone érode chez
les filles les structures cérébrales, normalement
robustes. À l'âge d'un an, celles qui en sont atteintes recherchent beaucoup moins le contact visuel
que les autres du même âge. En grandissant, ces
enfants exposées à la testostérone sont nettement
plus portées sur le chahut, la bagarre et le jeu imaginaire avec des monstres ou des héros musclés que
sur les poupées ou les déguisements de princesse.
Elles sont également meilleures que les autres filles
aux tests de spatialité, où elles égalent les garçons.
En revanche, elles ont des scores inférieurs aux
tests qui mesurent les traits typiquement féminins
que sont le comportement verbal, l'empathie, les
soins nourriciers et l'intimité. On peut en déduire
que dans les cerveaux masculins et féminins, le
câblage des circuits du lien social est affecté non
seulement par les gènes, mais par la quantité de
testostérone que reçoit le fœtus. Lynn a été soulagée

de savoir qu'il y avait une raison scientifique au comportement de sa fille, car personne n'avait pris la peine de lui expliquer ce que provoque l'hyperplasie surrénale congénitale dans le cerveau.

ÉDUCATION DE FILLE, ÉDUCATION DE GARÇON

À l'évidence, la nature a la plus grande part dans l'établissement des comportements propres à chaque sexe, mais l'expérience, l'exercice et les interactions avec autrui peuvent modifier les neurones et le câblage des circuits cérébraux. Si l'on veut jouer du piano, il faut s'exercer. À chaque exercice, le cerveau utilise plus de neurones pour cette activité et de nouveaux circuits finissent par s'établir entre ces neurones, de sorte que jouer devient une seconde nature.

En tant que parents, nous réagissons aux préférences de nos enfants. Nous répétons, parfois jusqu'à saturation, ce qui fera glousser de plaisir notre bambin, que ce soit un sourire maternel ou le « tchou-tchou » d'un petit train. Dans le cerveau du bébé, cette répétition renforce les neurones et les circuits cérébraux qui traitent l'information et réagissent à ce qui a initialement capté son attention. Le cycle continue et l'enfant apprend ainsi les habitudes de son sexe. Dans la mesure où la petite fille réagit particulièrement bien devant l'expression d'un visage, il y a de fortes chances pour que son père et sa mère se livrent à quantité de mimiques et qu'elle réagisse de mieux en mieux. Ses capacités d'observation des visages vont en être renforcées et son cerveau utilisera de plus en plus de neurones pour cette activité. La biologie et l'éducation que nous recevons en tant que fille ou que garçon s'unissent pour faire de nous ce que nous sommes.

Les attentes des adultes vis-à-vis des comportements des filles et des garçons jouent un rôle important dans la constitution des circuits cérébraux des enfants. Wendy aurait pu tout gâcher pour sa fille Samantha si elle n'avait fait taire ses propres préjugés sur la fragilité des filles et leur goût de l'aventure moins affirmé que chez les garçons. Quand elle est venue me voir, cette jeune femme m'a raconté que la première fois où, sur une aire de jeux, Samantha a escaladé l'échelle pour emprunter seule le toboggan, elle s'est tournée vers elle pour quêter son approbation. Si elle avait alors lu la crainte ou la désapprobation sur le visage maternel, elle se serait sans doute arrêtée dans son élan, aurait redescendu l'échelle et demandé l'aide de sa mère, comme 90 % des petites filles. Au même âge, le fils de Wendy n'aurait pas pris la peine de vérifier sa réaction, car il se moquait de savoir si elle approuvait ou non ce geste d'indépendance. Visiblement, Samantha était prête à se comporter comme « une grande fille ». Sa mère a donc réprimé son appréhension pour lui donner l'accord qu'elle sollicitait.

Elle regrette de ne pas avoir eu de caméra pour filmer le moment où Samantha a atterri au bas du toboggan avec un bruit sourd, l'air ravi, puis, toute fière, s'est précipitée vers sa mère et s'est jetée dans ses bras.

Si les gènes et les hormones sont à l'évidence le premier principe organisateur du cerveau, on ne peut ignorer pour autant le modelage cérébral qui va par la suite résulter de nos interactions avec autrui et avec notre environnement. Le son de la voix, le contact et les mots du parent ou de la personne qui s'occupe du petit enfant participent à l'organisation du cerveau de ce dernier et influencent sa version de la réalité.

Les scientifiques ignorent quelle ampleur peut avoir le remodelage du cerveau que la nature nous a donné. L'intuition nous dicte le contraire, mais certaines études montrent que sur le plan génétique, le cerveau masculin et le cerveau féminin pourraient être différemment sensibles à l'influence de l'environnement. Quoi qu'il en soit, nous en savons assez pour considérer qu'il faut renoncer au vieux débat de l'inné et de l'acquis, car il est à côté du sujet : l'un et l'autre sont mêlés dans le développement de l'enfant.

Si vous avez une petite fille, vous savez qu'elle n'est pas toujours aussi gentille et obéissante qu'on voudrait nous le faire croire dans nos sociétés. De nombreux parents sont en effet déconcertés par le caractère autoritaire de leur fille.

« Maintenant, Papa, les poupées vont déjeuner, on va leur mettre une autre robe ! » intima ainsi un jour la petite Leïla à son père. Charles obtempéra et revêtit les poupées de leur tenue de cocktail. « Mais non, hurla l'enfant, pas les robes du soir, celles du déjeuner ! Et puis, c'est pas comme ça qu'il faut leur parler. Je t'ai montré. Recommence.

— Très bien, Leïla. Mais d'abord, je veux que tu me dises pourquoi tu joues à la poupée avec moi plutôt qu'avec Maman ?

— Parce que toi, tu joues comme je veux, Papa. » Charles fut quelque peu interloqué par cette réponse. L'aplomb de leur fille les stupéfia, Cara et lui.

Tout n'est pas un lit de roses pendant la pause juvénile. Contrairement aux garçons, les petites filles ne manifestent pas leur agressivité par des jeux rudes, de la lutte et des bousculades. Elles font généralement preuve d'une empathie, d'une intelligence émotionnelle et d'aptitudes à la socialisation plus développées, mais il ne faut pas se leurrer. On aurait tort d'en déduire que leur cerveau n'est pas équipé pour utiliser tous les moyens dont elles disposent pour obtenir ce qu'elles veulent et elles peuvent se comporter alors en véritables petits tyrans. Quels sont les buts que leur cerveau les pousse à viser ? Forger des liens, créer une communauté, organiser et orchestrer leur monde de façon à en être le centre. C'est là où l'agressivité du cerveau féminin intervient : elle protège ce qui compte pour lui, c'est-à-dire le relationnel. Or, l'agressivité peut faire fuir les autres, ce qui irait à l'encontre du but recherché. Les filles ont ainsi une marge de manœuvre très étroite entre leur besoin de s'assurer qu'elles sont au centre de leur monde et le risque de se couper des relations qui le constituent.

Revenons à l'histoire des jumelles qui échangeaient leurs vêtements. Quand l'une demandait la permission d'emprunter le petit haut rose de l'autre en proposant le vert en échange, elle mettait l'autre en situation d'avoir l'air mesquin en refusant. Au lieu de s'emparer de l'objet désiré, elle utilisait l'aptitude qu'elle maîtrisait le mieux – le langage – pour l'obtenir. Elle comptait sur le désir de sa sœur de ne pas paraître égoïste et effectivement, celle-ci lui prêtait le petit haut rose. Elle parvenait à ses fins sans nuire à leurs rapports. C'est une agressivité « rose ». L'agressivité est un instrument de survie pour les deux sexes et chacun a les circuits cérébraux qui y correspondent. Elle est simplement plus subtile chez les filles, ce qui est peut-être le reflet de leurs circuits cérébraux particuliers.

En attribuant aux filles une bonne conduite innée, les scientifiques et la société utilisent à mauvais escient un stéréotype né de l'opposition avec le comportement des garçons. En comparaison, les filles sont considérées comme des anges de douceur. Les femmes n'ont pas besoin de se taper sur la figure, donc elles semblent moins agressives que les hommes. Tous critères confondus, les hommes sont en moyenne vingt fois plus agressifs, et il suffit de jeter un œil dans une prison pour s'en convaincre. J'avoue avoir été sur le point de ne pas traiter de l'agressivité dans ce livre après avoir baigné dans la chaleur trompeuse des circuits cérébraux féminins, si bien organisés pour la communication et les rapports sociaux. Induite en erreur par l'aversion des femmes pour le conflit, j'ai failli croire que l'agressivité ne faisait pas partie de notre constitution.

Face au caractère autoritaire de leur petite Leïla, Cara et Charles étaient désemparés. L'enfant ne se contentait pas de dire à son père comment il devait jouer à la poupée avec elle. Elle hurlait quand son amie Susie peignait un clown jaune et non pas bleu comme elle le lui avait ordonné, et elle se déchaînait si on la laissait en dehors de la conversation pendant les repas. Son cerveau féminin exigeait qu'elle participe aux diverses formes de communication qui avaient lieu en sa présence. Si tel n'était pas le cas, c'était insupportable, car pour son cerveau de l'âge de pierre – oui, inutile de se le cacher, nous sommes encore intérieurement des hommes et des femmes des cavernes – être laissé de côté pouvait signifier la mort. C'est ce que j'ai expliqué à Charles et à Cara, qui ont alors décidé d'attendre que cette phase se termine au lieu de tenter de modifier le comportement de Leïla – et ils ont eu raison, bien sûr.

Je me suis gardée de leur dire que les choses sérieuses n'avaient pas encore commencé. Pour le moment, les hormones de leur fille restaient à un niveau bas et sa réalité ne subissait aucun chamboulement. Lorsque ses hormones allaient se manifester de nouveau, à la fin de la pause juvénile, Charles et Cara ne devraient pas seulement compter avec son cerveau autoritaire. Le cerveau « casse-cou » de Leïla se libérerait et la pousserait à ignorer ses parents, à se trouver un partenaire, à quitter la maison et à changer du tout au tout. À cette période, la réalité que vivent les adolescentes explose et les caractéristiques propres au cerveau féminin établies au cours de l'enfance s'intensifient : sens de la communication, liens avec les autres, recherche d'approbation, ou interprétation des expressions faciales. La fillette devient plus communicative avec ses amies et comble son désir de protection et de sécurité en constituant des groupes soudés. Mais dans cette nouvelle réalité, soumise à

la poussée des œstrogènes, l'agressivité joue également un grand rôle. Le cerveau de l'adolescente
lui donne une impression de puissance; sous son
action, elle croit avoir toujours raison et elle est
aveugle aux conséquences de ses actes. Cette pulsion lui est nécessaire pour grandir, mais le passage
est particulièrement délicat, surtout pour une fille.
Au moment où elle commence à expérimenter son
«pouvoir de fille», qui inclut le syndrome prémenstruel, la concurrence sexuelle et le contrôle
des groupes de copines, les états de son cerveau
peuvent lui rendre la vie infernale.

2

Le cerveau des adolescentes

Un psychodrame. Voilà ce qui se passe dans la vie et dans le cerveau des adolescentes. « M'man, je peux pas aller au cours, je te dis. Je viens d'apprendre que je branche Thomas et j'ai un giga-bouton et rien pour le camoufler. » « Mes devoirs ? J'arrête de les faire si tu ne promets pas de m'envoyer en pension. Je ne veux plus vivre avec toi une minute de plus. » « Non, j'ai pas fini de parler avec Audrey, ça fait pas deux heures, et j'ai pas l'intention de raccrocher. » Voilà le genre de phrase que vous entendez si vous avez à domicile la version moderne du cerveau d'adolescente.

Les années d'adolescence sont une période de turbulence. Le cerveau de la jeune fille est le site d'un bourgeonnement, d'un élagage et d'une réor-ganisation des circuits neuronaux qui influent sur la façon dont elle pense, éprouve, agit, est obsédée par son aspect physique. Des instructions ancestrales sur son rôle de femme lui sont transmises. À la puberté, sur le plan biologique, elle a pour mission de devenir sexuellement désirable. Elle commence à se juger par rapport aux autres filles et aux images féminines séduisantes véhiculées par les médias. Cet état de son cerveau est le résultat du nouvel afflux d'hormones qui vient se superposer à l'ancien schéma génétique féminin.

Attirer l'attention des garçons : les trois filles adolescentes de mon amie Shelley viennent de découvrir cette forme d'auto-expression particulièrement excitante et les œstrogènes riches en octane qui parcourent les voies de leur cerveau alimentent leur obsession. Les hormones qui affectent leur réactivité au stress social augmentent de manière vertigineuse et motivent leurs idées bizarroïdes et leurs choix vestimentaires. Elles les poussent également à passer leur temps à se regarder dans la glace. L'apparence physique est la préoccupation principale de ces adolescentes. Elles se demandent sans cesse si elles plaisent aux garçons qui peuplent leur monde réel et leur imaginaire. Heureusement que nous avons plusieurs salles de bains, soupire Shelley, parce que les filles y passent des heures, traquant le moindre point noir, s'épilant les sourcils, observant d'un œil critique leur postérieur – trop volumineux –, leurs seins – trop petits – et leur taille – trop épaisse –, tout cela pour attirer les garçons. Même si les médias n'influençaient pas

leur image et si elles ne voyaient pas des manne-
quins et des actrices squelettiques sur la couverture
de chaque magazine, les filles auraient vraisemblablement ce genre d'attitude. Sous l'influence des
hormones, leur cerveau développerait ces pulsions.
Elles se demanderaient de manière obsessionnelle
si elles plaisent aux garçons, car dans la réalité
créée dans leur cerveau par les hormones, être
séduisante aux yeux du sexe opposé est la chose la
plus importante qui soit.

Le cerveau de l'adolescente travaille à se recâ-
bler et c'est pourquoi les conflits se multiplient et
s'intensifient au cours de sa quête d'indépendance
et d'identité. Qui est-elle, en fait ? Ses talents pour
communiquer, créer des liens sociaux et s'occuper
des autres sont en train de se développer, et c'est ce
qui joue le rôle le plus important dans la constitution de sa personnalité de femme. Si les parents
comprennent les changements biologiques qui se
produisent dans les circuits cérébraux de leur fille à
l'adolescence, ils peuvent participer à son bien-être
et au renforcement de son estime de soi durant ces
années difficiles.

DES VAGUES D'ŒSTROGÈNES ET DE PROGESTÉRONE

La pause juvénile s'est achevée et c'en est fini du
calme plat de l'enfance. Maintenant, les parents

marchent sur des œufs auprès d'une adolescente qui leur résiste, a des sautes d'humeur et fait des caprices. Son hypophyse s'est réveillée quand ses cellules hypothalamiques, sous contrôle depuis la petite enfance, ont cessé d'être freinées chimiquement. Cette libération des cellules déclenche l'action du système hypothalamique hypophyso-ovarien. C'est la première fois depuis la puberté infantile que le cerveau de l'adolescente va être imprégné de niveaux élevés d'œstrogènes. En fait, c'est la première fois qu'il connaîtra les afflux d'œstrogènes et de progestérone qui, mois après mois, arriveront par vagues de ses ovaires, variant d'un jour à l'autre et d'une semaine sur l'autre.

La montée des œstrogènes et de la progestérone commence à alimenter un certain nombre de circuits cérébraux de l'adolescente qui ont été établis durant la vie fœtale. Ces nouvelles poussées hormonales font en sorte que tous ses circuits spécifiquement féminins sont encore plus sensibles à la moindre nuance émotionnelle, comme l'approbation et la désapprobation, l'acceptation et le rejet. Et tandis que son corps s'épanouit, elle peut avoir du mal à interpréter l'attention toute récente du sexe opposé à son égard. Ces regards sont-ils approbateurs ou non ? Ses seins ont-ils la bonne forme ? Il y a des jours où elle est sûre d'elle-même, d'autres où son assurance ne tient qu'à un fil. Quand elle était petite, elle était plus douée qu'un garçon pour saisir la moindre nuance dans la voix

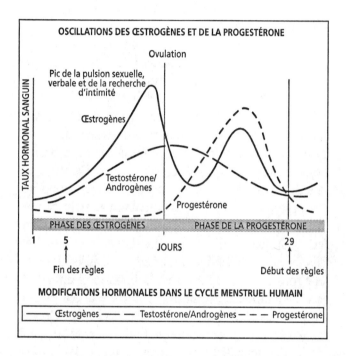

OSCILLATIONS DES ŒSTROGÈNES ET DE LA PROGESTÉRONE

Ovulation

Pic de la pulsion sexuelle, verbale et de la recherche d'intimité

TAUX HORMONAL SANGUIN

Œstrogènes

Testostérone/Androgènes

Progestérone

PHASE DES ŒSTROGÈNES   PHASE DE LA PROGESTÉRONE

1   5   JOURS   29

Fin des règles   Début des règles

MODIFICATIONS HORMONALES DANS LE CYCLE MENSTRUEL HUMAIN

—— Œstrogènes —— — Testostérone/Androgènes — — — Progestérone de quelqu'un. Maintenant, la différence est encore plus flagrante. Le filtre à travers lequel elle perçoit ce que les autres lui renvoient dépend également de la phase de son cycle. Vous pouvez lui dire que son jean a la taille un peu trop basse, mais si c'est un mauvais jour de son cycle, elle va penser que vous la traitez d'allumeuse ou que vous la trouvez trop grosse pour ce genre de coupe. C'est ainsi que son cerveau interprète votre commentaire, même si ce n'était pas du tout dans vos intentions.

Nous savons que ce nouvel afflux d'œstrogènes et de progestérone affecte particulièrement de nombreux éléments du cerveau féminin, notamment un siège important de la mémoire et de l'apprentissage, l'hippocampe, le principal centre de contrôle des organes du corps, l'hypothalamus, et le centre essentiel des émotions, l'amygdale. Il aiguise le sens critique et affine la réactivité émotionnelle. Ces circuits cérébraux renforcés se stabilisent dans leur forme adulte à la fin de la puberté et au début de l'âge adulte. Il est maintenant avéré qu'en même temps, sous l'effet des poussées d'œstrogènes et de progestérone, le cerveau de l'adolescente et tout particulièrement l'hippocampe, connaît des variations hebdomadaires de sensibilité au stress qui vont se poursuivre jusqu'à la ménopause.

Chez l'adolescente, les circuits cérébraux sont alimentés et organisés par les œstrogènes de manière à réagir au stress par des activités enrichissantes et la création de réseaux sociaux protecteurs.

Elle a horreur des conflits relationnels. Le rejet par les autres déclenche dans son cerveau une réaction massive au stress. Au cours du cycle menstruel, les hauts et les bas des œstrogènes modifient sur un rythme hebdomadaire cette sensibilité au stress, qu'il soit psychologique ou social. Au cours des deux premières semaines du cycle, quand le niveau d'œstrogènes est élevé, l'adolescente va vraisemblablement être sociable et à l'aise avec les autres. Lors des deux dernières semaines, quand le niveau d'œstrogènes est bas et le niveau de progestérone élevé, elle risque d'être de plus en plus irritable et de préférer rester dans son coin. Chaque mois, les œstrogènes et la progestérone réajustent la réaction du cerveau au stress.

Au cours de la pause juvénile, quand les niveaux d'œstrogènes sont bas et stables, le système de stress de la petite fille est plus calme, plus constant. À la puberté, après l'élévation des niveaux d'œstrogènes et de progestérone, sa réactivité au stress et à la douleur s'accentue, ce qui se traduit dans le cerveau par de nouvelles réactions à l'hormone du stress, le cortisol. L'adolescente est facilement stressée et sur les nerfs, et elle commence à chercher le moyen de se calmer.

COMMENT PARVIENT-ELLE ALORS À S'APAISER ?

Lors d'un cours sur les différences cérébrales entre les deux sexes que j'ai donné à des filles et à des garçons de quinze ans, je leur ai demandé de se poser mutuellement les questions qui les démangeaient depuis longtemps. Les garçons ont demandé pourquoi les filles avaient besoin de se rendre aux toilettes à plusieurs, pensant qu'il y avait quelque chose de sexuel là-dessous. La réponse des filles a été tout autre : « Parce que c'est le seul endroit de l'école où on peut parler tranquillement ! » Evidemment, aucun garçon ne pouvait s'imaginer en train de dire à un copain : « Hé, tu m'accompagnes aux toilettes ? »

Cette scène illustre une différence fondamentale entre le cerveau féminin et le cerveau masculin. Comme nous l'avons vu dans le chapitre un, le câblage des circuits des relations sociales et verbales est installé de façon plus naturelle dans le cerveau féminin typique que dans son équivalent masculin. C'est au cours de l'adolescence que, chez la fille, le flux d'œstrogènes dans le cerveau va activer l'ocytocine et les circuits proprement féminins, notamment ceux qui touchent au bavardage, au flirt et aux contacts sociaux. Les lycéennes qui s'attardent dans les toilettes sont en train de cimenter les relations les plus importantes pour elles, celles avec les autres filles.

Sur le plan biologique, nombre de femmes trouvent un réconfort dans la compagnie les unes des autres, et c'est le langage qui scelle cette relation. Il n'est donc pas étonnant que certaines zones verbales du cerveau soient plus développées chez la femme que chez l'homme et qu'en règle générale les femmes parlent et écoutent beaucoup plus que les hommes. Les chiffres varient, mais en moyenne les filles utilisent quotidiennement deux à trois fois plus de mots que les garçons. Nous savons que les petites filles parlent plus tôt, et que vers l'âge de vingt mois, leur vocabulaire est deux ou trois fois plus riche que celui des garçons. Ceux-ci les rattrapent par la suite, mais pas au niveau du débit. Les filles parlent en moyenne plus vite, surtout lorsqu'elles sont en société. Cette différence n'a pas toujours été du goût des hommes. Dans l'Amérique coloniale, on mettait les femmes au pilori, une pince en bois sur la langue, ou bien on les soumettait au supplice du « dunking stool », attachées sur un siège que l'on plongeait dans l'eau. Leur crime ? Elles « parlaient trop ». Même chez nos cousins primates, il existe de grandes différences dans la communication vocale entre mâles et femelles. Les femelles du singe rhésus, par exemple, apprennent à vocaliser beaucoup plus tôt que les mâles et utilisent chacune des dix-sept intonations propres à l'espèce, tous les jours, du matin au soir, pour communiquer. Les mâles, eux, apprennent trois à six intonations seulement et une fois adultes, ils sont capables de rester des jours entiers, voire des semaines, sans vocaliser du tout. Cela vous rappelle quelque chose ?

L'expression de Shana, quinze ans, était éloquente. Lauren, sa mère, se plaignait de son incapacité à se concentrer sur son travail scolaire et même à en parler. Impossible aussi de la faire asseoir à table pour dîner. Dans ma salle d'attente, l'adolescente avait pratiquement l'air drogué en attendant un SMS de sa meilleure copine. Ses mauvais résultats scolaires et sa conduite qui commençait à poser des problèmes en classe faisaient qu'elle n'avait pas le droit de se rendre chez cette amie. Sa mère lui avait aussi interdit l'usage du téléphone portable et de l'ordinateur, mais Shana, coupée de ses amies, avait eu une réaction si violente – elle avait hurlé, claqué les portes, et commencé à tout casser dans sa chambre – que Lauren avait fini par l'autoriser à utiliser son téléphone portable vingt minutes par jour pour communiquer. Toutefois, comme elle ne pouvait parler en privé, Shana se rabattait sur les textos.

Il existe une raison biologique à ce comportement. Le fait d'établir des liens par la conversation active les centres du plaisir dans le cerveau des adolescentes. C'est encore plus évident lorsqu'elles partagent des secrets de nature sentimentale ou sexuelle. Le plaisir éprouvé est immense, du fait

d'un afflux considérable de dopamine et d'ocytocine. À part l'orgasme, aucune gratification neurologique n'est aussi grande. La dopamine est une
substance neurochimique qui stimule les circuits
cérébraux de la motivation et du plaisir. Chez les
filles, à la puberté, les œstrogènes augmentent la
sécrétion d'ocytocine et de dopamine. L'ocytocine
est une neurohormone qui déclenche l'intimité et
est déclenchée par elle. Quand le niveau d'œstrogènes augmente, le cerveau de l'adolescente est
incité à sécréter encore plus d'ocytocine et par là
même à renforcer les liens avec autrui. Vers le
milieu du cycle, au pic de la production d'œstrogènes, le niveau d'ocytocine et d'œstrogènes de
l'adolescente est semble-t-il également au plus
haut. À ce moment-là, non seulement son besoin de
parler, mais aussi son désir d'intimité sont plus
forts que jamais. L'intimité libère un supplément
d'ocytocine, qui renforce le désir de liens, et le fait
d'établir des liens suscite alors du plaisir et un
sentiment de bien-être.

Au début de la puberté, puis tout au long de la
période de fécondité de la femme, les œstrogènes
ovariens stimulent la sécrétion d'ocytocine et de
dopamine. Les filles pubères tirent donc plus de
plaisir qu'auparavant des relations qu'elles établissent entre elles, en se coiffant mutuellement, en
échangeant des potins, en faisant du shopping ensemble. On peut comparer l'afflux de dopamine qui
se produit alors avec celui que suscite la prise de

cocaïne ou d'héroïne. La combinaison de dopamine et d'ocytocine constitue la base biologique de cette recherche d'intimité et de son effet réducteur de tensions. Si votre adolescente passe son temps à bavarder au téléphone avec ses copines ou à leur envoyer des SMS, c'est dû à son sexe, et cela l'aide à passer le cap de moments stressants de sa vie sociale. Cela ne signifie pas pour autant qu'il faille laisser ses impulsions régenter la vie de la famille. Après des mois de négociation, Lauren a obtenu que Shana soit assise à la table du dîner sans envoyer des textos au monde entier. Si cette habitude est particulièrement difficile à canaliser, c'est parce que la communication est au plus haut point gratifiante pour le cerveau de l'adolescente.

LES GARÇONS SERONT DES GARÇONS

Nous savons que chez les filles, les niveaux d'œstrogènes s'élèvent à la puberté et, en agissant sur leur cerveau, les poussent à bavarder plus, interagir plus avec les autres filles, penser plus aux garçons, à se soucier encore plus de leur apparence, à éprouver plus de stress et à être plus émotives. Elles éprouvent le désir d'avoir des relations avec leurs copines, mais aussi avec le sexe opposé. Les afflux de dopamine et d'ocytocine suscités par les conversations et la communication les incitent à rechercher ces liens intimes. Elles ignorent toutefois que cette réalité est propre au sexe féminin. La plupart des garçons, en effet, n'éprouvent pas le même désir de communication verbale et les tentatives qu'elles peuvent faire en ce sens risquent de se solder par des déceptions. Si elles espèrent que leur petit copain va bavarder avec elles comme leurs amies, elles devront déchanter. Au téléphone, il y aura sans doute des silences pénibles du côté de leur interlocuteur. Au mieux, il l'écoutera attentivement, mais en général, elle devra admettre qu'il s'ennuie et qu'il brûle de reprendre son jeu vidéo.

Cette différence peut aussi être à l'origine de la déception que les femmes éprouvent vis-à-vis d'un mari ou d'un compagnon qui ne recherche pas le contact avec les autres et n'a pas envie de grandes conversations. À vrai dire, ce n'est pas sa faute. Quand ses niveaux de testostérone commencent à grimper en flèche, le garçon « disparaît dans l'adolescence », formule utilisée par une de mes amies psychologue pour expliquer pourquoi son fils de quinze ans refuse désormais de lui parler, se réfugie auprès de ses copains ou joue en ligne avec eux, et rentre dans un trou de souris quand il s'agit de dîner ou de sortir en famille. Ce qu'il veut avant tout, c'est qu'on le laisse tranquille, seul dans sa chambre.

Qu'est-ce qui fait que les adolescents, auparavant communicatifs, deviennent soudain taciturnes et ne s'expriment plus que par monosyllabes ? C'est dû aux poussées testiculaires de testostérone qui imprègnent leur cerveau. On a démontré que la testostérone réduisait les échanges verbaux et l'intérêt pour les rapports avec les autres, exception faite du sport ou de la drague. En fait, la drague et les parties du corps ne sont pas loin de devenir une obsession.

Quand, dans ma classe de jeunes de quinze ans, ce fut le tour des filles d'interroger les garçons, elles demandèrent : « Vous préférez les filles avec un peu ou beaucoup de poils ? » « Pas de poils du tout » fut la réponse franche et massive. Parlons clair : à l'adolescence, les garçons sont souvent obsédés par leurs fantasmes sexuels, le corps des filles et le besoin de se masturber. S'ils sont réticents à parler aux adultes, c'est qu'ils croient que par une sorte de magie ceux-ci vont les percer à jour et savoir qu'ils ne pensent plus qu'à « ça ».

Aux prises avec ces obsessions dont il a honte, l'adolescent se sent seul. Jusqu'à ce que ses copains commencent à plaisanter sur le physique des filles, commentaires à l'appui, il croit être le seul à avoir de tels fantasmes et redoute en permanence que l'on remarque ses érections incontrôlables. Plusieurs fois par jour, il se livre à des masturbations frénétiques et il vit dans la peur d'être « découvert ». Il se méfie encore plus de l'intimité avec les filles, tout en rêvant nuit et jour d'une autre forme d'intimité avec elles. Pendant une partie de leur adolescence, le cerveau des filles et celui des garçons ont des priorités nettement différentes quand il s'agit de se rapprocher.

Les études montrent que, sur le plan moléculaire et neurologique, les filles sont motivées pour résoudre et même pour prévenir les conflits avec les autres. Le cerveau féminin a pour but de maintenir la relation à tout prix.

Je me souviens qu'Elana, la fille de mon amie Shelley, dormait souvent chez sa meilleure amie Phyllis, et réciproquement, et quand ce n'était pas le cas, elles restaient à bavarder au téléphone jusqu'à l'heure du coucher. Elles parlaient des vêtements qu'elles allaient porter, des garçons qui leur plaisaient, et commentaient l'émission qui passait à la télévision. Un jour, Phyllis se mit à critiquer une autre élève, moins populaire, qui avait été très copine avec Elana à l'école élémentaire. Sa méchanceté rendit furieuse Elana, mais elle se sentit physiquement et psychiquement angoissée à l'idée d'affronter Phyllis. Elle se rendait compte que si elle faisait le moindre reproche à Phyllis, la dispute qui pouvait en résulter sonnerait le glas de leur amitié. Finalement, plutôt que de perdre l'amitié de Phyllis, Elana choisit de se taire.

C'est le genre de scénario qui se déroule dans le

cerveau de toutes les femmes à la perspective d'un conflit, voire d'une simple divergence de vues. Devant un conflit relationnel et un rejet, le cerveau féminin s'alarme plus que le cerveau masculin. Généralement, les hommes ne détestent pas les conflits interpersonnels et la compétition ; cela peut même les stimuler. Chez les femmes, le conflit risque de déclencher une cascade de réactions chimiques, qui vont les chambouler et susciter de la peur et des tensions. La simple perspective d'un conflit se traduit dans leur cerveau par une menace sur la relation et s'accompagne d'inquiétude à l'idée que la prochaine conversation qu'elles auront avec leur amie puisse être la dernière.

Quand une relation est menacée ou détruite, le niveau de certaines susbtances neurochimiques du cerveau féminin, comme la sérotonine, la dopamine et l'ocytocine (l'hormone de l'attachement) baisse considérablement et le cortisol, l'hormone du stress, prend le relais. La femme commence à se sentir inquiète. Elle redoute confusément d'être rejetée et abandonnée. Bientôt, elle ressent le manque de cette bonne substance de l'intimité, l'ocytocine. Quand celle-ci afflue, stimulée par les contacts sociaux, elle éprouve un sentiment d'intimité avec l'autre. Mais dès que ces contacts ne se font plus et que l'ocytocine et la dopamine chutent, elle est perturbée.

Les modifications hormonales la poussent alors à s'imaginer, terrifiée, que la relation est finie. Elana a ainsi préféré laisser passer la méchante remarque de Phyllis sur sa vieille copine que de risquer une dispute qui aurait pu mettre un terme à leur amitié. Telle est la réalité effrayante qui se crée dans le cerveau féminin. Et c'est pourquoi la rupture d'une amitié, ou simplement la perspective d'une mise à l'écart, est si stressante, particulièrement chez les adolescentes. De nombreux circuits cérébraux sont équipés pour contrôler les contacts étroits et quand ceux-ci sont menacés, l'alarme se met en marche et signale l'abandon.

On peut même relier la formation de bandes et de groupes au stress et à l'anxiété croissants qu'éprouvent les filles à la puberté. Il se peut qu'elle découle de leur réaction de stress. Récemment encore, on estimait que, face au stress, tous les êtres humains réagissaient par « la fuite ou la lutte », une conduite décrite par W.B. Cannon en 1932. Pour Cannon, la personne soumise à un stress ou à une menace va attaquer la source de cette menace si elle a quelque chance de gagner, sinon, elle va fuir la situation. Toutefois, l'attitude de « fuite ou lutte » n'est pas propre à tous les êtres humains. Shelley Taylor, professeur de psychologie à l'UCLA, avance qu'il s'agit plus vraisemblablement de la réponse *masculine* à la menace et au stress.

Il est certain que lorsqu'ils sont soumis à un stress important, les individus des deux sexes reçoivent un afflux d'hormones et de substances neurochimiques qui les prépare à faire face à une menace imminente. Chez les hommes, dont les voies de l'agressivité sont plus directes que celles des femmes, cela peut les pousser sur-le-champ à l'action. Mais sur le plan de l'évolution, la bagarre n'a sans doute pas été une aussi bonne stratégie d'adaptation pour les femmes que pour les hommes, car elles ont moins de chances de triompher physiquement des hommes les plus costauds, et même si elles sont de la même force qu'eux, elles risquent en choisissant la lutte de laisser seul un enfant vulnérable et sans défense. Dans le cerveau féminin, le circuit de l'agressivité est étroitement lié aux fonctions cognitives, affectives et verbales, tandis que dans le cerveau masculin, il l'est plus aux zones de l'action physique.

En ce qui concerne la fuite, les femmes courent généralement moins bien lorsqu'elles sont enceintes, qu'elles allaitent ou s'occupent d'un enfant vulnérable. Les recherches ont montré que chez les mammifères, les femelles soumises à un stress abandonnent rarement leurs petits une fois le lien maternel établi. C'est pourquoi, à côté de « la fuite ou la lutte », elles ont d'autres réponses au stress qui leur permettent d'assurer leur protection et celle de leur jeune progéniture. Le recours aux liens sociaux est l'une d'elles. Au sein d'un groupe social soudé, les femelles vont être plus à même de s'entraider dans une situation stressante ou menaçante. Elles peuvent s'alerter à l'avance, ce qui leur permet de s'éloigner du danger potentiel et de con-

tinuer à s'occuper de leur progéniture en toute
sécurité. Ce schéma comportemental, baptisé
« soigner ou copiner », est sans doute une stratégie
propre au genre féminin. Les soins incluent des
activités qui favorisent la sécurité et réduisent la
détresse pour chacune et sa progéniture ; le copi-
nage consiste à créer et à entretenir des réseaux
sociaux susceptibles d'aider à ce processus.

Nous avons vu que de nos jours, le cerveau féminin comporte encore les anciens circuits des
lointaines ancêtres qui ont le mieux réussi. Les
études de certains primates non-humains montrent
qu'au début de l'évolution des mammifères, les
femelles ont vraisemblablement formé des réseaux
d'entraide pour se soutenir face aux menaces des
mâles. Chez certaines espèces de singes, par
exemple, si une femelle est face à un mâle ouvertement agressif envers elle, les autres femelles de
son groupe vont se rassembler côte à côte, faire face
à l'agresseur et le chasser avec des cris menaçants.
Ces réseaux fournissent également d'autres types de
soutien et de protection. Chez de nombreuses espèces de primates, les femelles s'occupent de la progéniture des autres, partagent entre elles les informations sur les sources de nourriture et servent de
modèle de comportement maternel aux femelles
plus jeunes. Joan Silk, anthropologue à l'UCLA, a
découvert chez les babouins un lien direct entre la
sociabilité des femelles et leur capacité de reproduction. Son étude, portant sur seize années, a

montré que la progéniture des mères ayant le plus de rapports sociaux survivait en plus grand nombre, ce qui augmentait les chances de ces femelles de transmettre leurs gènes.

LE CERVEAU SUIT LE RYTHME DES ŒSTROGÈNES

À partir de l'âge de dix ans, Shana avait eu de plus en plus de mal à se lever pour aller à l'école et le week-end, elle dormait jusqu'à midi. Pour sa mère Lauren, ce schéma de sommeil était le reflet des mauvaises habitudes de Shana, qui attendait toujours la dernière minute pour terminer ce qu'elle entreprenait et restait tard devant la télévision. Elle traitait sa fille de paresseuse et Shana, qui ne comprenait pas les motifs de ce reproche, commençait à se sentir déprimée. Elle était fatiguée et elle avait besoin de dormir. Quand je les ai rencontrées, la mère et la fille étaient bloquées dans le conflit.

En fait, à la puberté de Shana, les montées d'œstrogènes ovariens avaient réorganisé les cellules du sommeil de son cerveau. Les œstrogènes affectent pratiquement tout ce qu'expérimente une adolescente, y compris sa réaction à la lumière et le rythme circadien lumière-obscurité. Leurs récepteurs sont activés dans les cellules de l'horloge cérébrale du noyau suprachiasmatique. Ces amas de cellules orchestrent les rythmes corporels quotidiens, mensuels et annuels, comme ceux des hormones, de la température, du sommeil et de l'humeur. Les œstrogènes influencent même les cellules cérébrales qui contrôlent la respiration. Ils déclenchent le cycle du sommeil de la femme ainsi que son hormone de croissance. À la puberté, les œstrogènes déterminent le rythme de la quasi-totalité de son cerveau : le cerveau féminin et le cerveau masculin finissent par fonctionner selon des rythmes différents.

Vers l'âge de huit à dix ans pour les filles – et au moins un an plus tard pour les garçons –, l'horloge du sommeil modifie ses réglages, ce qui se solde par un coucher et un réveil plus tardifs, et un accroissement du temps de sommeil global. Une étude a montré qu'à l'âge de neuf ans, filles et garçons avaient des ondes cérébrales identiques durant leur sommeil. À douze ans, ces mêmes ondes cérébrales présentaient une différence de 37 % chez les filles. Les scientifiques y ont vu le signe d'une maturation plus rapide du cerveau féminin. L'élagage des synapses en excès dans le cerveau des adolescentes commence plus tôt que chez les garçons, ce qui entraîne une maturation plus précoce de tous leurs circuits cérébraux. En moyenne, le cerveau féminin mûrit avec deux ou trois ans d'avance. Après ce délai, celui des garçons atteint le même degré de maturité, mais leur phase de sommeil est même décalée d'une heure encore par rapport aux filles à l'âge de quatorze ans. Et ce n'est qu'un début. La tendance des femmes à se coucher et à se lever un peu plus tôt que les hommes va perdurer jusqu'après la ménopause.

J'ai suivi Shana et sa mère pendant plusieurs années. Leurs rapports devinrent encore plus difficiles au fur et à mesure que les œstrogènes instauraient un nouveau rythme dans le cerveau de l'adolescente. Il y eut notamment un jour, le vingt-sixième de son cycle, où Shana dépassa les bornes. « Je vais demain à la plage, que tu le veuilles ou non ! hurla-t-elle. Essaie un peu de m'en empêcher !

— Il n'est pas question que tu y ailles avec cette bande de jeunes, répondit sa mère. Ils ont de l'argent en veux-tu en voilà et cela ne me plaît pas. Je suis sûre qu'ils trafiquent de la drogue.

— Tu sais même pas de quoi tu parles ! Qu'est-ce que tu connais de la vie, hein ? T'es jamais sortie de ton trou. À mon âge, t'étais moche et nulle. Tu supportes pas que je sois plus brillante et plus cool que toi. Tu fais tout pour m'empêcher d'être bien dans ma peau. T'es dégueulasse ! »

Lauren perdit son sang-froid. Pour la première fois de sa vie, elle gifla sa fille.

Le cycle que les œstrogènes contrôlent de la façon la plus évidente est le cycle menstruel. Le premier jour où une fille a ses règles est généralement excitant et surprenant. C'cst un moment à célébrer, car chaque mois, le cycle menstruel rafraîchit et recharge certaines parties du cerveau féminin. Les œstrogènes agissent sur les cellules comme un engrais ; ils excitent le cerveau et rendent la jeune fille plus décontractée dans ses rapports avec les autres durant les deux premières semaines. Lors de cette phase, dite œstrogénique, les connexions dans l'hippocampe augmentent de 25 %, ce qui améliore légèrement le fonctionnement du cerveau. Les idées sont plus claires, la mémorisation est meilleure, la pensée plus rapide, plus agile. Puis vers le quatorzième jour, lors de l'ovulation, la progestérone commence à sourdre des ovaires et à inverser l'action des œstrogènes, agissant plutôt comme un désherbant sur ces nouvelles connexions hippocampiques. Au cours des deux dernières semaines du cycle, sous l'effet de la progestérone, le cerveau est d'abord apaisé, puis il devient progressivement plus irritable, moins concentré, et enfin un peu plus lent. C'est peut-être l'une des raisons des modifications de la sensibilité au stress au cours de la seconde moitié du cycle. Les connexions supplémentaires élaborées durant la montée des œstrogènes sont inversées par la progestérone.

Les derniers jours du cycle, l'effet calmant cesse brutalement avec la chute de la progestérone, laissant le cerveau temporairement déboussolé, stressé et irritable. C'est à ce moment-là que Shana s'est mise à hurler après sa mère. Beaucoup de femmes déclarent pleurer plus facilement, être souvent mal fichues, tendues, agressives, négatives, hostiles, voire déprimées et désespérées juste avant leurs règles. Dans mon centre de soins, nous appelons ces jours-là « les journées mélo », parce qu'au cours de cette brève période, un rien peut nous arracher des larmes, même les séries télé les plus débiles. Au début, cet état d'humeur inattendu prend les adolescentes par surprise. Elles croient qu'il leur suffit de savoir une chose ou deux à propos de leur cycle : ne pas oublier de mettre leurs tampons et prendre des cachets pour soulager les maux de ventre le premier jour. Il leur faut un certain temps avant de comprendre que même les jours où elles ne saignent pas, les hormones du cycle peuvent agir sur leur cerveau. Une fois adultes, elles savent gérer la situation. La plupart des femmes n'ignorent pas que la troisième et la quatrième semaines, leurs mouvements de colère sont soumis à la règle des deux jours : elles devront attendre deux jours pour voir si elles veulent toujours y donner suite.

Il fallut quelques jours à Shana pour se rendre compte qu'elle n'aurait pas dû parler ainsi à sa mère. Lorsque sa progestérone chuta et que les œstrogènes prirent le relais, son irritabilité s'atténua. Des connexions poussaient de nouveau dans son hippocampe et les rouages de son cerveau, bien huilés, fonctionnaient à plein. Peu de temps après, elle surprenait tout le monde par son humeur railleuse et ses bons mots. Chez certaines femmes, les performances cérébrales varient en fonction des modifications hormonales du cycle menstruel. L'une des parties du cerveau les plus sensibles aux œstrogènes, l'hippocampe, est un relais important du traitement de la mémoire verbale. Il faut peut-être voir là une raison biologique à l'augmentation des performances verbales des femmes durant la deuxième semaine du cycle, celle où le niveau d'œstrogènes est le plus haut. Souvent, pour plaisanter, je dis à mes étudiantes qu'elles devraient passer les oraux le douzième jour du cycle, quand leur performance verbale est la meilleure. C'est peut-être vrai aussi pour les femmes qui veulent avoir une « franche discussion » avec leur mari.

POURQUOI LE CERVEAU DES ADOLESCENTES DISJONCTE

Pour une adolescente, c'est déstabilisant. Jusque-là, son cerveau ignorait les variations du flux hormonal. Or, voilà qu'un jour, elle se met à traiter sa mère de dégueulasse, alors que la veille, tout allait bien. Pourtant, susciter un conflit est la dernière chose qu'elle souhaitait. Elle a l'impression d'être toujours gentille et soudain, c'est comme si elle ne pouvait plus se faire confiance, comme si tout ce qu'elle savait sur elle n'était plus valable. Son estime de soi est sérieusement entamée. Il s'agit en fait d'une réaction chimique assez simple, même pour une adulte. Mais ce n'est pas la même chose quand on comprend ce qu'il se passe.

Les difficultés que rencontrent certaines femmes proviennent de la chute brutale des œstrogènes et de la progestérone au cours de la quatrième semaine du cycle. Leurs effets calmants commencent à manquer au cerveau et il s'irrite, au point que sur le plan de l'inconfort, ce malaise est l'équivalent d'une attaque. Certes, cela n'affecte qu'un faible pourcentage, mais c'est assez pour leur gâcher la vie. Le stress et l'énervement peuvent ainsi s'accentuer considérablement avant les premiers saignements.

Si 80 % des femmes ne sont que modérément affectées chaque mois par ces variations, 10 % affirment avoir les nerfs en pelote et être facilement perturbées. Celles dont les ovaires produisent le plus d'œstrogènes et de progestérone résistent mieux au stress, car les cellules de sérotonine (la substance neurochimique du bien-être) sont en plus grand nombre dans leur cerveau. À l'inverse, celles qui ont le moins d'œstrogènes et de progestérone sont plus sensibles au stress et ont moins de cellules de sérotonine. Pour ces dernières, les jours précédant le déclenchement des règles peuvent ressembler à un enfer. Elles sont aux prises avec des mouvements d'hostilité, un sentiment de dépression, des envies de suicide, de la peur, des crises de panique, des accès de rage et des pleurs incontrôlables. Les variations des hormones et de la sérotonine peuvent induire un dysfonctionnement dans le cortex préfrontal, siège du jugement, ce qui permet aux émotions violentes issues des zones primitives du cerveau d'émerger plus facilement.

C'était le cas de Shana. Au cours des huit à quinze jours précédant ses règles, elle avait des problèmes en classe à cause de sa conduite. Elle perturbait les cours en intervenant à brûle-pourpoint, se montrait agressive, puis fondait en larmes l'instant suivant. Bientôt, ses humeurs furent incontrôlables, et elle commença à inquiéter ses parents, ses professeurs et les autres jeunes. Après plusieurs réunions infructueuses avec le proviseur et le conseiller scolaire, ses parents l'emmenèrent voir un pédiatre. Le médecin, lui aussi, fut stupéfait de son comportement. C'est une enseignante qui remarqua qu'elle se comportait ainsi quinze jours par mois. Le reste du temps, Shana était elle-même, c'est-à-dire une adolescente typique qui avait ses humeurs et une hypersensibilité, mais ne se montrait pas particulièrement conflictuelle. Sur une intuition, ce professeur me l'adressa, persuadée qu'elle souffrait d'un syndrome prémenstruel aigu.

Les variations d'humeur et les modifications de caractère de Shana, quoique extrêmes, n'avaient rien d'exceptionnel. En vingt ans de pratique en psychiatrie et en médecine féminine, j'ai vu des centaines de femmes et de jeunes filles avec des problèmes similaires. La plupart se sentent coupables de leur comportement. Certaines ont fait des années de psychothérapie pour essayer de découvrir la source de leur tristesse ou de leur colère récurrente. Beaucoup ont été régulièrement accusées de boire, de se droguer, d'avoir de mauvaises intentions et de mal se conduire. Ces accusations sont dans leur grande majorité injustes et toutes passent à côté de la vérité.

Si l'humeur et l'attitude de ces adolescentes et de ces femmes changent régulièrement, de manière spectaculaire, c'est parce que la structure même de leur cerveau se modifie d'un jour à l'autre et d'une semaine sur l'autre. On appelle trouble dysphorique prémenstruel (TDP) une réaction émotionnelle extrême, déclenchée par les œstrogènes et la progestérone ovariens au cours des semaines précédant la menstruation. En France et en Angleterre, les femmes atteintes de ce trouble ayant commis des crimes ont pu plaider avec succès la démence passagère pour leur défense. D'autres pathologies courantes comme la migraine menstruelle sont dues également à une augmentation de l'excitabilité cérébrale et à une diminution de la sédation juste avant le début des règles. Les chercheurs du National Institute of Mental Health se sont aperçus que les modifications de l'humeur et des émotions présentées par ces femmes au cours de leur cycle cessent quand on empêche leurs ovaires de produire des hormones de manière fluctuante. Ils en ont conclu que les femmes souffrant de trouble dysphorique prémenstruel sont en quelque sorte « allergiques » ou hypersensibles aux variations des œstrogènes et de la progestérone durant le cycle. Il y a une cinquantaine d'années, le traitement était l'ablation des ovaires. Il n'existait pas d'autre moyen de supprimer les fluctuations hormonales.

Il n'était bien sûr pas question de retirer les ovaires de Shana. Je lui ai donné une hormone à prendre quotidiennement – la pilule contraceptive en continu – afin de conserver ses œstrogènes et sa progestérone à un niveau modérément élevé, mais constant, et de bloquer les variations hormonales ovariennes qui perturbaient son cerveau. Ainsi, celui-ci était apaisé et son niveau de sérotonine stabilisé. Je prescris aussi à certaines jeunes filles un antidépresseur comme le Zoloft – un inhibiteur sélectif de la recapture de la sérotonine (IRRS) – pour stabiliser et améliorer le niveau de la sérotonine dans le cerveau, ou, en d'autres termes, pour améliorer leur humeur et leur sentiment de bien-être. Un mois après, le professeur de Shana me téléphona pour me dire que l'adolescente avait retrouvé son entrain et ses bons résultats scolaires.

PRISE DE RISQUE ET AGRESSIVITÉ CHEZ LES ADOLESCENTES

Le jour où Shana hurla qu'elle voulait aller à la plage, Lauren était inquiète pour le petit ami de sa fille, Jeff. Jeff appartenait à une famille riche et permissive et à quinze ans, Shana avait déjà eu des rapports sexuels avec lui. Les parents du garçon les laissaient faire l'amour à leur domicile, ce que Shana s'était bien gardée de dire à ses propres parents jusqu'au jour où elle avait craint d'être enceinte. Comme l'histoire de sa fille avec Jeff durait, Lauren décida de faire la connaissance du jeune homme. Et plus elle le fréquentait, plus elle l'appréciait. Jeff couvrait Shana de cadeaux (ce qui ne plaisait guère à Lauren, mais elle ne voulait pas risquer de le blesser) et Shana était heureuse quand il était là. Elle avait passé des accords avec ses parents. « S'il te plaît, Maman, permets-lui de venir une heure. Je suis hyperstressée et il me calme. Je finirai mes devoirs quand il sera parti, c'est promis. » En fait, elle le faisait souvent entrer à nouveau en catimini.

Il y avait maintenant huit mois que Shana sortait avec Jeff. Le lendemain du jour où elle confia à sa mère qu'elle était très amoureuse de lui, elle rentra de l'école en compagnie d'un autre garçon, Mike, qu'elle présenta simplement comme un ami. Quand Lauren monta voir ce qu'ils faisaient, la porte de la chambre de sa fille était fermée. Elle l'ouvrit et les vit en train de s'embrasser. Dans la mesure où elle avait autorisé les rapports sexuels entre Shana et Jeff, elle fut désorientée. Visiblement, Shana ne contrôlait plus ses pulsions.

Chez la fille, les centres de l'émotion deviennent très réactifs à la puberté. À l'âge de douze ans, le nombre de cellules de son système cérébral de contrôle des pulsions et des émotions, le cortex préfrontal, a considérablement augmenté, mais les connexions sont encore fragiles et immatures. Ses changements d'humeur, dus en partie aux pulsions émotionnelles accrues qui proviennent de l'amygdale, deviennent plus rapides et spectaculaires. Son cortex préfrontal ressemble à un vieux modem qui recevrait des signaux à haut débit. Il n'arrive pas à gérer l'augmentation de trafic provenant de l'amygdale et il se laisse souvent submerger. L'adolescente s'accroche donc à une idée et ne prend pas le temps de réfléchir aux conséquences. Elle rejette toute forme d'autorité qui voudrait contrer ses pulsions.

Joan, une de mes patientes, était une élève brillante qui terminait ses études secondaires. Dans la ville où elle était pensionnaire, elle s'était entichée d'un garçon, un petit délinquant qui avait mis une fille enceinte à l'âge de seize ans et était un vrai cancre. Pendant l'été, ils sortirent ensemble, puis, au moment de rejoindre le campus, elle changea d'avis et décida de rester avec lui. Quand ses parents menacèrent de venir, de lui reprendre la voiture et de la conduire manu militari à l'université, elle s'enfuit avec le garçon. Finalement, elle se rendit à la raison, mais il se passa beaucoup de temps avant qu'elle cesse d'en vouloir à ses parents. Le cerveau adolescent a du mal à évaluer correctement la situation dans ce genre de circonstances.

Si seulement Roméo et Juliette avaient su que leurs circuits cérébraux étaient en pleine reconstruction! S'ils avaient su que sous l'influence de leurs hormones sexuelles, des cellules croissaient dans leur cerveau et généraient des extensions, et qu'une fois ces extensions correctement reliées au cortex préfrontal parvenu à maturité, il faudrait attendre plusieurs années pour former des connexions solidement structurées... Le cerveau de Juliette aurait mûri deux ou trois ans plus tôt que celui de Roméo et, qui sait, elle serait peut-être redescendue de son petit nuage avant lui. Ces extensions encore inachevées – non myélinisées – qui jouent un rôle important dans les connexions entre le centre de l'émotion de l'amygdale et le centre de contrôle des émotions du cortex préfrontal, ont besoin d'être gainées d'une substance qui permet une conduction rapide, la myéline, avant de pouvoir fonctionner correctement dans les moments de stress. Or, le processus n'est pas achevé avant les dernières années de l'adolescence ou le début de l'âge adulte. Faute de connexions rapides avec le cortex préfrontal, les circuits sont souvent débordés par les pulsions émotionnelles, ce qui conduit à des comportements irréfléchis.

Quand une restriction parentale du genre : « On sait que tu as trop bu à cette soirée, et puis tu sors trop souvent et tes notes s'en ressentent, donc maintenant tu vas rester à la maison » vient perturber l'amygdale de l'adolescente, celle-ci peut se borner à répondre par : « Je vous déteste ! » Mais mieux vaut surveiller les petits signes de rébellion qui peuvent suivre. Elle va trouver d'autres moyens de saper l'autorité de ses parents.

L'histoire de Karen, l'une de mes ex-patientes devenue depuis professeur titulaire de biochimie, illustre bien cette réalité des adolescentes. Elle a passé son enfance dans une petite ville de l'État de Washington, où de nombreux jeunes quittaient le lycée pour travailler dans l'industrie du bois. Ses copines trouvaient des postes de cuisinière ou de secrétaire, ou bien elles se mariaient et tombaient aussitôt enceintes. Vers l'âge de seize ans, Karen n'avait qu'une envie : quitter la maison. Elle décida qu'elle ferait des études universitaires, une idée révolutionnaire dans une agglomération où seuls les professeurs, le médecin et la bibliothécaire étaient diplômés. Ses parents l'accusèrent de vivre dans ses rêves. Ils n'avaient pas d'argent pour lui payer des études et puis que ferait-elle d'un diplôme, alors qu'à vingt ans, elle serait selon toute vraisemblance « en cloque » ?

Leur mépris ne fit que renforcer la détermination de Karen d'échapper à ce destin et de poursuivre ses études. Quand elle eut dix-huit ans, elle s'installa avec son petit ami. Elle avait maintenant l'âge requis pour pouvoir travailler le soir comme go-go girl dans l'un des bars où les bûcherons venaient dépenser leur paye, même si elle était trop jeune pour danser topless. Elle se fit engager et réussit tout de même à se faire de bons pourboires, que les clients glissaient dans son string.

Ce n'était pas exactement le type de job que l'on attend d'un futur professeur de biochimie. Mais Karen gagna suffisamment d'argent pour financer son premier semestre universitaire, avant de réussir à obtenir une bourse. Aujourd'hui, Karen est mère de trois adolescents, deux filles et un garçon. Elle se demande ce qu'elle dirait si à dix-huit ans l'aînée lui annonçait qu'elle avait trouvé un boulot de « pole dancer » dans un bar. Pour sa part, l'épisode « go-go » s'était déroulé sans encombre, mais les choses auraient pu mal tourner.

Les modifications hormonales dans le cerveau des adolescentes au cours du cycle menstruel ajoutent encore de la volatilité à l'ensemble. Si les œstrogènes et la progestérone se bornaient à augmenter durant l'adolescence et restaient ensuite à ce niveau élevé, le cerveau féminin effectuerait en permanence les réajustements nécessaires. Mais, comme nous l'avons vu, ces hormones arrivent par vagues. Étant donné que le cerveau des adolescentes subit des modifications considérables, notamment dans les zones particulièrement sensibles aux variations hormonales, la puberté peut être une période particulièrement impulsive pour nombre d'entre elles. En l'absence de stress, au cours d'une semaine sans problèmes du cycle menstruel, le cortex préfrontal de l'adolescente va fonctionner normalement. Elle aura un bon jugement et un comportement correct. Mais durant le syndrome pré-menstruel, il suffit d'un stress, comme une déception ou une mauvaise note, pour détraquer le cortex préfrontal et provoquer une réaction émotionnelle excessive et un comportement irréfléchi, dans le genre hurlements et portes qui claquent, ce que l'on appelle familièrement un pétage de plombs. Les poussées de testostérone chez les adolescents ont sans doute des effets similaires, mais on ne dispose d'aucune étude à ce jour. À cet âge, les poussées hormonales peuvent transformer un stress mineur ou un événement apparemment sans importance en une véritable catastrophe.

Il n'est pas facile d'apaiser l'excitation de l'amygdale chez les adolescentes et quand elles sont sous l'effet du stress, nombre d'entre elles se tournent vers la drogue, l'alcool ou ont des troubles du comportement alimentaire (soit elles cessent de manger, soit elles se gavent). Quand on est parent, le mieux est d'ignorer la plupart du temps ce qu'elles disent, de ne pas prendre au sérieux leurs tirades irréfléchies. De rester calme. Elles énoncent leurs intentions avec autant de fougue qu'elles les ressentent et l'on peut être persuadé malgré soi. Il faut simplement se souvenir que les circuits qui contrôlent leurs pulsions sont incapables de les gérer. Qu'on le veuille ou non, il faut assurer cette maîtrise à la place de leur cerveau. Lorsque les parents de Joan l'ont menacée de venir lui reprendre sa voiture, ils ont tenu leur rôle d'adultes en faisant preuve du bon sens dont elle manquait à l'époque. Et d'ailleurs, elle a reconnu, quelques années plus tard, qu'ils avaient agi comme il le fallait.

LA DÉPRESSION

Il ne fallut pas attendre longtemps avant que Mike, le nouveau petit copain de Shana, se rende compte que l'adolescente ne contrôlait plus ses pulsions. Si elle avait laissé tomber Jeff aussi facilement, elle pouvait faire de même avec lui. Aussi décida-t-il de prendre les devants et de rompre. Certaines des amies de Shana étaient outrées de la façon dont elle s'était conduite avec Jeff, et elle se retrouvait isolée. Jusque-là, tout allait bien pour elle : elle écrivait dans le journal du lycée, commençait à pratiquer sérieusement la sculpture et elle pouvait envisager d'être acceptée dans de bonnes universités. Ses professeurs appréciaient sa créativité et son tonus. Mais quand Jeff la quitta, tout changea. Elle maigrit, cessa d'avoir de bons résultats scolaires et d'écrire dans le journal du lycée. Elle était incapable de se concentrer et de faire ses devoirs, devenait insomniaque, était obsédée par son poids et par son apparence, et ne pouvait détacher ses pensées de *lui*. Je découvris quelques coupures sur son bras et m'aperçus qu'elle s'infligeait des scarifications. Tout cela m'inquiéta beaucoup, dans la mesure où elle était dans la période où la dépression féminine est deux fois plus fréquente que la dépression masculine.

Avant les bouleversements hormonaux de la puberté, les risques de dépression sont les mêmes pour les garçons et les filles, mais à quinze ans, les filles sont deux fois plus exposées. La génétique jouerait aussi un rôle dans la dépression féminine. Dans certaines familles particulièrement touchées par ce mal, par exemple, les chercheurs ont mis en évidence une mutation sur le gène CREB1, qui augmente les risques de dépression clinique chez les filles. À l'adolescence, la mère et la grand-mère de Shana avaient fait une grave dépression et l'une de ses cousines s'était suicidée. Pour elle, le risque était donc sérieux. Elle faisait une vraie dépression clinique. Je l'ai placée sous Zoloft et suis restée en étroit contact avec elle. Nous avons fait ensemble des séances hebdomadaires de thérapie cognitive. Au bout de quatre à six semaines, elle fut de nouveau capable de se concentrer, put passer ses examens de fin d'année et cessa d'être obsédée par Mike et par son poids.

LA BIOLOGIE DES PETITES PESTES

Les poussées hormonales peuvent changer en un clin d'œil une gentille fille en petite peste. De même la compétition sexuelle, rude chez les adolescentes, joue un rôle crucial, même si elle ne s'exerce pas vraiment selon les mêmes règles que chez les garçons. Les filles se réunissent en bandes, mais les rivalités entre les unes et les autres sont fortes. Les adolescentes, nous le savons, peuvent être de vraies garces. Lorsqu'elles sont en concurrence avec d'autres, elles utilisent des moyens subtils pour les éliminer, comme la propagation de rumeurs. Ce qui leur permet de couvrir leurs arrières : « Je ne voulais pas faire du mal, je suis désolée. » Avec ce genre de tactique, le risque de détruire un lien que le cerveau de l'adolescente considère comme essentiel à sa survie est moindre. Mais la compétition sexuelle est également essentielle à la survie.

Quand j'avais environ treize ans, il y avait dans ma classe une fille ravissante, dont les autres élèves étaient jalouses parce que tous les garçons tournaient autour d'elle. Comme elle était timide, elle passait en outre pour une snob. Un jour, l'élève beaucoup moins séduisante qui était assise derrière elle cracha l'énorme chewing-gum qu'elle mâchait et le lui colla dans les cheveux. En tentant de l'ôter, la malheureuse ne fit qu'emmêler ses jolies boucles, tant et si bien que la seule solution fut de les couper. L'auteur de ce geste triomphait. Momentanément, l'instinct biologique qui la poussait à la compétition sexuelle avait remporté la victoire.

Les androgènes sont les hormones généralement

liées à l'agressivité chez les femmes comme chez les hommes. Ils augmentent à partir du début de la puberté et atteignent un pic à l'âge de dix-neuf ans chez les premières et de vingt et un ans chez les seconds. Les trois principaux androgènes sécrétés par les femmes sont la testostérone, la DHEA et l'androstènedione. Une étude effectuée à l'Université de l'Utah a montré que les adolescentes les plus ouvertement agressives avaient un niveau élevé d'androstènedione. L'acné est un bon révélateur d'un taux élevé de cette hormone. Les filles qui ont un niveau élevé de testostérone et de DHEA tendent aussi à avoir des rapports sexuels plus précoces. À quinze ans, Shana avait non seulement de l'acné et des seins pleinement développés, mais elle avait des rapports sexuels depuis un an.

Les hormones du cycle menstruel peuvent faire fluctuer les pulsions agressives. Au début de son cycle, l'adolescente se rapproche des autres. Durant l'autre partie du cycle, elle va plutôt être intéressée par le pouvoir qu'elle peut exercer sur les garçons et sur les filles. Cela signifierait que les quantités supérieures d'androgènes sécrétées par les ovaires au cours de la deuxième et de la troisième semaines augmentent les niveaux d'agressivité chez les femmes et les adolescentes. Des niveaux d'androgènes supérieurs chez les deux sexes sont associés à une diminution de l'empathie, des attaches, et des relations avec autrui. On peut supposer, sans en avoir la preuve, que chez Shana, le niveau élevé d'androgènes certaines semaines de son cycle a déclenché ses explosions d'agressivité.

Quand les niveaux d'androgènes sont faibles, non seulement l'agressivité diminue, mais il en va de même pour les pulsions sexuelles. C'est le cas chez les adolescentes qui prennent la pilule, car sous l'effet de ce contraceptif, les ovaires sécrètent moins d'androgènes. Hommes et femmes produisent de la testostérone, mais chez l'homme la production est dix fois plus importante et les pulsions sexuelles sont donc plus fortes. Chez les battantes et les ambitieuses, les scientifiques savent que ce ne sont pas seulement les androgènes, mais aussi les œstrogènes qui sont en cause. La même étude effectuée à l'Université de l'Utah a révélé que les femmes les plus préoccupées d'elles-mêmes et les plus « grande gueule » avaient aussi les plus hauts niveaux d'œstrogènes, de testostérone et d'androstènedione. Elles s'attribuaient une meilleure note que celle que leur donnaient les autres femmes, qui les considéraient par ailleurs comme les plus vantardes.

Bien sûr, une hormone seule ne saurait être responsable d'un comportement. Les hormones ne font que rendre vraisemblable un certain comportement dans certaines circonstances. Et de même qu'il n'y a pas un siège unique de l'agressivité dans le cerveau, il n'y a pas une seule hormone de l'agressivité. Mais pour réussir et obtenir le pouvoir dans le monde actuel, une dose d'agressivité est nécessaire aux femmes comme aux hommes. Chez les adolescentes, ces hormones modifient la réalité et la perception qu'elles ont d'elles-mêmes en tant qu'êtres sexuels, indépendants et affirmés.

3

L'amour et la confiance

Melissa, une productrice de cinéma de San Francisco, brûlait de tomber vraiment amoureuse. Sa carrière suivait enfin un rythme tranquille et à trente-deux ans, elle était prête à passer à la phase suivante de sa vie. Elle voulait fonder une famille et avoir une relation stable avec un homme, pas une aventure de quelques mois. Le problème, c'était qu'elle n'arrivait pas à trouver l'oiseau rare. Parmi tous les hommes qu'elle rencontrait dans des soirées ou par l'intermédiaire de sites sur Internet, aucun ne correspondait à son idéal.

Un soir, Leslie, sa meilleure amie, l'appela pour lui proposer de l'accompagner dans un club de salsa. Melissa avait envie de rester chez elle à regarder la télévision, mais Leslie insista tellement qu'elle accepta. Elle fit bouffer ses cheveux bouclés, mit une jupe large, ses nouveaux escarpins en daim vermillon et un rouge à lèvres flamboyant. Puis elle sauta dans un taxi.

À son arrivée au club, Leslie était déjà installée au bar et sirotait une margarita. Au moment où les deux jeunes femmes s'apprêtaient à gagner la piste, Melissa aperçut à l'autre bout un homme grand, brun, avec un visage viril, sur lequel elle flasha aussitôt.

Elle se tourna vers Leslie pour attirer son attention sur lui, mais déjà il venait dans leur direction. Un frisson la parcourut. C'était une sensation qu'elle n'avait jamais ressentie lors des rendez-vous qu'elle avait eus ces derniers mois. Cet étranger dont elle ne pouvait détacher son regard avait quelque chose de familier. « Qui est-ce ? » chuchota-t-elle à Leslie, tandis que son cortex cérébral passait en revue les visages qu'elle avait en mémoire, sans en reconnaître aucun. Ses circuits de l'attention déclenchèrent alors « l'alerte partenaire ». Était-il avec quelqu'un ? Elle regarda autour d'elle, à la recherche de l'une des superbes créatures qui accompagnent généralement ce genre d'homme séduisant. Mais non, il était seul.

Melissa écoutait à peine ce qu'était en train de lui raconter Leslie. Toute son attention se concentrait sur cet inconnu. Aucun détail ne lui échappait, de son jean noir sexy à ses chaussures chic, en passant par l'absence d'alliance. Le cerveau de la jeune femme était prêt au contact. Rien d'autre ne comptait. Elle était en train de tomber amoureuse. La pulsion d'accouplement avait pris le relais.

« Bonsoir, je m'appelle Rob », dit-il en s'appuyant au bar. « On se connaît ? » Sa voix chaude enveloppait Melissa. La jeune femme était grisée par sa présence, son odeur musquée et ses yeux verts.

La danse de l'amour venait de commencer et la chorégraphe n'était autre que la biologie du cerveau de Melissa. Nous savons que l'harmonie physique qui nous plaît, les gestes qui nous séduisent et l'attirance qui nous emporte dans un tourbillon sont programmés par l'évolution. La « chimie » à court et à long terme entre deux êtres peut sembler accidentelle, mais à dire vrai nos cerveaux sont préprogrammés et savent ce qu'ils font. Ils nous guident vers les partenaires qui peuvent augmenter nos chances dans la course d'obstacles de la reproduction.

Le cerveau de Melissa, dont le niveau d'hormones monte en flèche, commence à prendre l'empreinte de Rob. Plus rapide que n'importe quel superordinateur, il évalue ses qualités de partenaire potentiel pendant que Rob explique qu'il est consultant en marketing et habite un loft dans le quartier de Potrero Hill. Déjà, l'examen lui est favorable. Melissa reçoit un afflux de dopamine et, submergée par des vagues d'attirance et de désir, elle nage dans l'excitation et l'euphorie. Son cerveau lui a également commandé un flux de testostérone, l'hormone qui attise le désir sexuel.

Rob, pour sa part, observe de plus près Melissa. Si l'examen est concluant, il va recevoir un influx neurochimique qui le poussera à tenter d'amorcer une relation avec elle. Leurs circuits de l'amour activés à fond, tous deux s'avancent sur le dance-floor, où ils vont passer les heures qui suivent à danser au rythme voluptueux de la salsa. À deux heures du matin, le club commence à se vider. Leslie est rentrée chez elle depuis longtemps. Melissa annonce qu'elle va en faire autant, mais Rob la retient. Il veut à tout prix la revoir. Peut-elle lui donner son numéro de téléphone ? « Si on me cherche sur Google, on me trouve », lui lance-t-elle en souriant, avant de sauter dans un taxi. La poursuite a commencé.

En matière de rapports amoureux, les premiers calculs sont inconscients et ils diffèrent considérablement selon que l'on est un homme ou une femme. Lorsqu'il s'agit d'une relation à court terme, par exemple, les hommes chassent, les femmes choisissent. Il ne s'agit pas de stéréotypes sexuels, mais de l'héritage de nos ancêtres qui ont appris durant des millions d'années à transmettre leurs gènes. Chez toutes les espèces, comme Darwin l'a noté, les mâles sont faits pour courtiser les femelles, et les femelles choisissent parmi leurs prétendants. C'est l'architecture cérébrale de l'amour, telle que l'ont mise en œuvre au cours de l'évolution les individus les plus aptes à la reproduction. Même la silhouette, le visage, l'odeur et l'âge des partenaires que nous choisissons sont influencés par des schémas déterminés des millénaires auparavant.

En fait, nous sommes plus prévisibles que nous ne le pensons. Au cours de l'évolution de l'espèce humaine, notre cerveau a appris à repérer les partenaires les plus sains, les plus capables d'engendrer notre progéniture et ceux qui, par leur implication et leurs ressources, seront le mieux à même de la protéger. Les leçons apprises par nos lointains ancêtres, hommes et femmes, sont encodées dans notre cerveau moderne en tant que circuits neurologiques de l'amour. Elles sont présentes dès notre naissance et activées à la puberté par des cocktails de substances neurochimiques à action rapide.

C'est un excellent système. Notre cerveau repère un partenaire potentiel et s'il correspond à notre liste ancestrale de souhaits, nous recevons une dose de substances chimiques qui nous tourne la tête dans une soudaine bouffée d'attraction ciblée. Qu'on appelle ça de l'amour ou de l'engouement, c'est le premier pas sur la voie ancestrale de la formation d'un couple. Les portes du programme cérébral cour-accouplement-élevage de la progéniture viennent de s'ouvrir. Melissa n'avait peut-être pas envie de rencontrer quelqu'un ce soir-là, mais son cerveau avait d'autres projets, primitifs et inscrits au plus profond de lui-même. L'image de Rob a suscité un signal d'accouplement et d'attachement à long terme, et Melissa a eu la chance que cela se passe de la même manière dans le cerveau de Rob. Ils vont donc avoir leur lot d'angoisses, de menaces et de grandes joies, sur lesquelles ils n'auront guère de prise, car maintenant la biologie construit leur avenir commun.

UN ACCOUPLEMENT PROGRAMMÉ

Tandis que Melissa flâne dans les rues de San Francisco, boit un café crème ou surfe sur Internet à la recherche d'éventuelles rencontres, en attendant que Rob repère son numéro sur son site web – elle lui a donné le titre du film qu'elle produit, donc s'il est astucieux, il va la retrouver – on a du mal à admettre qu'elle a dans sa boîte crânienne un cerveau préhistorique, un cerveau de l'âge de pierre. Et pourtant c'est le cas, si l'on en croit les scientifiques qui étudient les mécanismes de l'attirance envers un partenaire chez les humains. Notre évolution a pris des millions d'années et nous en avons passé plus de 99 % dans des conditions primitives. En conséquence, notre cerveau se serait développé de façon à résoudre le genre de problèmes que nos lointains ancêtres ont rencontrés, la reproduction étant le défi le plus important. Il ne leur suffisait pas de procréer, en effet. Il fallait que leur progéniture vive assez longtemps pour transmettre leurs gènes. Et les ancêtres qui, grâce à un bon choix de partenaire, ont pu avoir un maximum de descendants survivants, ont réussi cette transmission. Leur système cérébral spécifique s'est révélé le plus efficace. Ceux qui ont fait de mauvais choix reproductifs n'ont laissé aucune empreinte sur le futur de l'espèce. Dès lors, le câblage cérébral des meilleurs reproducteurs de l'âge de pierre est devenu le circuit standard des humains de l'ère moderne. C'est de lui dont il est question quand on parle de « tomber amoureux ». Nous pouvons légitimement penser que nous sommes un peu plus évolués que les Pierrafeu, mais nos conceptions et notre équipement mentaux de base n'ont pas changé.

D'après le psychologue évolutionniste David Buss, le fait que nos instincts mentaux soient restés les mêmes depuis des millions d'années permet d'expliquer pourquoi, dans le monde entier, les femmes recherchent les mêmes qualités chez un homme pour une relation durable. Durant plus de cinq ans, Buss a étudié les choix de partenaires chez plus de dix mille individus appartenant à trente-sept cultures mondiales, des Allemands de l'Ouest aux Taiwanais en passant par les pygmées Mbuti et les Eskimos des îles Aléoutiennes. Il a découvert qu'au sein de chaque société, les femmes sont moins intéressées par le physique séduisant d'un mari potentiel que par ses ressources matérielles et son statut social. Rob avait déclaré à Melissa qu'il était consultant en marketing. Or, ce secteur était assez encombré à San Francisco et elle avait vu pas mal de gens échouer. Sans qu'elle s'en rende compte, cette idée la gênait pour déterminer s'il était l'homme de sa vie ou de quelques nuits.

Les études de David Buss paraissent datées à une époque où beaucoup de femmes affichent une réussite éclatante et sont fières de leur indépendance sociale et financière. Le psychologue a pourtant constaté que quelle que soit leur situation financière, les femmes tiennent beaucoup plus compte de ces éléments dans le choix de leur partenaire que les hommes, et ce, dans l'intégralité des trente-sept cultures. Même si Melissa gagne sa vie, elle tient à ce que son compagnon subvienne aussi aux besoins du foyer. Chez les oiseaux à berceau, la femelle choisit le mâle qui a construit le nid le plus beau. Les études ont montré par ailleurs que les femmes recherchent en moyenne un partenaire de trois ans et demi leur aîné et plus grand qu'elle d'au moins dix centimètres. Ces préférences sont universelles. Les chercheurs en ont donc conclu qu'elles font partie de l'architecture du système de choix du partenaire dont le cerveau féminin a hérité et qu'elles sont supposées servir un but.

D'après Robert Trivers, pionnier de la biologie évolutionniste à l'Université Rutgers, choisir un partenaire en se fondant sur ces attributs est une judicieuse stratégie d'investissement. Comme les femmes ont un nombre limité d'ovules et qu'elles investissent beaucoup plus que les hommes dans la gestation et l'éducation des enfants, elles ont tout intérêt à protéger au maximum leurs « bijoux de famille ». C'est pourquoi Melissa n'a pas sauté dans le lit de Rob dès le premier soir, même si elle a eu du mal à résister, compte tenu du flux de dopamine et de testostérone qui irriguait ses circuits cérébraux de l'attirance. Aujourd'hui encore, dans certaines cultures primitives, la présence d'un père triple le taux de survie des enfants. En conséquence, la sécurité pour les femmes consiste à choisir pour partenaire à long terme un homme qui va vraisemblablement rester avec elles, les protéger ainsi que leurs enfants, et améliorer leur accès à la nourriture, à l'hébergement et autres ressources.

Melissa voulait s'assurer que Rob était l'homme qu'il lui fallait. Elle rêvait d'un mari aimant, qui la respecterait et qu'elle aimerait. Plus que tout, elle craignait un homme infidèle comme l'avait été son père vis-à-vis de sa mère. Dans le vaste schéma de l'âge de pierre, Rob correspondait aux critères requis, mais il n'était toujours pas dit qu'il soit l'homme d'une relation durable.

L'ATTRACTION CHIMIQUE

Si les circuits cérébraux ancestraux de Melissa sont en quête de biens et de protection, quels critères le cerveau de Rob applique-t-il dans sa recherche d'une partenaire à long terme ? Des critères tout

à fait différents, si l'on en croit David Buss et certains autres scientifiques. Dans le monde entier, les
hommes préfèrent prendre pour épouse des femmes
séduisantes, entre vingt et quarante ans, d'un ou
deux ans en moyenne leur cadette. Elles doivent de
préférence avoir la peau claire, le regard vif, des
lèvres pleines, des cheveux brillants et de jolies
courbes. Le fait que ces préférences se retrouvent
dans toutes les cultures est révélateur de leur appar-
tenance à l'héritage de leurs lointains ancêtres. Si
Rob était séduit par les boucles soyeuses de Melissa, c'était aussi parce qu'elles agissaient sur son
ancien circuit cérébral de l'attraction.

Pourquoi ces critères particuliers viennent-ils en
tête des listes des hommes ? Sur un plan pratique,
ce sont tous de puissants marqueurs visuels de la
fertilité, malgré leur côté apparemment superficiel.
Les hommes peuvent ne pas en être conscients,
mais leur cerveau, lui, sait que cette fertilité féminine offre le meilleur retour reproductif sur *leur*
investissement. Avec des dizaines de millions de
spermatozoïdes, ils sont capables d'engendrer une
progéniture pratiquement illimitée tant qu'il se
trouve des femmes fertiles pour copuler avec eux.
Leur tâche principale est donc de s'accoupler avec
des femmes susceptibles d'être fertiles et de se
reproduire. Pour leur avenir génétique, s'accoupler
avec des femmes infertiles serait un pur gâchis.
C'est ainsi que durant des millions d'années, le
cerveau masculin a évolué de façon à repérer d'un

coup d'œil les signes de la fertilité chez une femme. L'âge, bien sûr, est un facteur primordial ; la bonne santé en est un autre. Une allure dynamique, une démarche jeune, des traits harmonieux, une peau douce, des cheveux soyeux et des lèvres gonflées par les œstrogènes sont autant de signes évidents de l'âge, de la fertilité et de la santé. Rien d'étonnant, donc, à ce que les femmes recherchent l'effet repulpant des injections de collagène et le lissage des rides d'expression par le Botox.

La silhouette, elle aussi, est un remarquable indicateur de fertilité, si l'on fait abstraction des implants mammaires. Avant la puberté, les garçons et les filles ont une silhouette à peu près similaire, avec une taille peu marquée. Mais sous l'action des hormones de la reproduction, les filles en bonne santé prennent des formes. Notamment, elles ont la taille plus mince que les hanches d'environ un tiers. Les femmes qui affichent ce type de silhouette ont plus d'œstrogènes et tombent enceintes plus tôt et plus facilement que celles dont le tour de hanches se rapproche de leur tour de taille. Une taille fine est également un signe immédiat de disponibilité reproductive, dans la mesure où la grossesse modifie radicalement la silhouette. La bonne réputation de la femme est un facteur souvent pris en compte, car les hommes qui ont le meilleur avantage reproductif ont besoin de s'accoupler avec une partenaire fidèle s'ils veulent être sûrs de leur paternité. En outre, ils doivent pouvoir faire confiance à ses compétences maternelles pour assurer le bien-être de leur progéniture. Si Melissa avait couché dès le premier soir avec Rob, ou lui avait parlé de tous les hommes qu'elle avait connus, le cerveau préhistorique de Rob aurait sans douté estimé qu'elle risquait d'être infidèle. Le fait qu'elle soit rentrée chez elle en taxi à une heure correcte après s'être montrée proche sur le dance-floor, lui a permis de la considérer comme une jeune femme bien, avec laquelle il pouvait établir une relation durable.

CALCULER LE DANGER POTENTIEL

Rob laissa un message sur le répondeur de Melissa et elle attendit quelques jours avant de le rappeler. Même s'ils avaient échangé un baiser lors de leur première rencontre, elle n'avait aucune intention de lui tomber dans les bras avant d'en savoir plus sur lui. Il était extrêmement drôle et charmant et semblait mener une vie rangée, mais elle avait besoin de savoir de manière viscérale qu'elle pouvait lui faire confiance. Les circuits cérébraux de l'anxiété s'emballent généralement face aux inconnus et les circuits de la peur de son amygdale fonctionnaient encore à plein. Le câblage cérébral des deux sexes intègre cette méfiance naturelle, mais les femmes en particulier examinent très tôt et avec beaucoup d'attention le potentiel d'implication d'un homme quand elles sont en recherche de partenaire.

Séduire et abandonner est un grand classique masculin, qui remonte aux débuts de l'espèce humaine. De jeunes étudiants répondant à un questionnaire ont reconnu qu'ils se décrivaient comme plus gentils, plus sincères et plus dignes de confiance qu'ils n'étaient vraiment. Pour certains anthropologues, la sélection naturelle aurait favorisé les hommes habiles à abuser les femmes et à obtenir d'elles des faveurs sexuelles. Les femmes ont donc dû s'entraîner à repérer les exagérations et les mensonges masculins. Eleanor Maccoby, psychologue à l'Université Stanford, a par exemple montré dans une étude que les petites filles apprennent plus tôt que les garçons à faire la différence entre la réalité et les contes de fées ou les jeux d'imagination.

Conséquence de cette méfiance accrue : le cerveau féminin typique admet moins facilement que le cerveau masculin être emporté par l'amour ou par la simple excitation d'une relation sexuelle. Même si elle s'emballe tout autant, voire plus, une femme met souvent plus de temps à avouer qu'elle est amoureuse, et elle se révèle plus prudente dans les premiers temps d'une relation. En ce qui concerne l'amour, le cerveau masculin a un câblage neurologique différent. L'imagerie du cerveau de femmes amoureuses montre une activité plus importante dans de nombreuses zones, notamment les aires des sensations viscérales, de l'attention et des circuits de la mémoire, tandis que l'imagerie cérébrale des hommes amoureux révèle une activité accrue dans les aires supérieures de traitement de l'image visuelle. L'accentuation de ces connexions visuelles peut aussi expliquer pourquoi les hommes tendent à tomber amoureux « au premier regard » plus aisément que les femmes.

LE CERVEAU AMOUREUX

Melissa et Rob se parlaient au téléphone pratiquement tous les soirs. Chaque samedi, ils se retrouvaient dans le parc où Rob promenait son chien, ou bien à l'appartement de Melissa pour regarder les rushes du film qu'elle produisait. Rob n'avait pas de problèmes professionnels et il ne parlait plus de Ruth, sa dernière compagne en date, ce qui permettait à Melissa de penser que leur relation était sérieuse et qu'il était prêt à se consacrer uniquement à elle. Sans le vouloir, elle était tombée amoureuse de lui, mais elle ne le lui avait pas encore dit. Elle commençait à accepter les démonstrations d'affection de Rob et à se laisser aller à son propre désir.

Finalement, à la fin d'une merveilleuse journée passée dans le parc, au soleil, Melissa et Rob se retrouvèrent dans un lit pour une étreinte passionnée. L'union du couple était consommée.

Pour les hommes comme pour les femmes, tomber amoureux représente un comportement ou un état cérébral parmi les plus irrationnels qui soient. Dans les affres de cette nouvelle romance, le cerveau devient « illogique ». Il est littéralement aveugle aux défauts de l'être cher. La volonté n'y peut rien. On a maintenant documenté l'état cérébral qui est celui de l'amour, durable ou éphémère : les circuits sont les mêmes que pour les états de faim, de soif, de délire et d'obsession. Il n'est pas une émotion, mais il intensifie ou atténue d'autres émotions. Les circuits de l'état amoureux sont avant tout un système de motivation, qui diffère de l'aire cérébrale de la pulsion sexuelle, mais la recoupe. Cette fiévreuse activité cérébrale est alimentée par des hormones et des substances neurochimiques comme la dopamine, les œstrogènes, l'ocytocine et la testostérone.

Les circuits cérébraux qui sont activés quand nous sommes amoureux équivalent à ceux d'un drogué en manque. L'amygdale – le système alerte/peur – et le cortex cingulé antérieur – le système cérébral du souci et de la pensée critique – sont mis au repos quand les circuits de l'amour fonctionnent à plein. Le résultat est à peu près le même qu'avec la prise de cachets d'Ecstasy : la méfiance habituelle vis-à-vis des étrangers est endormie et les circuits de l'amour sont activés. L'amour a donc un « effet Ecstasy » naturel. Les symptômes classiques de l'amour à ses débuts

ressemblent également aux effets initiaux des dro-
gues telles que les amphétamines et la cocaïne et
que les opiacées comme l'héroïne, la morphine et
l'OxyContine*. Ces narcotiques agissent sur le
circuit cérébral de la récompense, ce qui provoque
une libération de substances chimiques et des effets
analogues à ceux de l'amour. À vrai dire, on n'a pas
tout à fait tort de parler de l'amour comme d'une
drogue. Au cours des six premiers mois de la relation, notamment, les deux amants ont irrésistiblement besoin de l'extase que leur procure la présence de l'autre et ils peuvent avoir une véritable
dépendance vis-à-vis de lui. D'après les études, cet
état cérébral dure de six à huit mois. Il a une intensité telle que pour chacun, le bien-être, les intérêts et la survie du partenaire deviennent tout aussi
importants, voire plus, que les siens propres.

Dans les premiers temps, Melissa conservait en
mémoire chaque détail de la personne de Rob.
Quand elle devait aller passer une semaine à Los
Angeles pour montrer quelques rushes du film
qu'elle produisait, tous deux supportaient difficilement la séparation. En fait, cette souffrance était
due à l'arrêt de substances neurochimiques. Quand
la séparation rend tout contact physique impossible,
un besoin violent, presque une faim de la présence
de l'autre s'installe. Parfois, c'est seulement cette

---

* Analgésique très puissant prescrit pour traiter certaines douleurs.
(NdT.)

douleur de l'absence qui fait prendre conscience de la profondeur des liens avec l'être aimé. On pense généralement que ce désir ardent est purement psychique. En réalité, il est physique. Le cerveau est quasiment en état de manque.

Pendant une séparation, le désir d'être réuni à l'autre peut atteindre un paroxysme dans le cerveau. Au milieu de la semaine, Rob mourait tellement d'envie de retrouver physiquement Melissa qu'il prit un avion et alla passer une journée avec elle. Lors des retrouvailles, toutes les composantes du lien amoureux peuvent être rétablies par la dopamine et l'ocytocine. Les activités telles que les caresses, les baisers, la contemplation, les câlins et l'orgasme nourrissent le lien chimique de l'amour et de la confiance dans le cerveau. Une fois encore, l'afflux de dopamine et d'ocytocine supprime l'anxiété et le scepticisme et renforce les circuits cérébraux de l'amour.

Les mères conseillent souvent à leur fille de ne pas avoir trop précocement des rapports intimes avec un nouveau petit ami et elles sont en cela plus avisées qu'elles ne le pensent. Les caresses et les câlins libèrent de l'ocytocine dans le cerveau, surtout chez les femmes, ce qui pousse certainement à faire confiance à celui qui les procure et à croire tout ce qu'il dit. L'injection d'ocytocine ou de dopamine dans le cerveau de mammifères sociaux peut même susciter câlins et attachement sans comportement amoureux et sexuel préalable, notam-

ment chez les femelles. Et que penser de cette expérience réalisée par des chercheurs suisses, au
cours de laquelle on a instillé de l'ocytocine en
spray nasal à un groupe d'« investisseurs », l'autre
groupe recevant un placebo ? Les premiers ont proposé d'investir deux fois plus d'argent que le groupe
du placebo. Ils étaient prêts à faire confiance à un
inconnu se prétendant conseiller financier et à
croire que leur investissement allait leur rapporter.
Les auteurs de l'étude en ont conclu que l'ocytocine
active les circuits cérébraux de la confiance.

Une autre expérience a montré que l'ocytocine
est libérée de façon naturelle dans le cerveau au
bout de vingt secondes passées dans les bras du
partenaire, ce qui scelle le lien mutuel et active les
circuits de la confiance. Mieux vaut donc ne pas se
laisser étreindre par un homme à moins de vouloir
lui faire confiance. Le fait de toucher, de contem-
pler, d'échanger des émotions positives, de s'embrasser et d'avoir un orgasme libère également de
l'ocytocine dans le cerveau féminin, ce qui va participer à la mise en œuvre des circuits de l'amour.
Les œstrogènes et la progestérone agissent de la
même façon sur le cerveau féminin en augmentant
l'ocytocine et la dopamine. Une étude a montré que
les femmes obtenaient des substances chimiques de
leur cerveau un supplément de récompense au cours
de différentes semaines de leur cycle menstruel.
Ces hormones activent ensuite les circuits du comportement affectueux tout en mettant en sommeil

les circuits de la méfiance et de l'aversion. Autrement dit, si des niveaux élevés d'ocytocine et de dopamine circulent, on perd toute faculté de jugement.

Le besoin de tomber amoureux est toujours présent à l'arrière-plan. Mais tomber amoureux nécessite de faire de la place pour l'être aimé, dans sa vie comme dans son cerveau, en l'incorporant de fait à l'image que l'on a de soi via les circuits cérébraux de l'attachement et de la mémoire affective. Au cours de ce processus, le lien émotionnel a de moins en moins besoin d'être stimulé par l'ocytocine et la dopamine. De sorte qu'il n'est plus nécessaire de rester collés l'un à l'autre vingt-quatre heures sur vingt-quatre.

La pulsion fondamentale de l'attachement amoureux est programmée dans notre cerveau. Le développement cérébral du fœtus in utero, la quantité de soins reçus dans la petite enfance, les expériences émotionnelles, tout cela va déterminer les variations des circuits de l'amour et de la confiance. Melissa savait que son père était un cavaleur, ce qui ne faisait qu'accentuer sa méfiance vis-à-vis de l'amour et de l'attachement à un homme. Ainsi, la capacité d'un individu à tomber amoureux et à s'attacher peut-elle être affectée par les variations des circuits cérébraux suscitées par l'expérience et par les états hormonaux du cerveau. Un stress dans son environnement peut favoriser ou au contraire freiner cet attachement. Les liens émotionnels et les attachements à l'égard de nos premières figures nourricières durent toute la vie. Elles deviennent partie intégrante de nos circuits cérébraux par le biais du renforcement produit par la répétition des expériences émotionnelles ou physiques des soins prodigués, ou par leur absence. Les circuits de la sécurité se constituent à partir de ces expériences avec des personnes maternantes, fiables et rassurantes. Si ces expériences font défaut, les circuits de la sécurité sont rares ou absents. On va alors tomber amoureux pour une courte durée, mais il sera sans doute plus difficile de réussir à créer et à maintenir un lien durable.

L'ESPRIT EN COUPLE

Comment le sentiment d'urgence du « J'ai besoin de lui à chaque minute de la journée » se transforme-t-il en un état d'esprit du genre « Oh, c'est toi, chéri, déjà de retour ? » ? Le flux de dopamine diminue petit à petit dans le cerveau. Si nous pouvions suivre à l'IRM les modifications du cerveau féminin lorsqu'une femme passe de la phase de passion initiale à l'état de couple installé, nous constaterions que les circuits de la récompense/du plaisir et les circuits de la faim/du besoin irrésistible s'éteignent, tandis que les circuits de l'attachement et du lien chauffent.

Nous savons que le ravissement des premiers temps ne dure pas et pour certaines personnes, cette perte d'intensité peut se révéler déconcertante. C'est dans ce contexte que j'ai fait la connaissance de Melissa. Quand elle est venue me voir, elle était avec Rob depuis un an. Elle m'a raconté que pendant les cinq premiers mois, ils faisaient l'amour chaque jour et que c'était merveilleux. Ils vivaient dans l'attente de se retrouver. Maintenant, ils vivaient ensemble, étaient très pris par leurs métiers respectifs et envisageaient de se marier et de fonder une famille. Mais leur relation ne la faisait plus « vibrer » comme avant. Viscéralement, elle ne sentait plus les choses de la même façon. Le sexe ne l'intéressait plus autant et cela l'inquiétait. Elle n'avait personne d'autre dans sa vie ; simplement, la passion et l'excitation n'étaient plus au rendez-vous. Qu'est-ce qui n'allait pas chez elle ? Rob était-il vraiment l'homme de sa vie ? Était-elle normale ? Pourrait-elle être durablement heureuse avec lui sans cette étincelle qui l'embrasait, sans ces sensations qui la prenaient aux tripes ?

Nombreux sont ceux qui, comme Melissa, pensent que la perte de l'élan passionné des premiers temps est le signe que leur histoire d'amour va à vau-l'eau. En réalité, il est possible que le couple, sous l'influence de circuits neurologiques additionnels, soit en train de passer à une autre phase de la relation, une phase à plus long terme. Les scientifiques avancent que le « réseau de l'attachement » est un système cérébral à part, qui remplace le vertige de la romance par un sentiment plus durable de paix, de calme et d'intimité. En plus des substances chimiques excitantes du système de récompense, telle la dopamine, le système d'attachement et de formation du couple libère régulièrement un supplément d'ocytocine, l'hormone du lien. Les membres du couple continuent donc à rechercher le plaisir de la compagnie de l'autre. Ces circuits cérébraux de l'engagement à long terme et du maintien du lien deviennent plus actifs. Les chercheurs de l'University College de Londres ont placé sous IRM le cerveau de personnes qui avaient une relation amoureuse depuis 2,3 ans en moyenne. Ils ont découvert que ce n'étaient pas les circuits de l'amour passion, producteurs de dopamine, qui s'éclairaient, mais d'autres aires comme les zones en relation avec le jugement critique. Au cours des mois et des années qui suivent le début d'une histoire d'amour, l'activité du circuit de l'attachement est maintenue et renforcée par les expériences positives qui apportent un plaisir mutuel et libèrent de l'ocytocine.

Sur un plan pratique, ce passage de l'éblouissement à un lien de couple paisible a ses raisons d'être. Après tout, il serait difficile, voire impossible, de s'occuper des enfants si chacun continuait à ne penser qu'à l'autre. La diminution de l'intensité des rapports sexuels et de la folie amoureuse semble destinée à assurer la survie de nos gènes. Elle ne traduit pas la tiédeur, mais l'évolution de l'amour vers une nouvelle phase plus appropriée au long terme, avec des liens forgés par deux neurohormones, la vasopressine et l'ocytocine.

Ces neurohormones, produites par l'hypophyse et l'hypothalamus, contrôlent le comportement d'attachement social. Le cerveau masculin utilise la vasopressine surtout pour les liens sociaux et parentaux, tandis que le cerveau féminin utilise d'abord l'ocytocine et les œstrogènes. Les hommes possèdent un plus grand nombre de récepteurs à la vasopressine que les femmes, qui ont en revanche plus de récepteurs à l'ocytocine. On pense que les hommes ont besoin de ces deux neurohormones pour établir un bon rapport amoureux. La vasopressine, stimulée par la testostérone et libérée par l'orgasme, donne un coup de fouet à leur énergie, leur attention et leur agressivité. Sous son effet, l'homme amoureux va concentrer toute son attention sur sa chérie et la suivre en pensée, même en son absence.

Chez les femmes, au contraire, c'est la sécrétion de dopamine et d'ocytocine, déclenchée par le toucher et la réciprocité du plaisir sexuel, qui va permettre d'établir un lien amoureux. Avec le temps, une femme peut fort bien sécréter de l'ocytocine rien qu'en apercevant son amant.

Le Dr Sue Carter a étudié le pouvoir d'attachement exceptionnel de l'ocytocine et de la vasopressine chez les campagnols des prairies, qui conservent le même partenaire toute leur vie. Comme les humains, ces petits mammifères vivent une passion physique lors de la première rencontre et ils passent quarante-huit heures à copuler pratiquement sans arrêt. Mais chez eux, on peut étudier les variations chimiques qui se produisent dans leur cerveau au moment même de ces batifolages. Ces études ont montré que l'accouplement libérait d'importantes quantités d'ocytocine dans le cerveau de la femelle, de vasopressine dans le cerveau du mâle. Ces deux neurohormones élèvent à leur tour les niveaux de dopamine, la substance du plaisir, ce qui attache chacun des campagnols à l'autre exclusivement. Grâce à ce ciment neurochimique, le couple est ensemble pour la vie.

Chez le mâle comme chez la femelle, l'ocytocine ôte toute tension et toute peur vis-à-vis du partenaire, au profit de l'attachement et de la satisfaction. Pour que ces effets soient durables, le système cérébral de l'attachement a besoin d'être activé pratiquement tous les jours par l'ocytocine, elle-même stimulée par la proximité et le contact réciproque. D'après une étude réalisée par la chercheuse suédoise Kerstin Uvnäs-Moberg, les mâles ont besoin d'être touchés deux à trois fois plus souvent que les femelles pour conserver le même niveau d'ocytocine. Sans contact tactile, par exemple quand le couple est séparé, les circuits et les récepteurs de la dopamine et de l'ocytocine peuvent être en manque. Il faut parfois que les partenaires soient séparés quelque temps pour qu'ils découvrent à quel point ils dépendent de la présence physique de l'autre; l'ocytocine de leur cerveau *continue* à leur faire rechercher inlassablement le plaisir, le réconfort et le calme que leur procure la présence de l'autre. Rien d'étonnant, donc, à ce que Rob ait sauté dans un avion pour rejoindre Melissa à Los Angeles.

SEXE, STRESS ET CERVEAU FÉMININ

Les études ont également mis en lumière des différences dans les conditions de l'attachement entre les campagnols mâles et femelles. La femelle campagnol des prairies établit plus facilement un lien de couple avec un niveau de stress peu élevé; chez le mâle, c'est l'inverse. Des chercheurs de l'Université du Maryland ont découvert qu'une femelle placée dans une situation stressante ne va pas rester en couple avec son partenaire après l'accouplement. Si le mâle subit un stress, il va au contraire s'apparier avec la première femelle disponible qu'il rencontre.

Chez les hommes également, un niveau de stress élevé stimule les circuits de l'amour. À la suite d'une épreuve physique intense, par exemple, ils vont très vite se lier et avoir des rapports sexuels avec la première femme consentante qui croise leur chemin. On peut voir là une explication au fait que les militaires reviennent souvent du théâtre des opérations avec une fiancée. Les femmes, quant à elles, vont repousser les avances et les manifestations d'affection et de désir lorsqu'elles sont stressées. C'est peut-être dû au cortisol, l'hormone du stress, qui, en bloquant l'action de l'ocytocine dans leur cerveau, supprime toute envie de sexe et de contact physique. Pour elles, la perspective de neuf mois de grossesse, puis des soins à donner à un enfant dans des conditions stressantes n'a pas la même signification que l'éjaculation de sperme pour un homme.

LE GÈNE DE LA MONOGAMIE

La vie amoureuse de différentes sous-espèces de campagnols permet aussi d'explorer les mécanismes cérébraux de la monogamie, caractéristique dont font preuve seulement 5 % des mammifères. Les campagnols des prairies sont les champions du couple. Après leur marathon copulatoire, ils forment pour la vie un couple monogame. Les campagnols des montagnes, en revanche, changent de partenaire. Les chercheurs ont découvert à quoi tenait cette différence. Le campagnol des prairies possède un minuscule fragment d'ADN équivalent au gène de la monogamie, absent chez son cousin

des montagnes. Et Melissa de se poser la question :
Rob était-il un campagnol des montagnes ou des
prairies ?

À la connaissance des spécialistes, le comportement du mâle humain couvre un spectre qui va de
la polygamie totale à la monogamie totale. Pour lui,
cette variabilité serait due à différents gènes et
hormones. Il existe un gène qui code pour un type
particulier de récepteur de la vasopressine dans le
cerveau. Les campagnols des prairies, porteurs de
ce gène, possèdent ces récepteurs en plus grand
nombre que les campagnols des montagnes. Ils sont
donc beaucoup plus sensibles à l'action de la vasopressine, qui les porte à former un couple. Quand
on injecte ce gène « manquant » dans le cerveau des
campagnols des montagnes, infidèles par nature, ils
se changent instantanément en bons pères de famille monogames.

Les mâles dotés d'une version plus longue du
gène du récepteur de la vasopressine ont fait preuve
d'une propension plus grande à la monogamie et
passé plus de temps à lécher et toiletter leurs petits.
Ils ont aussi montré une plus grande préférence
pour leur partenaire, même lorsqu'ils avaient
l'occasion de la quitter pour une jeune femelle,
fertile et bien disposée. Les mâles possédant la
version du gène la plus longue sont les pères et les
partenaires les plus fiables. Chez l'être humain, ce
gène est formé d'au moins dix-sept longueurs. Ce
qui fait que les femmes scientifiques s'amusent à

dire que nous ferions mieux de nous préoccuper de la longueur du gène de la vasopressine de nos compagnons, plutôt que de celle d'une autre partie de leur anatomie. Peut-être trouvera-t-on un jour dans les pharmacies un test en kit, similaire au test de grossesse, qui nous informera de la longueur du gène en question et nous permettra de nous engager avec un homme en connaissance de cause. Il se pourrait bien que, chez le mâle, la monogamie soit en quelque sorte prédéterminée et transmise à la génération suivante par la voie génétique. Les pères dévoués et les compagnons fidèles n'auraient donc pas acquis ce comportement en suivant l'exemple paternel, mais seraient nés avec.

Chez les chimpanzés et les bonobos, nos cousins primates les plus proches, on constate également une différence de longueur de ce gène, qui correspond à leur comportement social. Il est plus court chez les chimpanzés, qui vivent en sociétés fondées sur le territoire et contrôlées par les mâles, et se livrent fréquemment à des raids sanglants sur les troupes voisines. Les bonobos, eux, sont dirigés par des hiérarchies femelles et scellent les rapports sociaux par un petit frotti-frotta sexuel. Ce sont des animaux exceptionnellement sociables. Ils possèdent la version longue du gène. C'est à elle que ressemble la version dont est doté l'être humain. Il semblerait que les individus possédant le gène le plus long aient une plus grande sociabilité. Par exemple, il est plus court chez les autistes, qui souffrent d'un grave déficit social. Il est donc possible que l'implication plus ou moins grande dans le couple soit liée à des différences au niveau des hormones et de la longueur de ce gène.

Parce qu'elles peuvent mettre un enfant au monde seulement tous les neuf mois, les femmes voudraient trouver un compagnon fidèle qui les aidera à élever leur progéniture. Dans la réalité, les choses ne sont pas aussi simples. Nous savons maintenant que les femmes, elles aussi, trichent. Des chercheurs ont découvert que les femelles d'espèces d'oiseaux « monogames » ont apparemment des relations hors couple pour transmettre les meilleurs gènes à leurs petits. Les scientifiques évolutionnistes pensent depuis longtemps que ce comportement ne se limite pas aux moineaux et aux coqs et s'applique aussi aux humains.

ROMPRE

Un soir, Rob n'appela pas Melissa comme il le lui avait promis. Cela ne lui ressemblait pas, et elle commença à s'affoler. Avait-il eu un accident ? Était-il avec une autre ? La peur de Melissa était presque palpable. Curieusement, le risque ou la crainte de perdre l'autre peuvent rallumer les feux de l'amour. Chez les hommes comme chez les femmes, l'abandon accentue le phénomène de l'amour passion dans les circuits cérébraux. Cette zone est désespérément en quête de l'être aimé. Le manque s'installe, comme dans un sevrage de la drogue. Nous avons parfois l'impression que notre propre survie est menacée et l'alerte est déclenchée dans l'amygdale. Le cortex cingulé antérieur, l'aire cérébrale du souci et du jugement critique, commence à générer des pensées négatives autour de la perte de l'être aimé. Dans cet état d'attente et de forte motivation, nous ne pensons plus qu'à être réuni à l'autre. La quête douloureuse remplace le lien et la confiance. L'idée de perdre Rob rendait malade Melissa. Dans son circuit de la récompense, la part d'elle-même qui s'était développée en fusionnant avec les opinions de Rob, ses centres d'intérêt, ses convictions, ses loisirs, ses particularités et ses traits de caractère, était maintenant en état de manque affectif, physique et cognitif.

Le moi, qui a connu une émoustillante expansion dans les premiers temps de l'histoire d'amour, est en train de se rétracter douloureusement. Et lorsque les femmes sont trahies ou quittées, elles ne réagissent pas non plus comme les hommes. Les hommes dans cette situation ont trois ou quatre fois plus de risques de se suicider que les femmes qui, elles, sombrent plutôt dans la dépression. Elles ne mangent plus, ne dorment plus, sont incapables de travailler ou de se concentrer. Elles pleurent toute la journée, n'ont plus aucune vie sociale et *pensent* au suicide. J'ai eu une patiente de dix-huit ans, Louise.

Son petit ami Jason et elle avaient été inséparables pendant deux ans, jusqu'au moment où il était parti faire ses études à l'université. Du jour au lendemain, il avait alors mis fin à leur relation, en expliquant que là-bas, il voulait pouvoir sortir avec d'autres filles. Quatre jours plus tard, je recevais un coup de fil affolé du père de Louise. Sa fille était inconsolable. Elle avait cessé de s'alimenter, ne dormait plus et restait prostrée en appelant Jason et en gémissant qu'elle préférait mourir plutôt que de vivre sans lui.

Louise souffrait – au sens propre du terme – de la perte de l'amour. Il n'y a pas si longtemps, on pensait que des formules comme « avoir le cœur brisé » ou « avoir le mal d'amour » étaient une simple image poétique, mais les nouvelles études de l'imagerie cérébrale ont révélé leur pertinence. L'abandon équivaut en réalité à une douleur physique, car il active les mêmes circuits cérébraux. L'image du cerveau de personnes que le partenaire venait de quitter révèle que l'ébullition chimique de l'amour a laissé la place à la morne biochimie du deuil et du chagrin. Sans les afflux de dopamine, le cerveau est obscurci par le nuage noir de la réponse dépression-désespoir. C'est ce qui s'est passé pour Louise. Melissa, elle, n'en était pas encore là. En réalité, Rob était sorti jouer au poker avec ses copains, en oubliant qu'il était censé l'appeler ce soir-là. Quand il se rendit compte du mal qu'il lui avait fait, il lui présenta ses excuses et promit de l'appeler à chaque fois. En fin de compte, cet épisode leur permit de comprendre à quel point ils tenaient l'un à l'autre et de franchir un nouveau pas dans leur relation. Rob et Melissa décidèrent de se marier.

Il se peut qu'au cours de l'évolution, la « douleur cérébrale » de la fin d'un amour soit devenue physique afin de nous alerter sur les risques qu'une séparation représente sur le plan social. La douleur capte notre attention, perturbe notre comportement, et nous pousse à assurer notre sécurité et à mettre fin à notre souffrance. Étant donné l'importance pour la survie de l'espèce humaine de la rencontre du partenaire, de la reproduction et de l'obtention de nourriture, de protection, d'attentions et de soins, vraisemblablement notre cerveau est équipé pour que nous évitions la douleur de la perte et du rejet, ou du moins pour que nous trouvions sans attendre un autre partenaire qui va nous faire tourner la tête avec un nouveau « high » de dopamine et d'ocytocine. Et qu'est-ce qui procure ce « high »? Le sexe.

4

Le sexe : le cerveau en dessous de la ceinture

Finalement, tout était en ordre. Marcie avait l'esprit au repos. Le massage avait été miraculeux. Vraiment, rien ne valait des vacances loin du bureau, des tracas, du téléphone et des e-mails. Ses idées ne pouvaient vagabonder ailleurs. Elle avait les pieds chauds et son amant était ardent. Elle n'avait qu'à se laisser aller. Dans son cerveau, le centre de l'anxiété était en train d'être désactivé. La zone de la prise de décision ne faisait pas d'étincelles. Les constellations neurochimiques et neurologiques s'alignaient en vue de l'orgasme. Décollage imminent.

Sexuellement, chez la femme, l'excitation monte au moment où son cerveau, à l'inverse, se met en veille. Pour que les impulsions parviennent aux centres du plaisir et déclenchent l'orgasme, il faut que l'amygdale, centre de la peur et de l'anxiété, ait été préalablement désactivée. Auparavant, toute évocation à la dernière minute d'un souci – à propos des enfants, du travail, du dîner à préparer – peut interrompre la progression vers l'orgasme.

La nécessité de cette étape neurologique supplémentaire peut expliquer pourquoi la femme a besoin de trois à dix fois plus de temps que l'homme pour parvenir à l'orgasme. Il ne faut donc pas hésiter à demander au partenaire de ralentir le rythme et de se montrer patient, surtout si l'on essaie de tomber enceinte. Les chercheurs ont découvert que cette jouissance masculine plus rapide est motivée, biologiquement parlant, par le fait que si son orgasme intervient après l'éjaculation de son partenaire, une femme a des chances accrues de concevoir.

C'est un système délicat, mais la connexion au cerveau féminin est aussi directe que possible. Les nerfs qui irriguent l'extrémité du clitoris communiquent directement avec le centre cérébral du plaisir sexuel. Lorsqu'ils sont stimulés, ils accroissent l'activité électrochimique jusqu'à ce qu'elle atteigne un seuil, lâche une rafale d'impulsions et libère des hormones du lien et du bien-être telles que l'ocytocine, la dopamine et les endorphines. Ah, l'orgasme ! Si la stimulation du clitoris est interrompue trop tôt, si les nerfs clitoridiens manquent de sensibilité, ou si la peur, le stress ou la culpabilité interfèrent avec la stimulation, rien ne va plus.

Marcie est venue me voir après avoir rencontré John. Sa première vraie relation, elle l'avait eue avec Glenn quand elle avait une vingtaine d'années. Glenn était beau garçon et elle se sentait à l'aise en sa compagnie, et cependant leur histoire n'avait pas duré. Il n'était pas le mari dont elle rêvait, même si leur vie sexuelle était très satisfaisante et si elle avait des orgasmes fantastiques. Plus tard, quand elle rencontra John, elle s'aperçut que, physiquement, ce n'était pas aussi bien. John était pourtant un bon amant et il mettait du piment dans les rapports sexuels. Il était même plus séduisant que Glenn, mais il n'était pas Glenn, l'homme avec lequel elle était détendue et rassurée. John était tout nouveau dans sa vie et avec lui, Marcie était tendue, incapable d'avoir un orgasme. Un jour, elle eut mal au cou et son médecin lui prescrivit du Valium pour décontracter les muscles. Elle prit le cachet au dîner et ce soir-là, elle put jouir sans problème avec John. Le Valium avait détendu son cerveau. Son amygdale était désactivée et elle avait pu facilement atteindre le seuil neurochimique de l'orgasme.

Si l'on n'est pas détendue, à l'aise, au chaud et douillettement installée, cela risque de ne pas marcher. Un scan cérébral de l'orgasme féminin a montré que les femmes ont besoin d'être bien et de ne pas avoir froid aux pieds pour être prêtes à faire l'amour. Pour un grand nombre d'entre elles, la détente que procurent un bain chaud, un massage des pieds, du repos ou un verre d'alcool augmente leur capacité à atteindre l'orgasme, même avec un homme qui ne leur est pas complètement familier.

L'orgasme est généralement atteint plus facilement dans les premiers temps de la passion par les femmes très amoureuses, qui se sentent désirées et respectées par leurs partenaires. Pour certaines, c'est le caractère rassurant d'une relation de longue date ou du mariage qui leur permet d'accéder plus facilement à la jouissance. Après l'orgasme, le torse et le visage de la femme rougissent, car l'afflux d'ocytocine dilate les vaisseaux. Elle irradie la satisfaction et la plénitude. La peur et le stress sont bloqués. Mais tout cela demeure un mystère pour les hommes. Quelle femme ne s'est pas retrouvée un jour dans un lit avec un homme qui demande : « Tu as joui ? » La plupart du temps, il n'en est pas certain.

Pour leurs amants – et pour les chercheurs – ce délicat rapport entre le psychologique et le physiologique a rendu l'orgasme féminin insaisissable. Pendant des décennies, les femmes ont accepté d'être explorées, filmées, enregistrées, interviewées, mesurées par divers appareils à des fins scientifiques. On a étudié leur orgasme sous toutes les coutures : la respiration haletante, le dos cambré, la chaleur des pieds, la crispation du visage, les gémissements, l'augmentation de la tension. Et aujourd'hui, grâce à l'IRM qui permet de voir les zones cérébrales activées et désactivées, on en sait beaucoup plus sur le contrôle qu'exerce sur lui le cerveau.

Si nous avions fait une IRM du cerveau de Marcie au moment où elle se dirigeait vers la chambre à coucher en compagnie de John, nous aurions constaté qu'un certain nombre de ses circuits cérébraux étaient activés. Tandis qu'elle se glissait sous la couette, se lovait contre John et que tous deux commençaient à s'embrasser et à s'étreindre, certaines zones de son cerveau s'apaisaient, et les aires de la sensibilité génitale et mammaire s'éclairaient. Ces aires devenaient d'un rouge incandescent quand John touchait son clitoris, et au fur et à mesure qu'il la caressait et que son excitation croissait, l'aire du souci et de la peur, l'amygdale, devenait d'une paisible couleur bleue. Quand Marcie, au comble de l'excitation, introduisait John en elle, son amygdale était totalement désactivée et les centres du plaisir, en rouge, s'animaient de pulsations jusqu'à ce que les vagues de l'orgasme submergent son corps et son cerveau.

Chez l'homme, l'orgasme est une affaire plus simple. Il faut pour cela que le sang afflue à une partie essentielle de son anatomie. Chez la femme, les substances neurochimiques doivent être à l'unisson et surtout, elle doit être en confiance avec son partenaire.

Dans la mesure où l'excitation masculine est sur le modèle hydraulique de base – le sang afflue à la verge, ce qui provoque l'érection – les scientifiques ont inlassablement tenté de découvrir le même mécanisme simple chez la femme. Ils se sont dit que les problèmes féminins d'excitation étaient dus à un défaut d'irrigation sanguine du clitoris. Aucune preuve n'est venue appuyer cette spéculation, et aucun chercheur n'a jamais découvert le moyen de mesurer les changements physiques du clitoris quand il est excité. Ils ont préféré se tourner vers d'autres indicateurs, la lubrification, par exemple, avec des méthodes balourdes, comme de peser un tampon périodique porté par les femmes qui se prêtaient à l'expérience avant, puis après la projection de films porno. L'étude scientifique de la réponse sexuelle chez la femme est en retard de plusieurs décennies, voire de plusieurs siècles, sur la recherche de l'érection masculine, et elle progresse avec une lenteur frustrante. Dans un ouvrage d'anatomie paru récemment, on constatait même une absence de description du clitoris, alors que trois pages étaient consacrées à celle du pénis. Les médecins pensent encore que si un homme est incapable d'obtenir une érection, c'est une urgence médicale, mais nul ne semble prêter la même attention à la question de la satisfaction de la femme.

Depuis les débuts explosifs du Viagra en 1998, l'intérêt de la science pour les différences entre les sexes s'est nettement accentué. Les compagnies pharmaceutiques se démènent pour essayer de découvrir la pilule ou le patch qui va de façon certaine attiser le désir féminin. Jusqu'à maintenant, leurs efforts pour découvrir la pilule rose miracle se sont soldés par un fiasco. En 2004, Pfizer a officiellement mis un terme à huit années de recherche pour prouver que le Viagra stimulait l'afflux de sang au clitoris et accroissait donc le plaisir féminin.

Nous savons maintenant que le clitoris n'est pas un pénis miniature. Des nerfs et des vaisseaux sanguins relient à l'extrémité du clitoris l'anneau qui entoure l'orifice vaginal, l'urètre, et le dernier tiers du vagin, de sorte que l'ensemble de ces tissus sont responsables de l'excitation qui conduit à l'orgasme. Certaines femmes ont baptisé cette zone leur « anneau de feu ».

N'en déplaise à Freud, on ne peut opposer orgasme vaginal et orgasme clitoridien. À cause de sa théorie, pendant presque un siècle, les femmes se sont senties nulles ou pas vraiment femmes en ayant *seulement* un orgasme clitoridien. Freud ignorait tout de l'anatomie du clitoris ou du cerveau féminin, bien sûr. Les neuroscientifiques ont découvert que le vagin était connecté au clitoris et qu'en conséquence, c'est de ce dernier organe, relié aux centres cérébraux du plaisir, que provient l'orgasme. En fait, le cerveau en-dessous de la ceinture, c'est le clitoris. Néanmoins, tout ne se passe pas en dessous de la ceinture, pas plus que tout n'est guidé par des facteurs psychologiques. Aujourd'hui, pour les neuroscientifiques, il n'y a aucune différence entre le psychologique et le physiologique. L'un et l'autre sont simplement les deux faces d'une même réalité.

IL SUFFIT D'UN RIEN POUR GÂCHER L'AMBIANCE

Une mauvaise haleine, un peu de bave, un mouvement maladroit avec le genou, la bouche ou la main, tous ces détails peuvent réactiver l'amygdale chez la femme et l'empêcher de jouir par la même occasion.

Une mauvaise expérience passée peut commencer à occuper ses circuits cérébraux, provoquant honte, gêne ou sentiment d'insécurité. Julie, vingt-huit ans, vint me consulter parce qu'elle ne réussissait pas à avoir un orgasme. Elle finit par me révéler qu'étant petite, elle avait été abusée par son oncle et que cette expérience l'avait dégoûtée du sexe. Elle était extrêmement angoissée pendant les rapports, même avec son fiancé, un garçon compréhensif et qui l'adorait. Comme Julie, quatre filles sur dix ont eu une expérience sexuelle perturbante dans leur enfance, qui va continuer à occuper leur cerveau au cours des relations sexuelles de leur vie d'adulte. L'incapacité à atteindre l'orgasme est l'un des symptômes les plus courants. Après une thérapie sexuelle et une thérapie du trauma, Julie profita mieux des joies du sexe et quelques mois plus tard, elle me téléphonait pour me dire qu'elle avait eu son premier orgasme.

Chez les femmes en particulier, les facteurs physiologiques et psychologiques jouent chacun sur l'excitabilité sexuelle. Celles qui mènent plusieurs tâches de front ont l'esprit troublé plus souvent, ce qui occupe leurs circuits cérébraux et nuit au désir. Une autre de mes patientes eut des difficultés à atteindre l'orgasme trois mois après avoir pris un nouveau job, extrêmement prenant. Elle n'avait plus le temps de se détendre avec son mari et elle se mit à feindre la jouissance pour ménager sa susceptibilité. Les soucis et la tension au travail l'empêchaient d'être détendue, de se sentir en confiance et de permettre la désactivation de son amygdale.

L'interférence des tracas et du stress avec la satisfaction sexuelle est peut-être l'une des raisons de la vogue des vibromasseurs. Appliqué au clitoris, le vibromasseur procure un orgasme plus vite, plus facilement. Pas besoin de s'embêter avec l'ego du partenaire, la crainte qu'il n'éjacule trop tôt, l'allure qu'on a dans un lit ou la qualité de la relation. J'ai eu aussi une patiente, divorcée, la quarantaine, qui s'était si bien habituée à son vibro que lorsqu'elle a rencontré quelqu'un, elle a trouvé qu'il se débrouillait moins bien que l'appareil en question. Pour finir, elle choisit une solution radicale en enterrant l'engin au fond du jardin afin de s'obliger à s'habituer à un vrai pénis.

Une femme a besoin d'être mise dans l'ambiance avant de sauter dans un lit. Tout conflit avec le partenaire doit être apaisé et aucune aspérité ne doit subsister dans la relation. La colère envers l'autre est en effet l'une des causes les plus fréquentes de problèmes sexuels. Pour beaucoup de sexothérapeutes, les préliminaires englobent tout ce qui s'est passé durant les vingt-quatre heures précédant la pénétration. Pour les hommes, c'est tout ce qui s'est passé dans les trois minutes. Comme de nombreuses zones de son cerveau sont actives simultanément, la femme doit commencer par se relaxer et par retrouver un bon feeling avec son partenaire. Il lui faut bien vingt-quatre heures pour cela. C'est aussi la raison pour laquelle quelques jours de vacances sont à ce point aphrodisiaques. Cela permet de se déconnecter des soucis de la vie quotidienne. Alors oui, Messieurs, offrez des fleurs, des chocolats et des mots doux, car ça marche ! Une femme qui en veut à son compagnon n'aura pas envie de coucher avec lui. Et vous, mesdames, prévenez-les que s'ils ont l'intention de vous critiquer ou de démarrer une dispute le jour où ils comptent faire des galipettes, ils feraient mieux d'y réfléchir à deux fois, car ils devront attendre vingt-quatre heures avant que vous soyez de nouveau bien disposée.

LA FONCTION DE L'ORGASME CHEZ LA FEMME

Vu sous l'angle évolutionniste, l'orgasme masculin n'a rien de bien mystérieux. Il se réduit à quelque chose près à une éjaculation, un acte biologiquement simple qui s'accompagne d'une incitation pratiquement addictive à rechercher d'autres rencontres sexuelles. Selon cette théorie, plus un homme réussit d'inséminations, plus il a de chances de voir ses gènes représentés dans les générations futures. La jouissance féminine est plus complexe. Elle reste cachée et peut aisément être simulée. L'orgasme n'est pas nécessaire pour que la femme tombe enceinte, mais il peut tout de même favoriser la conception.

Certains scientifiques ont beau affirmer que l'orgasme féminin n'a aucune finalité, il pousse néanmoins la femme à rester allongée après l'amour et donc à conserver le sperme en elle, ce qui accroît ses chances de concevoir. Sans compter le plaisir intense qu'il procure et qui donne envie de renouveler une expérience aussi agréable – exactement ce que Mère Nature avait en tête. Pour d'autres chercheurs, l'orgasme féminin a resserré les liens entre amants au cours de l'évolution, en inspirant à la femme un sentiment d'intimité et de confiance envers le partenaire. Il est le vecteur de la satisfaction sexuelle d'une femme et de sa dévotion à un amant.

De nombreux psychologues évolutionnistes en sont aussi venus à considérer l'orgasme féminin comme une adaptation sophistiquée qui permet aux femmes, même à leur insu, de déterminer lequel de ses amants aura le droit de la féconder. La respiration haletante, les gémissements, le pouls accéléré, les contractions musculaires, les spasmes, et les états de plaisir quasi hallucinatoires dus à l'orgasme constitueraient un événement biologique complexe, porteur d'un dessein fonctionnel.

On sait depuis longtemps que les contractions musculaires et la succion utérine associées à l'orgasme féminin font franchir au sperme la barrière du mucus utérin. Dans un article sur la puissance de cette succion, un médecin rapportait que chez l'une de ses patientes, les contractions utérines et vaginales avaient arraché le préservatif de son amant, un marin, au cours d'un rapport. L'examen gynécologique permit de retrouver le préservatif à l'intérieur du minuscule canal utérin. Autrement dit, l'orgasme féminin peut servir à rapprocher le sperme de l'ovule. Les scientifiques ont découvert que si une femme jouit dans un délai compris entre une minute avant et quarante-cinq minutes après l'éjaculation de l'homme, elle retient une quantité de sperme plus importante qu'en l'absence d'orgasme. Si elle n'a pas d'orgasme, un nombre inférieur de spermatozoïdes sont aspirés dans le col utérin, porte d'entrée de l'utérus, où l'ovule attend d'être fécondé. Tandis que l'homme se soucie de satisfaire la femme en tant qu'amant – de peur qu'elle n'aille voir ailleurs ou qu'elle ne veuille plus faire l'amour avec lui – la femme orgasmique a en fait quelque chose de plus intelligent en tête. Avec ses orgasmes, elle décide de celui qui sera le père de ses enfants. Si le cerveau de l'âge de pierre de Marcie trouve John sexy et assez beau garçon pour miser sur lui, génétiquement parlant, avoir un orgasme avec cet homme devient alors une affaire sérieuse.

Afin d'assurer la survie de l'espèce, la biologie manipule notre réalité en prenant le pas sur l'esprit conscient, de sorte que les circuits du cerveau inconscient de la femme choisiront l'homme le plus séduisant, car il lui procurera les orgasmes les plus forts. Les écologistes du comportement, pour leur part, ont remarqué que dans le règne animal, certaines femelles – de la mouche scorpion à l'hirondelle rustique – ont une préférence pour les mâles présentant une symétrie corporelle bien marquée. S'il est aussi important que les deux parties du corps correspondent parfaitement, c'est que la translation des gènes vers l'une ou l'autre de ces parties peut être entravée par la maladie, la malnutrition, ou des imperfections génétiques. La maladie ou des gènes défectueux risquent de nuire à la symétrie bilatérale au niveau des mains, des yeux, voire des plumes caudales des oiseaux, qui guident le choix de leurs femelles. Les femelles, elles aussi, veulent le géniteur le plus séduisant pour leurs petits. Les mâles les meilleurs, c'est-à-dire ceux dont le système immunitaire est solide et qui sont des pourvoyeurs sains, font preuve de la plus grande symétrie corporelle. En choisissant un prétendant symétrique, une femelle assure la qualité génétique de sa progéniture.

On retrouve cette préférence chez les humains. Lors des études qui sont faites, les femmes choisissent régulièrement les hommes dont le visage, les mains, les épaules et autres parties du corps sont les plus symétriques. Il ne s'agit pas d'un choix purement esthétique. Une littérature médicale de plus en plus nombreuse montre que les individus symétriques sont en meilleure santé physique et mentale que les autres. C'est peut-être donc la nature qui parle quand une femme n'est pas attirée vers un homme à l'allure un peu tordue. Dans ce cas, comme John était le plus beau garçon que Marcie ait connu, l'attirance qu'elle éprouvait à son égard serait la manifestation de son désir d'avoir des enfants de lui.

Les chercheurs se sont dit que si, au cours de l'adaptation, l'orgasme est devenu un moyen pour les femmes d'assurer de bons gènes à leur progéniture, elles devraient logiquement jouir plus souvent avec des partenaires au physique symétrique et séduisant. À l'Université d'Albuquerque, ils ont donc observé quatre-vingt-six couples hétérosexuels actifs, âgés en moyenne de vingt-deux ans et vivant ensemble depuis deux ans, ce qui leur avait permis d'instaurer entre eux des rapports de confiance. Ils ont interrogé chacun anonymement et en privé sur ses orgasmes et ses expériences sexuelles. Puis ils ont photographié leur visage et évalué la symétrie de leurs traits avec un ordinateur. Ils ont également mesuré diverses parties de leur corps – la largeur des coudes, des poignets, des mains, des chevilles, des pieds, des os de la jambe, ainsi que la longueur de l'index et de l'annulaire.

Cette expérience a confirmé la relation entre l'orgasme féminin et la symétrie corporelle chez l'homme. Selon les déclarations de ces hommes et de ces femmes, celles dont les partenaires présentaient la plus grande symétrie éprouvaient plus souvent un orgasme que les autres.

Les hommes beaux le savent pertinemment. D'après les études, ceux dont le physique est le plus symétrique ont le moins longtemps besoin de faire la cour à une femme avant de coucher avec elle. Ils investissent aussi moins de temps et d'argent que les autres dans ce but. Et ils trompent plus souvent leur compagne. Ce n'est pas ce que les femmes voudraient croire. Elles préfèrent adhérer à l'hypothèse de l'attachement, selon laquelle celles dont les partenaires sont les plus gentils et les plus attentionnés jouissent le plus souvent. Mais la réalité, c'est sans doute que les hommes se classent en deux catégories : les uns pour les ébats torrides, les autres pour la sécurité, le confort, les enfants. Les femmes aimeraient bien que les deux catégories se confondent, mais hélas la science montre qu'il s'agit certainement là d'un vœu pieux.

Bien sûr, aucun homme n'a un physique parfaitement symétrique, mais nous considérons toutes qu'il est d'autant plus séduisant que la symétrie est grande. À la grande surprise des chercheurs, il n'y a pas de rapport entre l'amour passionné d'une femme pour un homme et la fréquence de ses orgasmes. De plus, même si l'on pense communément que la contraception et la protection contre les maladies sexuellement transmissibles augmentent le taux d'orgasmes chez les femmes, censément parce qu'elles seraient plus détendues pendant l'acte sexuel, les scientifiques n'ont trouvé aucun rapport entre l'orgasme féminin et la contraception. En revanche, il y en a un avec la beauté physique de l'homme. Après tout, notre cerveau est construit pour survivre à l'âge de pierre, qui ne connaissait pas la contraception. En termes évolutionnistes, cela signifie que la pilule et les préservatifs sont trop récents pour avoir modifié notre façon de vivre, nos émotions ou notre sexualité.

LA BIOLOGIE DE L'INFIDÉLITÉ FÉMININE

Pour assurer la descendance des couples, ce qui nécessite que les rapports sexuels aient lieu chaque mois au moment propice, la nature utilise tous les moyens dont elle dispose. Les odeurs, par exemple, sont liées aux émotions, à la mémoire et au comportement sexuel. Chez la femme, juste avant l'ovulation, le nez et les circuits cérébraux sont particulièrement sensibles aux odeurs, y compris aux effets imperceptibles des phéromones mâles. Les phéromones sont des substances chimiques sociales émises par la peau et les glandes sudoripares des humains et des animaux. Elles sont présentes dans la sueur des hommes. Elles modifient les perceptions et les émotions et influencent les désirs, entre autres le désir de sexe. Tandis que le flux d'œstrogènes prépare l'ovulation, la sensibilité du cerveau aux odeurs se modifie. Il suffit d'une phéromone en petite quantité : un centième de goutte de sueur a un effet puissant. Pas étonnant que les industriels du parfum essaient à tout prix d'en ajouter dans les parfums et dans les after-shave.

Ce qu'ils ignorent, c'est que cet effet varie selon le jour, voire l'heure du cycle menstruel. Par exemple, si l'on expose des femmes en période pré-ovulatoire (le moment du mois où elles sont le plus fertiles) à une phéromone des glandes sudoripares masculines, l'androstadiénone (à ne pas confondre avec l'androstènedione, l'androgène principal produit par les ovaires, dont elle est proche), on constate que dans un délai de six minutes, leur humeur s'améliore et leur concentration intellectuelle augmente. Et pendant plusieurs heures, ces phéromones en suspension dans l'air maintiennent leur bonne humeur. À partir de la puberté, ce sont les cerveaux féminins, et non les cerveaux masculins, qui s'avèrent capables de détecter l'androstadiénone et ils n'y sont sensibles qu'à certaines périodes du mois. Peut-être est-ce pour ouvrir la voie aux interactions sociales – et reproductives – que l'an-

drostadiénone agit sur les émotions des femmes à
leur pic de fertilité. Il est intéressant de noter que
lors de notre premier entretien, Marcie m'a précisé
avoir été séduite par quelque chose dans l'odeur de
John.

La théorie sur les phéromones et le cerveau féminin qu'a élaborée Jan Havlicek, de l'Université
Charles, à Prague, à partir des odeurs corporelles
d'hommes et de l'odorat de femmes, a suscité une
controverse. Il a découvert que des femmes en
période d'ovulation ayant déjà un compagnon pré-
féraient l'odeur d'autres hommes plus dominants,
préférence qui ne se retrouvait pas chez les célibataires. Pour lui, ces résultats venaient en appui de la
théorie selon laquelle les femmes célibataires recherchent des hommes qui vont les aider à élever
leurs enfants. Mais une fois le foyer assuré, elles
ressentent le besoin biologique de batifoler avec les
hommes dotés des meilleurs gènes. Les schémas
d'accouplement chez des espèces d'oiseaux autrefois réputés pour être fidèles à vie ont montré que
près de 30 % des oisillons étaient engendrés par des
mâles de l'extérieur.

Les études génétiques sur les humains cachent un
vilain secret qui porte un autre coup au mythe de la
fidélité féminine. En effet, près de 10 % des pères
supposés ayant participé à ces études ne sont pas les
pères biologiques des enfants qu'ils pensent avoir
engendrés. Les règles éthiques empêchent les
scientifiques de révéler ce détail. Quelle est la rai-

son de ce phénomène? Le cerveau de la femme serait-il plus à même de déclencher un orgasme et de concevoir avec un homme qui n'est pas son compagnon habituel? On pense que l'orgasme procuré par un partenaire particulièrement désirable confère un avantage reproductif. En aspirant le sperme dans l'appareil reproducteur, il va augmenter ses chances d'atteindre l'ovule. Cet accroissement des chances de concevoir avec un partenaire sexy pourrait bien être ce qui pousse les femmes à éprouver plus d'attirance vers d'autres hommes lors de la deuxième semaine du cycle menstruel – juste avant l'ovulation – période où elles sont les plus fécondes et les plus portées sur le flirt.

Une autre étude a montré que les femmes en couple qui avaient des amants feignaient plus souvent la jouissance avec leur compagnon habituel. Cette simulation était plus fréquente encore chez celles qui ne faisaient que flirter avec d'autres. Les hommes sont biologiquement adaptés à chercher des indices de la satisfaction sexuelle de la femme, car elle est un gage de fidélité. En simulant, une femme détourne l'attention de son partenaire régulier de sa propre infidélité. Quant aux hommes, ils utilisent la vieille ruse qui consiste à feindre de s'intéresser sexuellement à leurs compagnes pour qu'elles les croient fidèles, et ce parfois après plusieurs années d'union. Les chercheurs ont découvert que les femmes qui ont des aventures à l'extérieur retiennent moins de sperme avec leur partenaire habituel – leur mari, la plupart du temps. En revanche, elles éprouvent plus d'orgasmes et retiennent plus de sperme pendant les rapports avec leurs amants. Mises bout à bout, ces découvertes suggèrent que l'orgasme féminin est moins en rapport avec la création d'un lien unique avec les types sympathiques qu'on a envie d'épouser qu'avec une évaluation primitive, subconsciente et rusée, du capital génétique des amants extérieurs. Les femmes ne sont pas plus construites que les hommes pour la monogamie. Elles restent libres de leur choix et elles simulent l'orgasme pour dissimuler leur infidélité.

Du carburant pour l'amour

Chez l'homme comme chez la femme, c'est la testostérone, l'androgène que l'on appelle parfois à tort « hormone mâle », qui va déclencher le désir sexuel. Il s'agit en fait d'une hormone de la sexualité et de l'agressivité, que les deux sexes possèdent en abondance. Elle est produite dans les testicules, les ovaires et les surrénales. C'est le carburant chimique qui alimente le moteur sexuel du cerveau. Quand elle est en quantité suffisante, la testostérone emballe l'hypothalamus, ce qui fait naître des impressions érotiques, des fantasmes sexuels et des sensations physiques dans les zones érogènes. Le processus est le même chez les deux sexes. Il existe toutefois une énorme différence dans la quantité de testostérone disponible pour « exciter » le cerveau : les hommes en possèdent de dix à cent fois plus que les femmes.

Même le flirt est lié à la testostérone. Des études ont montré que les rates ayant un taux élevé de testostérone sont plus joueuses que les autres et « foncent » plus souvent, ce qui, chez les rongeurs, correspond sans doute à de l'effronterie. Chez les filles, l'éveil sexuel et le premier rapport sont en relation avec leur niveau de testostérone. Une étude effectuée chez des lycéennes entre treize et seize ans a montré une corrélation entre un niveau élevé de testostérone et une plus grande fréquence des pensées sexuelles et de la masturbation. Une autre étude portant sur des adolescentes a révélé qu'une montée de testostérone annonçait le premier rapport sexuel.

Si les adolescentes et les adolescents, stimulés par la testostérone, éprouvent un même intérêt soudain pour le sexe, leur libido et leur comportement sexuel diffèrent considérablement. Chez la fille entre huit et quatorze ans, le niveau des œstrogènes augmente de dix à vingt fois, celui de la testostérone cinq fois seulement. Chez le garçon entre neuf et quinze ans, le niveau de testostérone est multiplié par vingt-cinq. Avec tout ce carburant sexuel supplémentaire, les adolescents ont une pulsion sexuelle triple de celle des filles au même âge et cette différence durera toute la vie. De plus,

tandis que le niveau de testostérone s'élève cons-
tamment chez les garçons durant la puberté, les
hormones sexuelles des filles varient chaque semaine, ce qui modifie presque quotidiennement
leur intérêt pour le sexe.

Si le niveau de testostérone d'une femme baisse
jusqu'à un certain point, sa libido va chuter de
même. Jill, une institutrice de quarante-deux ans en
période de préménopause, est venue me consulter à
ce sujet, car son absence de désir posait des problèmes dans son couple. Comme son taux sanguin
de testostérone était très bas, je l'ai placée sous
testostéronothérapie. Pour tester sa réaction à l'hormone, je lui ai demandé de consigner le nombre de
ses fantasmes sexuels, de ses masturbations, ou de
ses idées de masturbation. En effet, si nous nous
étions contentées de noter la fréquence de ses rapports sexuels, cela nous aurait simplement rensei-
gnées sur la libido de son époux. Je lui ai ensuite
proposé de la revoir sous trois semaines. Durant
cette période, Jill a pris par erreur le double de la
dose de testostérone indiquée et quand elle est
arrivée à la clinique, elle était écarlate. L'air gêné,
elle m'a avoué que ses pulsions sexuelles étaient si
brutales qu'elle était obligée d'aller dans les toilettes entre les cours pour se masturber. « Ça devient
très embarrassant, m'a-t-elle confié, mais maintenant je sais ce qu'éprouve un garçon de dix-neuf
ans ! »

Si elle avait attendu un peu plus longtemps, une

interférence aurait pu se produire entre une autre hormone de son cycle menstruel et une partie du flux de testostérone. La testostérone est certes le principal déclencheur qui permet au cerveau de faire naître le désir sexuel, mais elle n'est pas la seule en jeu chez la femme. La progestérone, sécré-tée en plus grande quantité pendant la seconde moitié du cycle, réfrène le désir et son action in-verse en partie l'effet de la testostérone. On en injecte même à certains délinquants sexuels pour faire diminuer leurs pulsions. Les femmes, elles aussi, ont une baisse d'intérêt pour le sexe lors du pic de progestérone, dans la seconde quinzaine du cycle. Pendant la deuxième semaine du cycle, juste avant l'ovulation qui intervient au moment du pic de fertilité, la testostérone augmente, en même temps que le désir sexuel. En eux-mêmes, les œs-trogènes n'accroissent pas les pulsions sexuelles, mais ils culminent avec la testostérone au milieu du cycle. Ils rendent les femmes plus réceptives au sexe et jouent un rôle essentiel dans la lubrification du vagin.

LA GRANDE LIGNE DE PARTAGE DES SEXES

Chez l'homme, les centres sexuels cérébraux font à peu près le double de ceux de la femme. Or, la taille joue un rôle important dans la façon dont l'un

et l'autre considèrent, approchent et pratiquent le
sexe. Les hommes l'ont plus en tête que les femmes. Ils doivent éjaculer souvent, sinon ils éprouvent une tension dans leurs gonades et leur prostate.
Si, pour traiter les émotions, les femmes disposent
d'une véritable autoroute et les hommes d'une
simple route départementale, c'est l'inverse quand
il s'agit de gérer le trafic des pensées sexuelles : les
hommes possèdent un aéroport gigantesque et les
femmes un petit aérodrome. C'est sans doute ce qui
explique que 85 % des hommes entre vingt et
trente-cinq ans pensent au sexe plusieurs fois par
jour. Cela donne des échanges intéressants, car faire
l'amour n'étant généralement pas la préoccupation
première des femmes, les hommes doivent souvent
trouver les mots pour les en persuader.

Ces modifications structurelles sont très précoces. Elles commencent dès la huitième semaine de
grossesse, quand sous l'action de la testostérone, les
centres du sexe situés dans l'hypothalamus du fœtus
mâle vont se développer. À la puberté du garçon,
un second afflux massif de testostérone vient renforcer et agrandir d'autres connexions cérébrales
qui transmettent les informations à ces centres, y
compris les systèmes de la vision, de l'odorat, du
toucher et le système cognitif.

La plupart de ces structures et de ces connexions
existent également dans le cerveau féminin, mais
leur taille est inférieure de moitié. D'un point de
vue biologique, les femmes consacrent moins

d'espace mental à la question du sexe. Et leur intérêt à cet égard varie au cours du mois selon le cycle
de la testostérone. Le système cérébral des hommes, en revanche, est en alerte sexuelle dès que leur
odorat capte un sillage parfumé et que passe une
femme.

CE QUE LES FEMMES NE COMPRENNENT PAS SUR LA SIGNIFICATION DU SEXE POUR UN HOMME

Jane et Evan, la trentaine tous les deux, me con-
sultaient pour un problème que je connais bien.
Jane venait de changer de travail et son nouveau
poste était extrêmement prenant. Elle consacrait
tout son temps et toute son énergie – on pourrait
dire toute sa libido – à faire bonne impression,
professionnellement parlant. Elle n'avait plus du
tout l'esprit au sexe, ce que son mari prenait fort
mal, car lorsque lui-même s'était trouvé dans une
situation identique, un an plus tôt, cela n'avait en
rien diminué son désir, bien au contraire. Malgré
tout, quand Evan arrivait à réveiller la sensualité de
Jane, cela se passait très bien et elle atteignait
l'orgasme sans difficulté. Simplement, Jane n'avait
jamais l'envie de faire l'amour. C'est la plainte la
plus courante parmi mes patientes qui travaillent.

Le discours qu'elles tiennent n'a rien d'agressif.
« Chéri, ne m'en veux pas, mais je suis épuisée. J'ai

sauté le déjeuner, le boulot m'a tuée et je n'ai qu'une idée, manger quelque chose, regarder la télé et au lit. » Le mari peut acquiescer, mais au fond de lui-même, le câblage des temps anciens prend le contrôle. N'oublions pas que l'homme pense sans cesse au sexe. Si sa partenaire le repousse, il se dit que peut-être il ne lui plaît plus ou qu'elle a quelqu'un d'autre. Et donc qu'elle ne l'aime plus autant. C'est ce qui avait incité Evan à venir me voir avec Jane. Tandis que nous évoquions les différences entre le cerveau de l'homme et celui de la femme, Jane se rendait compte que la réalité cérébrale d'Evan avait une réaction inattendue à son manque d'envie de sexe. Le cerveau d'Evan interprétait cette absence de désir envers lui par « Elle ne m'aime plus ». Elle commençait à mieux comprendre ce que le sexe représentait pour son mari.

Côté féminin, le schéma est le même quand il s'agit de communication verbale. Quand l'homme cesse de parler ou de répondre à son affection, la femme pense qu'il lui en veut, qu'elle a fait quelque chose de mal ou qu'il ne l'aime plus. Elle s'affole, s'imagine qu'il va la quitter, voire qu'il a une maîtresse. Dans le cas de ce couple, Jane était vraiment fatiguée et ne se sentait pas séduisante. Rien d'autre. Mais son attitude avait déclenché la jalousie et la possessivité d'Evan, qui, poussé par sa réalité biologique, imaginait la présence d'un rival dans la vie de son épouse. Si elle ne voulait plus avoir de rapports avec lui, c'est qu'elle en avait avec un autre. Jane savait maintenant que pour un homme, le sexe comptait autant que la communication pour une femme. Elle l'a expliqué à Evan, qui l'a beaucoup fait rire en lui répondant : « Bien. Que dirais-tu d'avoir plus de communication masculine ? »

Evan comprenait maintenant qu'il devait laisser à Jane plus de temps pour se mettre en condition et Jane comprenait qu'Evan avait besoin d'être rassuré sur son amour. Ils eurent donc plus de « communication masculine » et de fil en aiguille, Jane tomba enceinte. Sa réalité allait bientôt changer et le sexe – désolée, Evan – allait à nouveau cesser d'être une priorité. Le cerveau maternel prenait le contrôle.

5

Le cerveau maternel

« La maternité fait de vous une autre femme », disait ma mère. Elle avait raison. Longtemps après avoir accouché, je vis et respire encore pour deux, liée corps et âme à mon enfant par un attachement que je n'aurais jamais cru possible. Depuis sa naissance, je suis différente, et en tant que médecin, je sais que la maternité transforme une femme parce qu'elle modifie littéralement son cerveau, de manière structurelle, fonctionnelle, et, sur de nombreux plans, de manière irréversible.

C'est ainsi que la nature assure la survie de l'espèce, me direz-vous. Comment expliquer autrement que quelqu'un comme moi, qui ne s'était jamais vraiment intéressée aux enfants, a senti qu'elle était faite pour la maternité au moment même où elle est sortie des vapes après un accouchement difficile ? Sur le plan neurologique, c'était une réalité. Profondément enfouis dans mon code génétique se trouvaient des déclencheurs d'un comportement maternel de base, amorcés par les hormones de la grossesse, activés par l'accouchement, et renforcés par un étroit contact physique avec l'enfant.

C'est une caractéristique que nous partageons avec les moutons, les hamsters et les singes. Prenons, par exemple, une femelle de hamster doré. Avant qu'elle n'attende des petits, elle ignore ceux des autres, quand elle ne les mange pas. Dès qu'elle met bas, elle récupère sa progéniture, la nourrit et la réchauffe, la toilette et la lèche afin de déclencher les fonctions corporelles dont les petits vont avoir besoin pour assurer leur survie.

Pour les humains, la détermination biologique est moindre. Chez la femme comme chez d'autres mammifères, les circuits innés du cerveau répondent à des éléments de base : le développement du fœtus dans son ventre, la naissance, la tétée, le toucher et l'odeur du bébé, et le contact peau contre peau avec celui-ci. Même les pères, les parents adoptifs et les femmes sans enfant peuvent réagir de manière maternelle après avoir été quotidiennement en contact étroit avec un bébé. Ces éléments physiques ouvrent dans le cerveau des voies neurochimiques qui créent et renforcent les circuits cérébraux maternels, aidés en cela par l'empreinte chimique et une augmentation considérable de l'ocytocine. Le cerveau va alors devenir très attentif, motivé et ultraprotecteur, et forcer la jeune maman à modifier ses réactions et ses priorités. La relation qu'elle a avec son bébé n'a eu aucun équivalent jusque-là. C'est la vie et la mort qui sont en jeu.

Dans nos sociétés, où non seulement les femmes mettent les enfants au monde, mais doivent travailler pour subvenir à leurs besoins, ces modifications cérébrales sont la source d'un conflit douloureux pour une mère. Nicole, trente-quatre ans, avait consacré sa jeunesse à ses études afin de pouvoir suivre une filière prestigieuse et acquérir son indépendance financière. Admise à Harvard, dont elle sortit avec un B. A, elle n'envisagea à aucun moment de se marier et voyagea, avant de travailler quelque temps dans la finance à San Francisco. Elle passa ensuite quatre ans à l'Université de Californie à Berkeley, où elle obtint un double Master en Administration des Affaires et Relations internationales, afin de se spécialiser dans l'économie mondiale. À vingt-huit ans, son diplôme en poche, elle alla s'installer à New York, où elle décrocha un poste d'associée dans une banque d'investissement.

Plus l'on pratique une activité et plus le cerveau emploie de cellules pour cette tâche. Chez Nicole, les circuits commençaient à être presque entièrement centrés sur sa carrière et son travail. Elle passa les deux années suivantes à travailler quatre-vingts heures par semaine. C'était exténuant, mais gratifiant. Elle avait bien l'intention de réussir et elle se consacrait corps et âme à son métier. Bientôt, pourtant, elle tomba amoureuse d'un collègue de travail, un charmant avocat du nom de Charlie. Son cerveau se mit alors à répartir les tâches des cellules entre son attachement à Charlie et sa carrière. Elle passa le début de la trentaine à apprendre à faire de la place dans sa vie professionnelle exigeante pour cette relation, qui aboutit au mariage. Bientôt, le foyer allait s'agrandir et les cellules cérébrales de Nicole seraient à nouveau forcées de se diviser.

QUAND BÉBÉ OCCUPE LE CERVEAU

Malgré nous, la biologie peut investir des circuits et beaucoup de femmes ressentent les symptômes du « cerveau maternel » avant même la conception, surtout si elles essaient depuis quelque temps de tomber enceintes. Elles vont par exemple éprouver le désir d'enfant après avoir tenu dans leurs bras le nouveau-né d'une autre. Brusquement, même les moins intéressées par les bambins peuvent se sentir irrésistiblement attirées par l'odeur et le contact délicieux d'un bébé. Ce phénomène qu'elles peuvent attribuer à l'horloge biologique ou à la vertu de l'exemple, est en fait la conséquence d'un changement intervenu dans leur cerveau, où s'est installée une nouvelle réalité. Il y a dans l'odeur suave d'une tête de nourrisson des phéromones qui stimulent la production d'ocytocine, ce puissant philtre d'amour, et provoquent une réaction chimique à l'origine du désir d'enfant. Après être allée voir pour la première fois ma nièce, Jessica, quand elle avait trois mois, j'ai été longtemps obsédée par les bébés. En un sens, elle m'avait transmis une maladie infectieuse : la tentative de la nature pour déclencher chez moi l'envie de procréer.

La transformation du cerveau en cerveau maternel débute à la conception. Elle peut affecter les circuits de la plus carriériste des femmes et modifier sa perception, sa pensée, ses priorités. Tout au long de la grossesse, son cerveau est imprégné par les neurohormones que produisent le fœtus et le placenta. Pour Nicole, tout commence au retour d'un petit week-end en amoureux avec Charlie. Si l'imagerie cérébrale nous permettait d'examiner ce qu'il se passe à ce moment sous son crâne, nous ne verrions rien de particulier au moment de la rencontre entre le spermatozoïde et l'ovule. Quinze jours après la fécondation, l'ovule s'implante dans sa muqueuse utérine et se raccorde à son système circulatoire. Par le système d'échanges entre le sang fœtal et le sang maternel, les modifications hormonales débutent dans le corps et le cerveau de Nicole.

Le niveau de progestérone s'élève peu à peu dans son sang et dans son cerveau. Bientôt, ses seins deviennent sensibles. Ses circuits cérébraux s'apaisent et elle se sent comme endormie. Elle a besoin de plus de repos et de plus de nourriture que d'habitude. La montée hormonale a un impact considérable sur ses centres de la faim et de la soif. Maintenant, Nicole doit produire deux fois plus de sang. Elle garde une bouteille d'eau auprès d'elle en permanence et ne s'éloigne jamais d'un robinet, ni des toilettes. En même temps, les signaux que lui envoie son cerveau pour qu'elle se nourrisse, notamment au petit déjeuner, deviennent capricieux, car il ne réagit plus de la même manière à certaines odeurs, notamment les odeurs de nourriture. Elle prend garde à ne pas ingérer accidentellement des aliments qui seraient nuisibles à son fragile fœtus au cours des trois premiers mois de la grossesse. C'est pourquoi son cerveau est ultrasensible aux odeurs, ce qui lui donne la nausée la plupart du temps. Elle peut même avoir des haut-le-cœur chaque matin. Tout cela parce que ses circuits de l'odorat ont changé considérablement sous l'action des hormones de la grossesse.

Ces premiers mois sont difficiles à passer pour Nicole. Au travail, elle a du mal à faire autre chose que de rester assise à son bureau en luttant contre les nausées. Le quatrième mois marque un tournant, toutefois. Au niveau cérébral, les changements hormonaux massifs ont été intégrés et elle peut manger normalement, voire voracement. Son cerveau, conscient et inconscient, se concentre sur ce qu'il se passe dans son utérus. Vers le cinquième mois, elle sent des petites bulles de gaz dans son abdomen ; elle pourrait penser qu'elle a trop mangé, mais non, son cerveau les enregistre comme des mouvements de son bébé. Même si le cerveau maternel subit une imprégnation hormonale depuis des mois, c'est seulement maintenant que Nicole prend véritablement conscience d'avoir un enfant dans le ventre. Il y a presque six mois qu'elle est enceinte et les circuits de l'odorat, de la soif et de la faim se sont modifiés et agrandis, tandis que les cellules de l'hypothalamus, qui déclenchent habituellement le cycle menstruel, ont été freinées. Tout est prêt pour que les circuits de l'amour se développent.

Chaque fois qu'elle sent bouger l'enfant, Nicole devient un peu plus familière avec lui et elle brûle de savoir quel effet cela fera de le tenir dans ses bras. Elle ne l'imagine pas encore vraiment, mais elle a hâte qu'il soit là. C'est aussi à cette période que Charlie peut commencer à s'intéresser au bébé, en posant ses mains sur le ventre de Nicole pour écouter battre le petit cœur et en y collant son oreille pour percevoir ses mouvements. Le bébé peut aussi lui répondre par de petits coups de pied. Quant au sexe de l'enfant, oui, les pères pensent souvent qu'il s'agit d'un garçon et les mères d'une fille.

Au cours de la grossesse, l'effet calmant de la progestérone et des niveaux élevés d'œstrogènes joue un rôle protecteur contre les hormones du stress. Ces substances chimiques de « fuite ou lutte », telles que le cortisol, sont sécrétées en grandes quantités par le fœtus et le placenta, de sorte qu'elles baignent le corps et le cerveau maternels. Pendant les dernières semaines, leur niveau dans le cerveau est équivalent à celui d'un exercice violent. Curieusement, pourtant, la femme enceinte n'éprouve pas une impression de stress. Ces hormones ont pour but de la rendre vigilante sur sa sécurité, la nutrition et son environnement et moins attentive à d'autres tâches, par exemple l'organisation de son travail. C'est pourquoi, autour du dernier mois, Nicole commence à être troublée, préoccupée, et à avoir des trous de mémoire. Jamais, depuis la puberté, son cerveau n'a subi autant de changements en même temps. Cette base biologique modifie la réalité pour toutes les femmes, même si, bien sûr, la réaction de chacune varie selon son état psychologique et son histoire personnelle.

Des changements se produisent également dans la taille et la structure du cerveau. L'IRMf a montré qu'entre le sixième et le neuvième mois de grossesse, le cerveau de la femme enceinte se réduit. On peut l'attribuer au fait que certaines zones cérébrales s'agrandissent, tandis que d'autres rapetissent, avant de revenir petit à petit à la normale six mois après l'accouchement. Les études effectuées sur des animaux ont révélé que le volume du cortex, la partie pensante du cerveau, s'accroît durant la gestation, ce qui révèle la complexité et la plasticité de cet organe chez la femelle. La science n'a pas encore découvert la raison de ce phénomène, mais il est révélateur de l'ampleur de la restructuration et des modifications métaboliques en cours. Il ne s'agit pas d'une perte de cellules cérébrales. Certains spécialistes sont persuadés que, chez la femme enceinte, la réduction du cerveau est la conséquence des modifications du métabolisme cellulaire nécessaires à la restructuration de certains circuits : il s'apprête à transformer des voies à sens unique en autoroutes. Ainsi, tandis que le corps prend du poids, le cerveau en perd. Huit à quinze jours avant l'accouchement, il recommence à grossir. Il est en train de construire un vaste réseau de circuits maternels. Sinon, la première phrase que devrait prononcer l'enfant serait : « Maman, j'ai rétréci ton cerveau ! »

NAISSANCE DU CERVEAU MATERNEL

Tandis que Nicole approche de son terme, son cerveau est presque exclusivement concentré sur le bébé à naître. Elle se demande comment elle va être capable de supporter la douleur et l'effort physique nécessaires à expulser un enfant en bonne santé hors de son corps et à s'en sortir indemne. Les circuits de son cerveau maternel sonnent l'alarme. Elle a des bouffées d'énergie tout en se sentant comme une baleine échouée sur le sable. Charlie, lui aussi, commence à être préoccupé par des détails pratiques comme la préparation de la chambre du bébé, l'achat du mobilier et de tout le nécessaire, dont il a déjà acquis l'essentiel depuis plusieurs mois. Brusquement, il pense à quantité de choses dont ils vont aussi avoir besoin. Les circuits du cerveau paternel se préparent rapidement pour l'événement. Le compte à rebours avant la naissance a commencé.

Le médecin a évoqué une date pour l'accouchement, à quinze jours près, car chaque bébé vient au monde à son rythme. Ce sera la première fois, mais pas la dernière, où Nicole et Charlie seront otages du timing inné du programme de développement de leur enfant, qui correspond rarement à ce qu'ils ont en tête.

Le grand jour arrive enfin. Nicole perd les eaux et le liquide amniotique se répand sur ses jambes. Le bébé se présente bien, la tête la première. Une cascade d'ocytocine met en alerte le cerveau maternel de Nicole. Lorsque le fœtus est prêt à naître, il envoie des signaux. Le niveau de progestérone de la mère s'effondre, tandis que l'ocytocine inonde son corps et son cerveau, ce qui provoque les premières contractions utérines.

La tête du bébé s'engage dans le canal génital et l'ocytocine continue à être libérée dans le cerveau, activant de nouveaux récepteurs et créant des millions de nouvelles connexions entre les neurones. L'action conjointe de l'ocytocine et de la dopamine peut induire un sentiment d'euphorie à la naissance de l'enfant, accompagné par une exacerbation de l'ouïe, du toucher, de la vue et de l'odorat. Vous êtes là, énorme et maladroite, et soudain, c'est comme si l'utérus vous remontait dans la gorge et vous vous étonnez de pouvoir, avec votre pubis, réaliser l'équivalent de l'expulsion d'une pastèque par une narine. Après de longues heures – trop longues pour nombre d'entre nous – l'épreuve est terminée et votre vie et votre cerveau en sont à jamais changés.

Chez les mammifères, ces modifications cérébrales lors de l'accouchement n'ont rien d'inhabituel. Prenons les brebis, par exemple. Lorsque l'agneau s'engage dans le canal, l'ocytocine recâble le cerveau de la mère et le rend extrêmement sensible à l'odeur de son petit. Elle va avoir quatre à cinq minutes pour s'imprégner de l'odeur du nouveau-né. Par la suite, elle autorisera son agneau seul à la téter et repoussera les autres, dont l'odeur ne lui sera pas familière. Si elle ne peut sentir l'odeur de son petit durant ces premières minutes, elle ne le reconnaîtra pas et le rejettera également. La mise bas déclenche chez la brebis des modifications biologiques rapides repérables dans son anatomie cérébrale, sa neurochimie et son comportement.

Chez la femme, les odeurs de la tête du nouveau-né, de sa peau, de ses selles, du lait maternel recraché et autres fluides corporels qu'elle aura reçus sur elle durant les premiers jours vont imprégner chimiquement son cerveau et, à 90 %, elle sera capable de repérer l'odeur de son enfant parmi d'autres. C'est également vrai des pleurs et des gestes du bébé. Le contact de sa peau, la forme de ses petits doigts et de ses orteils, ses petits cris sont maintenant littéralement tatoués sur son cerveau. En quelques heures ou quelques jours, elle va être envahie par un sentiment de protection. L'agressivité maternelle s'installe. Les circuits cérébraux sont assaillis par sa force et sa résolution de s'occuper de ce petit être et de veiller sur lui. La jeune mère a l'impression qu'elle pourrait arrêter un camion avec son corps pour le protéger. Son cerveau n'est plus le même et sa propre réalité non plus.

Ellie, maman pour la première fois à trente-neuf ans, était mariée depuis deux ans lorsqu'elle vint me voir. Son union était heureuse, mais elle avait fait une fausse couche la première année. Six mois plus tard, elle tombait de nouveau enceinte. Quelque temps après la naissance de sa fille, elle commença à « exploser », comme elle disait, à propos des revenus de son mari, représentant non salarié, et de son absence de couverture sociale. En fait, il n'y avait rien de changé dans leur situation et elle n'avait jamais réagi ainsi auparavant. Maintenant, toutefois, elle en voulait à son époux de ne pouvoir assurer plus de sécurité à sa famille. Ses besoins et sa réalité avaient changé du tout au tout, presque du jour au lendemain, et son cerveau maternel protecteur était concentré sur la capacité du mari à les faire vivre.

La mère, dont l'agressivité et l'instinct de protection sont en éveil, devient particulièrement vigilante sur la sécurité du bébé au domicile. Elle veille à sécuriser les prises de courant et les placards contenant des produits dangereux, et n'autorise personne à toucher l'enfant sans s'être lavé les mains auparavant. Comme un système humain global de repérage, ses centres cérébraux de la vue, de l'ouïe et du mouvement sont axés sur le suivi de son enfant. Cette vigilance aiguisée peut s'exercer tous azimuts, selon la menace que la mère détecte sur la sécurité et la stabilité de son « nid », et cela peut aller jusqu'à la remise en cause du rôle de chef de famille de l'époux.

Ce ne sont pas les seuls changements qui interviennent dans les circuits du cerveau maternel. Une mère peut avoir une meilleure mémoire spatiale qu'une femme sans enfant. Elle peut aussi être plus souple, s'adapter plus facilement et faire preuve de plus de courage. Ces aptitudes et ces qualités lui seront nécessaires pour veiller à la protection du bébé. Par exemple, les rates qui ont eu au moins une portée ont un centre cérébral de la peur moins actif, réussissent mieux aux tests du labyrinthe parce que leur mémoire est meilleure et ont un taux de réussite jusqu'à cinq fois supérieur dans la capture des proies. D'après les chercheurs, ces changements perdurent toute la vie et il est possible qu'il en soit de même chez les femmes. Ils existent également chez les mères adoptives. Du moment que la femme est en contact physique continu avec l'enfant, le cerveau sécrète de l'ocytocine et constitue les circuits nécessaires à la création et à l'entretien du cerveau maternel.

LE CERVEAU PATERNEL

Dans l'attente de leur bébé, les pères subissent des changements cérébraux et hormonaux qui sont grosso modo parallèles à ceux des futures mamans. Ce phénomène pourrait expliquer l'étrange expérience vécue par Joan, l'une de mes patientes. En apprenant qu'elle était enceinte, son mari Jason et elle furent ravis. À trois semaines de grossesse, elle commença à avoir de violentes nausées le matin. Celles-ci s'atténuèrent considérablement au troisième mois, mais à ce moment-là, à la grande surprise de Jason, c'est lui-même qui fut pris de haut-le-cœur matinaux, au point qu'il avait du mal à sortir du lit et à avaler son petit déjeuner. Il perdit près de trois kilos en trois semaines et crut avoir attrapé un parasite. En fait, il était atteint du syndrome de la couvade. Autrement dit, il partageait certains symptômes de la grossesse avec sa compagne. Ce syndrome touche dans le monde jusqu'à 65 % des futurs papas.

Les chercheurs ont découvert qu'au cours des semaines qui précèdent l'accouchement, le taux de prolactine, l'hormone du développement de la glande mammaire et de la lactation, s'accroît de 20 % chez les futurs pères. Simultanément, celui du cortisol, l'hormone du stress, double, ce qui augmente leur sensibilité et leur vigilance. Dans les semaines qui suivent la naissance, leur niveau de testostérone chute d'un tiers, tandis que celui des œstrogènes s'élève plus qu'à l'accoutumée. Ces modifications hormonales préparent leur cerveau à créer un lien avec leur progéniture sans défense. On a constaté que les hommes dont le niveau de testostérone est plus bas entendent mieux les pleurs du bébé. Ils ne l'entendent pas aussi bien que la mère, toutefois, car s'ils tendent à réagir aussi vite qu'elle aux cris de l'enfant, ils sont plus lents à répondre à ses vagissements. Durant la même période, l'abaissement du niveau de la testostérone réduit également chez eux la pulsion sexuelle.

Chez les deux sexes, la testostérone supprime le comportement maternel. Les pères qui présentent un syndrome de la couvade ont un taux de prolactine plus élevé que les autres et une chute de la testostérone plus importante lorsqu'ils interagissent avec leur bébé. Pour les scientifiques, ces modifications neurochimiques seraient induites par les phéromones produites par leur compagne enceinte. Elles les prépareraient à être un père attentionné et les équiperaient secrètement, par la voie olfactive, avec certains des mécanismes « maternants » du cerveau maternel.

DÉTOURNER LES CIRCUITS DU PLAISIR

Contrairement aux brebis, la plupart des femmes mettent plus de cinq minutes pour créer le lien avec leur nouveau-né, mais la fenêtre ne se referme pas aussi vite. C'est une bonne chose pour les femmes qui ont donné le jour dans des conditions difficiles, avec anesthésie, césarienne ou accouchement prématuré. Lorsque mon fils est venu au monde, après trente-six heures de contractions, une péridurale et le recours à la morphine, je nageais en plein brouillard et n'étais encore que modérément curieuse de découvrir la petite merveille. Je n'ai pas été immédiatement submergée par la déferlante d'amour maternel à laquelle je m'attendais. C'est en partie la faute à l'anesthésie et à la morphine, qui amortissent l'action de l'ocytocine. J'ai dû attendre que leur effet se dissipe pour me sentir vigilante et protectrice. Et là, très vite, ma sensibilité et mon câblage maternel ont réagi et j'ai ressenti un amour fou pour mon fils.

De nombreuses mères parlent d'amour fou lorsqu'il s'agit de leur enfant. D'ailleurs, sur une image IRM, l'amour maternel ressemble beaucoup à l'amour tout court. On a scanné le cerveau de jeunes mamans pendant qu'on leur montrait des photos de leurs enfants, puis de leur conjoint ou de leur compagnon, et les mêmes aires du cerveau activées par l'ocytocine se sont éclairées chaque fois. Maintenant, je sais pourquoi mes sentiments maternels étaient si passionnés et pourquoi mon mari a pu parfois être jaloux. Dans les deux formes d'amour, la libération de dopamine et d'ocytocine crée le lien, inactivant les émotions négatives et le jugement et activant les circuits du plaisir qui produisent l'attachement et un sentiment de joie. Des chercheurs de l'University College de Londres ont découvert que les zones du cerveau habituellement utilisées pour la critique et les jugements négatifs sur autrui – le cortex cingulé antérieur, par exemple – sont inactives quand on regarde un être cher. La réponse tendre et maternante des circuits de l'ocytocine est renforcée par la sensation de plaisir due aux pics de dopamine. Il s'agit du même circuit de la récompense mis en route dans le cerveau de la femme par les rapports intimes et l'orgasme.

On ne peut nier toutefois que s'occuper d'un bébé est extrêmement prenant. Les jeunes mamans perdent en moyenne sept cents heures de sommeil dans l'année suivant la naissance. La plupart du temps, heureusement, le bouton du plaisir maternel reste enfoncé et plus l'enfant reste physiquement proche de sa mère, plus leurs liens se renforcent.

Les effets de l'allaitement au sein sont inclus dans ce renforcement. La plupart des femmes qui allaitent bénéficient d'un avantage supplémentaire :

la stimulation régulière de certains des aspects les plus agréables du cerveau maternel. Lors d'une expérience, des rates avaient le choix entre appuyer sur un barreau pour obtenir de la cocaïne ou faire la même chose pour qu'un de leurs petits vienne les téter. Que croyez-vous qu'elles aient choisi ? Chaque fois, la libération d'ocytocine dans le cerveau a été préférée à la drogue. On peut donc imaginer à quel point l'allaitement est un comportement renforcé. Il fallait que cette activité soit agréable pour garantir la survie de l'espèce. Lorsque le bébé agrippe le sein maternel avec ses petites mains et suce son mamelon, une décharge d'ocytocine, de dopamine et de prolactine a lieu dans le cerveau de la mère. À ce moment-là, le lait commence à couler. Au début, cette succion de vos seins déjà douloureux tient de la torture, mais au bout de quelques semaines, si vous avez résisté à l'envie de vous faire hara-kiri, vous allez pouvoir calmer les pleurs de l'enfant en le nourrissant et vous apaiser par la même occasion. Vous vous rendrez compte qu'allaiter est devenu facile et vous en retirerez un grand plaisir. Votre tension artérielle baissera, vous vous sentirez apaisée, détendue et sous l'action de l'ocytocine, vous baignerez dans l'amour de votre bébé.

Souvent cet amour, tout comme l'allaitement, va interférer avec le désir pour le partenaire, voire s'y substituer. Lisa est venue me consulter un an après la naissance de son second enfant. « Faire l'amour ne fait plus partie de mes priorités, m'a-t-elle annoncé tout de go. Je préfère rattraper mon sommeil en retard ou liquider l'une des mille et une tâches en attente. Le problème, c'est que cela commence à énerver sérieusement mon mari. » Quand je lui ai demandé comment cela allait pour le reste, elle m'a parlé du plaisir extrême qu'elle prenait à avoir des contacts physiques avec ses deux petits. Des larmes de bonheur lui sont même venues aux yeux à l'évocation de « l'amour fou » qu'ils lui inspiraient. Elle allaitait encore deux ou trois fois par jour le bébé d'un an et jamais elle n'aurait imaginé qu'une relation aussi étroite et aussi dénuée d'égoïsme soit possible avec quelqu'un. « J'aime mon mari, m'a-t-elle assuré, mais maintenant, il y a des choses beaucoup plus importantes pour moi que de satisfaire ses besoins sexuels. Par moments, j'aimerais qu'il me fiche la paix. »

Un certain nombre d'autres femmes vivent une expérience similaire, fondée en fait sur des réactions programmées dans leur cerveau. Comme le cerveau de toutes les mères qui allaitent et sont en contact peau contre peau avec leur bébé, celui de Lisa reçoit un afflux d'ocytocine et de dopamine, ce qui lui donne le sentiment d'être aimée, de vivre un lien très fort, et d'être satisfaite, tant sur le plan physique qu'affectif. Rien d'étonnant, donc, à ce qu'elle n'ait aucun besoin de relations sexuelles. En s'occupant de ses jeunes enfants, elle ressent plusieurs fois par jour les émotions positives que celles-ci lui procurent d'habitude.

ALLAITEMENT ET CERVEAU COTONNEUX

Chaque avantage a son revers, néanmoins, et l'allaitement au sein peut se payer par une diminution de la clarté d'esprit. Il risque en effet d'accentuer et de prolonger la perte de repères qui survient après l'accouchement. L'une de mes patientes, Kathy, âgée de trente-deux ans, vint me voir, paniquée par ses trous de mémoire de plus en plus fréquents. Il lui était même arrivé d' « oublier » d'aller chercher à l'école son fils de sept ans. Elle allaitait encore sa petite fille de huit mois et avait constaté qu'elle était chaque jour un peu plus « tête en l'air ». « Ce qui m'inquiète surtout, me dit-elle, c'est que je vais entrer dans une pièce et oublier aussitôt ce que je suis venue chercher, et non pas une, mais vingt fois dans la journée. » Sa mère souffrait de la maladie d'Alzheimer et elle craignait d'être en train de manifester les premiers symptômes. Pendant que nous parlions, elle se souvint que cela lui était déjà arrivé à la naissance de son premier enfant, et que tout était rentré dans l'ordre après le sevrage de celui-ci.

Pendant les six premiers mois de la vie du nouveau-né, les zones du cerveau responsables de la concentration sont occupées à le protéger et à veiller sur lui. Par ailleurs, il y a le manque de sommeil et le cerveau ne reprend pas sa taille normale avant la fin de cette période. En attendant, le brouillard qui l'entoure peut atteindre un niveau alarmant.

Ce phénomène est toutefois transitoire et pour la plupart des femmes, c'est un inconvénient mineur par rapport aux bénéfices qu'apporte l'allaitement au sein, bénéfices dont le bébé profite aussi. En fait, il y participe activement sur le plan neurologique. Les hormones que libèrent l'allaitement au sein et le contact peau à peau poussent le câblage du cerveau maternel à forger de nouvelles connexions. Plus le bébé tète souvent et longtemps, et plus il déclenche la sécrétion de prolactine et d'ocytocine dans le cerveau maternel. Assez vite, la mère peut sentir un picotement et une montée de lait dans les seins en voyant, en entendant ou en touchant son bébé, voire simplement en pensant à le nourrir. Quant à l'enfant, il est immédiatement récompensé en étant nourri et réconforté. L'ocytocine dilate les vaisseaux dans la poitrine de sa mère, ce qui le réchauffe, tandis qu'il absorbe avec le lait des doses de composés générateurs de bien-être. Le lait dilate l'estomac du bébé, ce qui libère également de l'ocytocine dans son cerveau. Ces vagues d'hormones, outre la tétée proprement dite, apaisent et tranquillisent le bébé.

Beaucoup de mamans souffrent de symptômes de « manque » quand elles sont séparées de leur enfant : crainte, anxiété, voire moments de panique. On sait aujourd'hui que cet état n'est pas seulement de nature psychologique : il est également de nature neurochimique. En réalité, le cerveau maternel est un instrument extrêmement fin et la séparation d'avec un enfant, particulièrement un bébé au sein, peut perturber l'humeur de la mère, peut-être du fait des baisses de niveau de l'ocytocine, qui régule le stress dans le cerveau.

Les mères qui allaitent présentent aussi des symptômes de manque au moment du sevrage du bébé. Dans la mesure où le sevrage coïncide généralement avec la reprise d'un travail stressant, elles peuvent être en proie à l'anxiété et à l'agitation. Imagine-t-on ce qu'éprouvent la plupart des mères allaitantes à la fin d'une longue journée de travail ? À leur domicile, elles ont eu le cerveau régulièrement imprégné par l'ocytocine du fait des tétées. Dans leur cadre professionnel, cette source est tarie, car l'ocytocine ne reste qu'une à trois heures dans le sang et dans le cerveau. De nombreuses mamans soulagent ces symptômes en faisant usage du tire-lait à leur travail le plus longtemps possible. Elles sèvrent ainsi petit à petit le bébé tout en continuant à l'allaiter le soir et le week-end pour maintenir leur production de lait. Cela leur permet de profiter encore du plaisir des pics d'ocytocine et de dopamine et de rester en relation étroite avec leur enfant.

UN BON CERVEAU MATERNEL EN MÉRITE UN AUTRE

L'expérience maternelle inverse existe aussi. L'exemple qui me vient tout de suite à l'esprit est celui de l'une de mes patientes, Veronica, âgée de trente-deux ans. Elle avait appris récemment qu'elle était enceinte et au fur et à mesure qu'elle parlait, je me rendais compte qu'elle en voulait terriblement à sa mère qui, prise par son métier, s'était peu occupée d'elle dans son enfance. Sa mère partait en voyage d'affaires en la laissant une semaine durant aux soins d'une nourrice et chaque fois que l'enfant était perturbée, elle se fermait au lieu de la réconforter. Elle lui disait qu'elle était trop occupée par son travail et l'envoyait jouer dans la pièce à côté. Maintenant que Veronica attendait son premier enfant, elle manifestait la crainte d'être à son tour ce type de mère, car sa profession de directrice artistique d'un magazine était elle aussi extrêmement prenante. Il y avait là deux générations de mères qui travaillaient, dans l'impossibilité de consacrer beaucoup de temps à leur enfant. Veronica devait-elle s'inquiéter? Peut-être.

Les chercheurs ont découvert que si les mères, pour une raison ou une autre – famille trop nombreuse, problèmes financiers, profession exigeante –

ne peuvent s'occuper autant qu'il le faudrait de leurs bébés et s'y attachent assez peu, cette carence peut affecter négativement les circuits de la confiance et de la sécurité des enfants. De plus, des femmes « héritent » du bon ou du mauvais comportement maternel de leur mère, puis les transmettent à leurs filles et à leurs petites-filles. Si à proprement parler le comportement ne se transmet pas par la voie génétique, les dernières recherches montrent que chez les mammifères, la capacité à s'occuper de la progéniture, elle, se transmet, selon un type d'héritage que les scientifiques appellent non-génomique ou « épigénétique », c'est-à-dire au-dessus des gènes. Au Canada, le psychologue Michael Meaney a découvert qu'une rate née d'une mère attentive, mais élevée par une mère inattentive, ne se comporte *pas* comme sa mère génétique, mais comme sa mère nourricière. Le cerveau des petits rats se modifie en fait selon la quantité de soins qu'ils reçoivent. C'est chez les petites femelles que l'on a constaté les plus importantes modifications des circuits cérébraux, comme l'amygdale, qui utilisent les œstrogènes et l'ocytocine. Ces changements affectent directement les capacités des rates à s'occuper de la génération suivante. Le cerveau maternel se construit par l'architecture et non par l'imitation. Ce comportement maternel inattentif peut se transmettre sur trois générations, à moins qu'un changement bénéfique n'intervienne dans l'environnement avant la puberté.

Cette découverte a des implications considérables, même si certaines seulement s'appliquent aux êtres humains : la façon dont vous allez prendre soin de votre fille va déterminer sa façon de s'occuper de vos petits-enfants. Pour nombre d'entre nous, l'idée d'être comme maman peut être alarmante, mais déjà les chercheurs sont en train de découvrir chez l'être humain des correspondances entre l'importance du lien mère-fille et la qualité des soins et la force de l'attachement maternel dans la génération suivante. Ils pensent également qu'un niveau élevé de stress causé par la difficulté à faire face en même temps aux exigences du travail et à celles du foyer peut faire baisser la qualité, pour ne pas parler de la quantité, des soins que la mère peut offrir à ses enfants. Et bien sûr ce comportement affectera non seulement les enfants, mais les petits-enfants.

Les scientifiques ont aussi montré que des soins attentifs prodigués par n'importe quel adulte aimant et rassurant peuvent améliorer l'intelligence des bébés, leur état de santé et leur capacité à faire face au stress. Ce sont des qualités qui les accompagneront toute leur vie et seront transmises à leurs propres enfants. Les enfants dont les mères se seront moins bien occupées deviendront pour leur part des adultes plus facilement stressés, hyper-réactifs, inattentifs, craintifs et de santé fragile. Il existe peu d'études comparant les effets sur le cerveau de ces soins maternels plus ou moins attentifs, mais l'une d'elles a révélé que les PET scans (tomographie par émission de positrons) d'adultes d'une vingtaine d'années dont la mère s'était mal occupée pendant leur enfance montraient une réaction cérébrale au stress exacerbée. L'hormone du stress, le cortisol, était libérée dans leur sang en plus grande quantité que chez leurs pairs ayant bénéficié de la sollicitude maternelle. Ils faisaient aussi preuve d'une anxiété accrue et leur cerveau manifestait plus de vigilance et de crainte. C'est peut-être pour cette raison que Veronica se sentait facilement stressée dans son travail et lors de conflits relationnels, et que la perspective de la maternité suscitait chez elle une telle angoisse.

Mes patientes me parlent souvent avec chaleur d'une grand-mère qui savait être là pour elles, au contraire d'une mère débordée, occupée ou dépressive. Si la grand-mère maternelle de Veronica était aussi froide que sa mère, sa grand-mère paternelle lui accordait une attention particulière. Veronica fondit en larmes en me racontant que cette parente abandonnait les préparatifs d'une soirée pour jouer avec elle à des coloriages ou à la poupée. Elle lui faisait des crêpes à la confiture, l'aidait à faire son lit et à nettoyer sa chambre. Quand Veronica avait besoin d'une robe pour aller à une fête, elle l'emmenait dans les boutiques et l'autorisait souvent à acheter une robe qui lui plaisait, mais que sa mère lui aurait refusée.

Si ces manifestations d'affection venant d'une

allomère, c'est-à-dire d'une mère de substitution, se produisent suffisamment souvent, elles peuvent compenser le manque d'attention d'une mère hyperstressée. Cela suffit à rompre le cycle et à permettre à la petite fille de s'occuper plus tard de manière attentive de ses propres enfants. La grand-mère paternelle de Veronica a sans doute été la cheville ouvrière d'un changement générationnel. Quelques années plus tard, en effet, quand Veronica est venue me présenter sa petite fille, il était évident qu'elle avait établi un lien d'affection étroit avec l'enfant et transmis non pas l'exemple négatif de sa propre mère, mais celui, positif, de cette grand-mère.

LE TROUBLE DE L'ATTENTION AU TRAVAIL

Nicole, la diplômée de Berkeley, avait le même genre d'inquiétudes lorsqu'elle est venue me consulter. Elle s'était tellement attachée à son enfant que l'idée de reprendre son travail ne l'emballait plus. Elle avait un métier avec d'énormes avantages, un gros salaire et de multiples perspectives d'avancement, et le train de vie du couple nécessitait deux salaires. Le cœur serré, elle dut donc faire garder sa fille et retourner travailler.

La plupart des mères sont d'une manière ou d'une autre déchirées entre les joies et les responsabilités de l'éducation des enfants et leur propre besoin de travailler pour faire rentrer de l'argent ou pour s'épanouir. Nous savons que le cerveau féminin réagit à ce conflit par une augmentation du stress et de l'anxiété, et une diminution de ses capacités d'attention au travail et aux enfants. Il en résulte quotidiennement une situation de crise pour la mère et les enfants. Nicole est revenue me voir peu de temps après les trois ans de son fils. « Rien ne va plus dans ma vie », m'a-t-elle dit. Elle m'a expliqué que l'enfant avait des crises de colère terrifiantes quand elle faisait ses courses avec lui et qu'elle avait à peine deux heures pour décider de l'attitude à tenir à son égard et déballer ses achats avant de filer au travail. Quand le petit garçon était malade en l'absence de son mari, elle priait le ciel à minuit pour que sa fièvre soit tombée d'ici le lendemain matin et qu'il puisse aller à la maternelle et elle à son petit déjeuner-réunion de travail. Son patron commençait à en avoir assez de ses absences pour soigner les maladies hivernales de son fils. Il y avait aussi la perspective des jours de mi-temps scolaire, où elle devrait se débrouiller pour faire garder son fils par d'autres mamans qui ne travaillaient pas. Elle se demandait comment elle et l'enfant allaient continuer à supporter ça, mais elle n'avait pas le choix. Elle ne pouvait quitter son emploi.

Les mères qui travaillent sont-elles maudites ? Ce n'est pas certain. En fait, l'exemple de nos lointains ancêtres est peut-être la solution à ces problèmes contemporains. Les primates, humains compris, abordent la question de l'investissement dans la maternité de façon très pratique. Dans la nature, les femelles sont rarement des mères à temps plein. Beaucoup de guenons alternent les soins à la progéniture avec leur « travail » essentiel de recherche de nourriture, les repas et le repos. Le cas échéant, elles gardent les petits des autres – on parle alors d'alloparentalité. En fait, quand la nourriture est abondante, les mères adoptent et élèvent sans difficulté des enfants qui ne sont pas les leurs, même d'une autre communauté ou d'une autre espèce. De nombreux mammifères ont cette capacité. Une intéressante étude de la chasse chez les femmes Negrito Agta de Luzon (Philippines) souligne le fonctionnement des réseaux féminins. En général, sur le plan biologique, la chasse a été considérée comme impraticable par les femmes, car incompatible avec les obligations maternelles. Plus précisément, on pensait que ces expéditions les empêcheraient d'allaiter leurs enfants, de les porter et de veiller sur eux. Les études des cultures où des femmes pratiquent la chasse montrent que des exceptions confirment la règle. Si des femmes Agta participent activement à cette activité, c'est justement parce que d'autres sont disponibles pour s'occuper des enfants. Celles qui ont été observées en train de chasser avaient avec elles leur bébé au sein ou bien avaient confié leurs enfants à leur propre mère ou à des femmes plus âgées.

Chez les humains, le maternage n'est pas nécessairement une activité destinée à être solitaire, ni
restreinte à la mère biologique dans un environnement urbain. Ce qui compte pour l'enfant, c'est que
quelqu'un s'occupe de lui et que ce soit une personne affectueuse et rassurante. Nicole a pu négo-
cier des horaires de travail plus souples, de façon à
permettre à son fils de suivre le mi-temps scolaire
avec son petit voisin et à s'entendre avec la mère de
celui-ci pour récupérer alternativement les deux
enfants.

Un environnement idéal pour le cerveau maternel

Dans l'espèce animale, la prédictabilité est l'un
des facteurs environnementaux essentiels pour
qu'une mère s'occupe bien de sa progéniture. La
question n'est pas de savoir combien de ressources
sont disponibles, mais avec quelle régularité elles
peuvent être obtenues. Ainsi, pour une étude, on a
installé des femelles de singes rhésus avec leurs
petits dans trois environnements différents : le
premier disposait d'une nourriture abondante chaque jour, dans le deuxième la nourriture était chaque jour en faible quantité et dans le troisième la
nourriture était abondante certains jours et rare à
d'autres. Heure par heure, on a filmé les mères en

train de s'occuper de leurs petits. Les jeunes qui étaient dans le meilleur environnement, celui où la nourriture était abondante, avaient été l'objet des soins maternels de la meilleure qualité, tandis que ceux qui se trouvaient dans l'environnement où la nourriture était rare, mais régulière, étaient presque aussi bien traités. En revanche, dans l'environnement imprévisible, non seulement les mères s'occupaient peu de leurs jeunes, mais elles les frappaient et les attaquaient, et elles et eux avaient un niveau d'hormones du stress supérieur et un niveau d'ocytocine inférieur à ceux des autres.

Chez les humains, un environnement imprévisible rend les mères craintives et timides, et les bébés manifestent des symptômes de dépression. Ils s'accrochent à elles et sont moins intéressés à explorer et à jouer avec les autres enfants, autant de caractéristiques qui persisteront à l'adolescence et à l'âge adulte. Cette étude vient à l'appui de l'opinion communément répandue selon laquelle les femmes sont de meilleures mères dans un environnement prévisible. D'après la primatologue Sarah Hrdy, les humains sont devenus au cours de l'évolution des « reproducteurs coopératifs » dans des structures où les mères ont toujours pu compter sur d'autres femmes pour dispenser des soins allomaternels à leur progéniture. Ainsi, tout ce que la mère fait, par elle-même et avec une aide extérieure, pour garantir la prédictabilité et la disponibilité des ressources financières, sociales et émotionnelles, va en fin de compte assurer le bien-être futur des enfants.

VIVRE POUR DEUX

Dans la mesure où le cerveau d'une mère a virtuellement inclus son enfant dans sa définition du moi, les besoins de celui-ci deviennent pour elle un impératif biologique, qui prime sur ses propres besoins. Chaque jeune maman ⸱a besoin de comprendre quelles modifications biologiques vont se produire dans son cerveau et planifier à l'avance sa grossesse et son organisation maternelle. Ce défi peut pousser ses circuits cérébraux à se développer de façon extraordinaire. Elle doit à tout prix anticiper sa vie professionnelle tout en veillant à ce que son enfant soit pris en charge dans les meilleures conditions. Le développement émotionnel et mental d'une mère dépend énormément du contexte dans lequel elle joue son rôle. Pour réussir en tant que mère, il faut savoir que l'on aura besoin de se faire aider et de se reposer sur des personnes de confiance pour s'occuper de l'enfant. Si l'on permet au cerveau maternel de disposer d'un environnement sûr et fiable, l'effet domino des mères stressées et des enfants stressés à leur tour et manquant d'assurance peut être évité.

Les changements qui ont lieu dans le cerveau

maternel sont les plus profonds et les plus durables que connaisse une femme. Tant que l'enfant vit sous son toit, le système GPS de ses circuits cérébraux se consacre à le repérer et il continue à fonctionner longtemps après son départ du nid. C'est peut-être pour cette raison que de nombreuses mères éprouvent autant de peine et d'angoisse quand elles restent sans nouvelles de cet être qui, pour leur cerveau, est une extension de leur propre réalité.

D'après certains psychologues spécialistes du développement, la remarquable capacité du cerveau féminin à établir le contact en déchiffrant l'expression d'un visage, en interprétant les intonations et en enregistrant les nuances des émotions sont des caractéristiques datant de l'âge de pierre qui ont été sélectionnées au cours de l'évolution. Elles lui ont permis de détecter des indices chez l'enfant qui ne parle pas encore et d'anticiper ses besoins. Il va utiliser ce don particulier dans le cadre de tous les liens affectifs de la femme. Si elle a un mari ou un compagnon, chacun va habiter deux réalités émotionnelles différentes. Plus l'un et l'autre en sauront sur les différences entre la réalité émotionnelle du cerveau féminin et celle du cerveau masculin, et plus le couple pourra espérer une relation mutuellement enrichissante et une famille unie. Exactement ce dont le cerveau maternel a besoin pour s'épanouir.

6

L'émotion : le cerveau sensible

Le stéréotype culturel selon lequel les femmes sont plus sensibles que les hommes a-t-il un quelconque fondement? Et celui qui veut qu'un homme ignore une émotion jusqu'à ce qu'elle lui tombe dessus?

Sarah, l'une de mes patientes, était persuadée qu'il y avait une autre femme dans la vie de son époux, Nick. Pendant plusieurs jours, elle ressassa cette idée. Au début, elle n'avait pas de certitudes, puis, tandis qu'elle se torturait l'esprit avec cette éventualité, elle se laissa envahir par le sentiment *viscéral* qu'il la trompait. Comment pouvait-il leur faire une chose pareille, à elle et à leur bébé? Elle se traînait dans la maison, malheureuse comme les pierres, sans comprendre pourquoi il n'essayait pas de lui remonter le moral.

Sarah était fière d'être la femme de Nick, dont

elle avait toujours admiré l'intelligence et le talent. Quand il lui confiait ses pensées les plus profondes, elle se sentait grandie par son esprit brillant. Elle ne vivait que pour les moments où son éclat rejaillissait sur elle. Mais quand il s'agissait d'échanger des émotions, c'était une autre affaire. Nick était plutôt distant. Aussi, quand elle éclata en sanglots au-dessus de son assiette, un soir, il tomba des nues. Sarah s'en étonna, car elle faisait montre d'une certaine froideur à son égard depuis plusieurs jours. Elle revint sur tous les merveilleux instants où il se tournait vers elle et où cela lui donnait l'impression de compter pour lui, d'être aimée vraiment. S'était-elle fait des illusions ? Ou bien ne lui plaisait-elle plus ? Comment pouvait-il être aussi insensible à sa détresse ?

Imaginons que nous ayons une machine IRM. Voici ce à quoi ressemblerait le corps et le cerveau de Sarah pendant qu'elle parle à Nick : Quand elle lui demande s'il a quelqu'un d'autre dans sa vie, son système visuel commence à parcourir le visage de son mari, à la recherche d'une manifestation d'émotion en réponse à sa question. Se durcit-il ou au contraire se détend-il ? Sa bouche se crispe-t-elle ou reste-t-elle immobile ? Quelle que soit l'expression de Nick, les yeux et les muscles faciaux de Sarah vont automatiquement l'imiter. Son rythme respiratoire s'aligne sur le sien, tout comme sa posture et sa tension musculaire. Son corps et son cerveau reçoivent les signaux émotionnels de son mari et l'information est transmise à ses circuits cérébraux qui recherchent l'équivalent dans sa mémoire émotionnelle. Tout le monde ne réussit pas de la même manière ce processus, que l'on appelle « mirroring ». Les études portant sur ce point précis ont surtout été effectuées sur des primates, mais les scientifiques pensent que le cerveau de la femme comporterait plus de neurones miroirs que le cerveau de l'homme.

Celui de Sarah va commencer à stimuler ses propres circuits exactement comme si elle éprouvait les sensations corporelles et les émotions de son mari. Elle pourra ainsi les identifier et les anticiper, souvent même avant que Nick en soit conscient. Sa respiration, sa posture se conforment aux siennes : elle devient un détecteur humain d'émotions. Elle ressent la tension de Nick dans son ventre, la crispation de sa mâchoire dans la raideur de son cou. Son cerveau enregistre l'équivalent émotionnel : l'anxiété, la peur et la panique contrôlée de son mari. Au moment où celui-ci prend la parole, le cerveau de Sarah vérifie si ce qu'il dit correspond à ses intonations et dans le cas contraire, il va s'activer furieusement. Son cortex, site de la pensée analytique, essaiera de comprendre ce que cela signifie. Or, Sarah détecte un léger décalage entre le ton qu'il emploie, un peu trop affirmatif, et ses protestations d'innocence et d'amour. Quant à son regard qui se dérobe, il ne joue pas en faveur de la sincérité. Sa voix et ses yeux contredisent ses paroles. Elle sait qu'il ment. Maintenant, elle utilise la totalité du réseau émotionnel de son cerveau, ainsi que les circuits de suppression de processus cognitifs et émotionnels, pour s'empêcher d'éclater en sanglots. Mais les vannes s'ouvrent et les larmes roulent sur ses joues. Nick semble étonné. Il n'a pas senti les nuances des émotions chez Sarah, sinon il aurait su qu'elle allait s'effondrer.

Sarah avait raison. Quand j'ai reçu Nick en tant que conseillère conjugale du couple, il m'a avoué qu'il fréquentait l'une de ses collègues. Même s'ils n'avaient pas sauté le pas, leur relation était allée assez loin et il éprouvait des sentiments pour elle. Sarah en avait la certitude dans chaque cellule de son corps, littéralement, mais dans la mesure où il n'avait pas commis l'adultère au sens technique du terme, Nick ne se sentait pas coupable. Quand il s'est rendu compte que Sarah avait correctement interprété ses émotions et ses pensées, il s'est dit qu'il était marié à un médium. Pourtant, le cerveau de son épouse avait simplement utilisé les talents particuliers que possèdent tous les cerveaux féminins pour déchiffrer les expressions, interpréter les intonations et saisir la moindre nuance émotionnelle.

Manœuvrant comme un avion de chasse, cette machine à émotions hautement performante est construite pour traquer, minute par minute, les signaux non verbaux des pensées intimes d'autrui. C'est ce que ne parviennent pas à faire la plupart des cerveaux masculins, qui, à en croire les scientifiques, ne savent pas déchiffrer les expressions et les nuances émotionnelles, surtout quand elles manifestent la détresse et le désespoir. Il faut qu'un homme soit face à des pleurs pour qu'il prenne viscéralement conscience que quelque chose ne va pas. C'est peut-être pour cette raison qu'au cours de l'évolution, les femmes en sont venues à pleurer quatre fois plus que les hommes et à montrer des signes évidents de tristesse et de souffrance qu'ils ne peuvent ignorer. Je vois quantité de couples comme celui de Nick et de Sarah dans le cadre de ma profession. La femme se plaint du manque de sensibilité émotionnelle de son mari, alors que la sienne est particulièrement développée, et lui, pour sa part, déplore le fait qu'elle mette en doute son amour. Telles sont les réalités différentes du cerveau féminin et du cerveau masculin.

LA BIOLOGIE DES SENSATIONS VISCÉRALES

Les femmes savent des choses sur les gens qui les entourent : elles sentent viscéralement la détresse d'une adolescente, les réflexions d'un mari sur sa carrière, la satisfaction d'un ami qui a atteint le but visé, l'infidélité d'un conjoint.

Les sensations viscérales ne sont pas des états émotionnels flottants, mais de véritables sensations physiques qui transmettent une information à certaines aires cérébrales. Peut-être est-ce lié au nombre de cellules cérébrales dont une femme dispose pour repérer les sensations corporelles, qui augmentent après la puberté. L'élévation des œstrogènes fait que les filles éprouvent plus de sensations viscérales et de douleur physique que les garçons. Certains chercheurs pensent que cette supériorité sensitive chez la femme stimule également les capacités du cerveau à repérer et à ressentir les émotions pénibles, dans la mesure où elles s'inscrivent dans le corps. L'imagerie cérébrale a montré que les zones qui repèrent les sensations viscérales sont plus développées et plus sensibles dans le cerveau féminin. La relation entre les sensations viscérales d'une femme et ses intuitions a donc un fondement biologique.

Quand une femme reçoit des informations émotionnelles par l'intermédiaire de son estomac qui se serre ou de son intestin qui se tord – comme Sarah lorsqu'elle a fini par demander à Nick s'il avait quelqu'un d'autre dans sa vie – son corps renvoie un message à l'insula et au cortex cingulé antérieur. L'insula est une aire située dans une partie ancienne du cerveau qui traite en premier les sensations viscérales. Le cortex cingulé antérieur, qui est plus volumineux et plus facilement activé chez les femmes, est une zone essentielle pour l'anticipation, l'estimation, le contrôle et l'intégration des émotions négatives. Le pouls s'accélère, la gorge se noue et le cerveau interprète l'ensemble comme une émotion intense.

Être capable de deviner ce que pense ou ressent quelqu'un, c'est essentiellement lire dans ses pensées. Surtout, le cerveau féminin est doué pour estimer les pensées, les convictions et les intentions des autres à partir des plus légers indices. Un matin au petit déjeuner, Jane, ma patiente, leva les yeux et vit un sourire flotter sur les lèvres de son mari, Evan. Il avait son journal ouvert devant lui, mais il ne lisait pas et son regard allait et venait. Elle avait déjà été souvent témoin de cette attitude chez son avocat d'époux. « À quoi penses-tu ? lui demanda-t-elle. Qui es-tu en train de mettre en pièces au tribunal ? » Evan répondit : « Je ne pensais à rien. » En fait, il était inconsciemment en train de préparer l'échange qu'il aurait dans la journée avec la partie adverse et il comptait bien l'aplatir avec un argument massue. Jane le savait avant lui.

Jane l'observait si finement qu'Evan avait l'impression qu'elle lisait dans ses pensées et cela l'énervait souvent. D'après les mouvements de ses yeux et son expression, elle avait déduit sans se tromper ce qui se passait dans sa tête. Plus tard, quand il se montra légèrement hésitant à propos de son travail – une légère pause avant de parler, une crispation de la mâchoire, la voix monocorde – elle en déduisit qu'un changement de carrière s'annonçait. Elle s'aventura à en faire mention, mais Evan répondit qu'il n'avait aucune idée de ce genre.

Quelques jours plus tard, il lui annonçait qu'il voulait quitter le cabinet où il travaillait pour devenir juge. Les observations faites par Jane étaient de nature subconsciente, aussi ces pensées n'avaient-elles été enregistrées qu'en tant que sensations viscérales.

Les hommes ne semblent pas avoir le même don inné. Les premières semaines suivant la rencontre de Jane et d'Evan en sont l'illustration. Elle m'expliqua qu'il était trop pressé à son goût, et qu'il ne se rendait pas compte de sa gêne. Une amie d'Evan, qui en une seconde avait compris le malaise de Jane, en avertit Evan. Comme il ne l'écouta pas, la relation faillit tourner au désastre.

L'amie d'Evan s'était placée sur la même longueur d'ondes que Jane, une correspondance émotionnelle qui semble naturelle chez les femmes et dont on a découvert le rôle essentiel dans le succès d'une psychothérapie. Une étude réalisée à la California State University de Sacramento a montré que les psychothérapeutes qui étaient le plus en correspondance émotionnelle avec leurs patients à des moments charnière de la thérapie obtenaient les meilleurs résultats. Ces comportements en miroir apparaissaient simultanément au moment où ces psychothérapeutes s'installaient dans le climat de l'univers de leurs patients en entrant en sympathie avec eux. Il se trouve que tous ces soignants étaient des femmes. Les filles sont très en avance sur les garçons quand il s'agit d'éviter de heurter les sentiments de quelqu'un ou de se mettre dans la peau d'un personnage de fiction. On peut penser que cette capacité résulte de l'activation des neurones miroirs, ce qui permet aux filles non seulement d'observer, mais aussi d'imiter ou de reproduire les gestes des mains, les postures, le rythme de la respiration, le regard et les expressions des autres pour éprouver intuitivement ce qu'ils éprouvent.

C'est là le secret de l'intuition, de la capacité d'une femme à lire les pensées. Rien de mystique dans cette affaire. En fait, l'imagerie cérébrale montre que le simple fait d'observer ou d'imaginer une autre personne dans un état émotionnel donné peut automatiquement activer un schéma cérébral similaire chez l'observateur. Or, les femmes sont particulièrement douées pour ce genre de mirroring émotionnel : il a permis à Jane de se faire une idée de ce qu'éprouvait Evan, car elle le ressentait dans son corps.

Parfois même, les émotions éprouvées par quelqu'un d'autre peuvent submerger une femme. Ma patiente Roxy, par exemple, sursautait chaque fois qu'elle voyait un être cher se blesser, même très légèrement, comme si elle ressentait sa douleur. Ses neurones miroirs réagissaient à l'excès, mais il s'agissait en fait de la forme extrême de ce que le cerveau féminin accomplit naturellement dès l'enfance et plus encore à l'âge adulte : ressentir la douleur de l'autre. À l'Institute of Neurology de l'University College de Londres, les chercheurs ont placé des femmes dans une machine IRM et leur ont envoyé dans les mains de brèves décharges de courant, certaines faibles, d'autres fortes. On a ensuite fait subir le même traitement électrique à leurs compagnons, en indiquant chaque fois aux femmes la puissance de la décharge qu'ils recevaient. Elles ne pouvaient voir ni le visage, ni le corps de l'être cher, mais les mêmes aires de la douleur qui avaient été activées au moment où elles recevaient le courant s'éclairaient quand elles apprenaient qu'ils recevaient les décharges fortes. Ces femmes ressentaient la douleur de leur partenaire, comme si elles étaient dans son cerveau. Les chercheurs n'ont pas obtenu les mêmes résultats avec le cerveau des hommes.

Pour un certain nombre de psychologues de l'évolution, cette capacité à éprouver la douleur d'autrui et à déchiffrer rapidement les nuances des émotions a octroyé aux femmes des cavernes une certaine avance dans la détection des comportements potentiellement dangereux ou agressifs, ce qui leur a permis de se préserver et de protéger leurs enfants. Ce don est aussi ce qui permet aux femmes de mieux anticiper les besoins physiques des enfants qui ne sont pas encore en âge de parler.

Pareille sensibilité émotionnelle a ses avantages et ses inconvénients. Jane, qui par ailleurs ne manquait ni d'audace ni de courage, m'expliquait qu'elle avait un mal fou à s'endormir après avoir vu un film violent. Une étude sur les conséquences de ce genre de films a révélé que les femmes risquaient plus que les hommes de ne pouvoir dormir. D'autres études montrent que dès l'enfance, les femmes sursautent plus facilement et réagissent plus peureusement, comme l'a mesuré la conductivité électrique cutanée.

ATTEINDRE LE CERVEAU MASCULIN

Dans le cerveau masculin, la plupart des émotions déclenchent moins de sensations viscérales et plus de pensées rationnelles. Typiquement, il va réagir à une émotion en tentant de l'éviter à tout prix. Donc, si une femme veut attirer l'attention émotionnelle du cerveau d'un homme, elle va devoir employer les grands moyens.

Jane dut ainsi se donner un mal fou, au début de leur relation, pour faire passer à Evan le message qu'il allait trop vite pour elle. Elle m'expliqua qu'elle ne voulait pas s'engager, car elle était sortie en piteux état de ses liaisons précédentes. Malheureusement, les signaux qu'elle lui envoyait passaient complètement au-dessus de sa tête. À leur troisième rendez-vous, il lui déclara qu'elle était la femme de sa vie. Dès la deuxième semaine, il lui proposa d'habiter ensemble et de faire des projets d'avenir. Lorsqu'elle vint à sa séance, cette fois-là, elle était aussi effrayée qu'une biche prise dans le faisceau des phares. La semaine suivante, devant une pizza, Evan lui annonça qu'il voulait se marier et avoir des enfants – avec elle. Elle pâlit et alla vomir aux toilettes. Il fallut attendre qu'elle montre des signes évidents de détresse pour qu'il comprenne son erreur. Il n'avait pas écouté l'avertissement de son amie et maintenant, il était en mauvaise posture.

Les larmes réussissent souvent à attirer l'attention du cerveau masculin, mais devant elles l'homme est presque toujours surpris et très mal à l'aise. La femme, avec son aptitude à déchiffrer les expressions, devine que quelqu'un est sur le point de pleurer à la crispation des lèvres, au plissement des paupières et au tremblement des coins de la bouche. L'homme, qui n'aura rien vu de tout cela, va réagir par une phrase du genre : « Mais enfin, pourquoi pleures-tu ? Voyons, il n'y a pas de quoi te mettre dans cet état. » Pour les chercheurs, ce scénario typique signifie que le cerveau masculin a besoin d'un processus plus lent pour interpréter le sens d'une émotion. Comme c'est plus long pour eux, la plupart des hommes ne veulent pas prendre le temps de le faire et ils s'impatientent. Simon Baron-Cohen, de l'Université de Cambridge, est persuadé que c'est un cerveau « hypermasculin » qui est à l'origine du syndrome d'Asperger. Les hommes qui en sont atteints s'avèrent incapables de regarder un visage et encore plus de déchiffrer ses expressions. Leur cerveau enregistre comme une souffrance intolérable l'influx émotionnel reçu du visage d'autrui.

Il se peut que les larmes d'une femme suscitent chez l'homme une souffrance cérébrale. Le cerveau masculin enregistre son impuissance face à la douleur et ce moment peut leur sembler difficilement supportable. La première fois où Jane a fondu en larmes devant Evan, celui-ci, par ailleurs très affectueux, se contenta d'une brève accolade assortie d'un « Allons, on arrête, maintenant ». Cette attitude de rejet apparent devint une pomme de discorde dans leur couple et tous deux vinrent me consulter en urgence. Evan voulait faire comprendre à Jane qu'il ne supportait pas de la voir pleurer parce qu'il ne savait comment lui éviter de souffrir. Petit à petit, ils s'acheminèrent vers un compromis afin de permettre à Jane d'obtenir le réconfort souhaité et à Evan d'alléger la souffrance dont il faisait l'expérience. Quand Jane fondait en larmes, Evan s'asseyait sur le canapé, une boîte de mouchoirs en papier sur les genoux. Il lui entourait les épaules d'un bras, tout en tenant un livre ou un magazine dans l'autre main afin de ne pas se laisser déborder. Au bout de quelques années, Evan fut capable de reconnaître quand Jane avait besoin de pleurer un bon coup et bientôt il réussit à l'étreindre et à ne s'occuper que d'elle jusqu'à ce que la crise soit finie.

QUAND IL NE RÉAGIT PAS COMME ELLE LE VOUDRAIT

Parce que les femmes ont naturellement une capacité d' « être là » pendant les moments difficiles, elles ont du mal à admettre que les hommes se révèlent incapables de la même réaction devant la tristesse ou le désespoir. Une étude a montré que chez les nouveau-nés, les filles âgées de moins d'un jour réagissaient plus que les garçons aux pleurs d'un autre bébé – et au visage humain. Dès l'âge d'un an, elles sont plus sensibles à la détresse des gens, particulièrement ceux qui sont tristes ou blessés. Les hommes repèrent les signes subtils de la tristesse sur un visage féminin dans 40 % des cas, tandis que ce chiffre atteint 90 % chez les femmes. Et tandis qu'hommes et femmes se sentent bien dans la proximité physique d'une personne heureuse, seules les femmes disent être dans la même disposition auprès de quelqu'un de triste.

Pensons à nos amies, qui ne nous lâchent pas d'un pouce quand nous n'allons pas bien. Elles nous demandent ce qu'il se passe, quand et comment c'est arrivé. Elles veulent savoir si nous dormons et nous nous nourrissons, proposent de venir si nous avons besoin d'elles. Pour elles, les détails comptent. Il y a quelques années, quand je me suis brisé la cheville, toutes mes amies sont venues me voir, chacune apportant un petit présent. Elles ont tout fait pour me distraire. Instinctivement, elles savaient comment m'aider. Les amis, eux, se hâtaient d'écourter leur coup de fil ou leur visite sur un « J'espère que tu vas aller mieux ». Ils ne faisaient pas exprès d'être insensibles. Ce comportement est plutôt en rapport avec un câblage cérébral ancien. Les hommes ont l'habitude d'éviter le contact avec les autres lorsque eux-mêmes passent par une phase pénible sur le plan émotionnel. Ils gèrent seuls leurs soucis et pensent qu'il en va de même pour les femmes.

La même absence de sensibilité peut se manifester durant d'autres échanges émotionnels. Jane et Evan s'installèrent ensemble et au bout de quelques mois, elle décida de son propre chef qu'elle voulait passer le reste de sa vie avec lui. Elle décida alors de le lui faire savoir. Pendant deux mois, elle glissa une phrase par-ci par-là, évoquant les enfants, la maison qu'ils pourraient acheter ensemble, la ville où ils s'installeraient, mais Evan restait imperturbable. Lors de la séance suivante, elle me raconta que, paniquée, elle avait finalement pris la voie la plus directe. « Je suis prête à t'épouser », lui dit-elle un après-midi. « C'est bon à savoir », répondit-il, avant d'aller regarder un match de basket à la télévision. Jane s'affola. Avait-il changé d'avis ? N'était-il plus amoureux d'elle ? Pendant trois heures, elle tenta de se faire entendre, puis frustrée, humiliée, elle éclata en sanglots en lui demandant s'il avait l'intention de la quitter. « Mais où vas-tu chercher ça ? s'écria-t-il. Jusqu'à maintenant, je ne pouvais pas savoir que tu étais prête. Figure-toi que je m'apprêtais à aller acheter une alliance et à organiser un dîner aux chandelles, mais tu m'as coupé tous mes effets. Bon, alors, veux-tu m'épouser ? » Jane n'arrivait pas à comprendre comment il pouvait avoir manqué les signaux qu'elle lui avait envoyés et Evan ne comprenait pas qu'elle ait été aussi bouleversée parce qu'il n'avait pas répondu sur-le-champ.

Vous vous souvenez de la petite fille qui s'échine à arracher une mimique à un mime ? Elle insiste, insiste, puis finit par se dire qu'elle a fait quelque chose de mal ou que la personne ne l'aime plus. Quelque chose du même genre s'est passé dans le cas de Jane. Comme Evan ne lui a pas demandé tout de suite de l'épouser et n'a pas réagi à son approche directe, elle en a conclu qu'il ne l'aimait plus. Or, Evan essayait juste de gagner du temps pour faire les choses dans les règles de l'art.

LA MÉMOIRE ÉMOTIONNELLE

Il serait intéressant de suivre Evan et Jane au fil des ans et de voir comment ils se remémoreraient cette période de leur vie de couple. Vraisemblablement, la version d'Evan ressemblerait à la bande-annonce d'un film, celle de Jane au film dans son intégralité. Jane l'interpréterait comme le signe du déclin de son amour pour elle, et si elle en faisait part à Evan, il se demanderait de quoi elle parle. Pour comprendre leurs différences, il faut examiner la façon dont les émotions sont stockées en tant que souvenirs dans le cerveau féminin.

Représentons-nous une carte qui montrerait les aires de l'émotion dans le cerveau des deux sexes. Dans le cerveau masculin, les voies qui connectent ces zones seraient des routes de campagne ; dans le cerveau féminin, des autoroutes. Des chercheurs de l'Université du Michigan ont montré que les femmes utilisent leurs deux hémisphères cérébraux pour réagir à une expérience émotionnelle, alors que les hommes en utilisent un seul. Ils ont aussi découvert que les connexions entre les centres de l'émotion étaient plus actifs et plus développés chez les femmes. Pour une autre étude, menée à l'Université Stanford, on a placé sous IRM des volontaires auxquels on a montré des images génératrices d'émotion. Dans le cerveau des femmes, neuf zones différentes ont été activées, contre deux seulement chez les hommes. Les recherches ont également montré que les femmes se souviennent plus long-temps et avec plus d'acuité d'événements qui les touchent, comme un premier rendez-vous, des vacances ou une grosse dispute. Elles vont par exemple se rappeler ce qu'a dit leur compagnon, ce qu'ils ont mangé, le temps qu'il faisait à leur anniversaire de mariage ou de rencontre, tandis que les hommes auront tout oublié, sauf si elle avait ou non une allure sexy ce jour-là.

Pour les deux sexes, la gardienne des émotions est l'amygdale, une structure en forme d'amande située profondément à l'intérieur du cerveau. Elle constitue une sorte de Plan Vigipirate, une centrale d'alerte de sécurité et de coordination qui commande aux autres systèmes – peau, viscères, cœur, muscles, yeux, visage, oreilles et surrénales – de guetter l'arrivée de stimuli émotionnels. La première station-relais des émotions entre l'amygdale et le corps est l'hypothalamus. Il coordonne la mise en marche des systèmes qui augmentent la tension artérielle ainsi que les rythmes cardiaque et respiratoire, et suscitent la réaction de « fuite ou lutte » à la réception des rapports du corps. L'amygdale alerte également le cortex, le service de renseignements du cerveau, qui saisit et analyse la situation, puis détermine l'attention qu'elle mérite. Si le cortex perçoit une intensité émotionnelle suffisante, il indique à l'amygdale de prévenir le cerveau conscient d'y prêter attention. C'est le moment où nous sommes consciemment submergés par l'émotion. Auparavant, en effet, tous ces processus cérébraux se déroulent en coulisses. Maintenant, le centre de décision du cerveau, le cortex préfrontal, peut décider de la réaction à avoir.

Si les femmes ont une meilleure mémoire des

détails liés aux émotions, c'est en partie à cause de la plus grande sensibilité de leur amygdale aux nuances de ces émotions. Plus l'amygdale réagit à une situation de stress, comme un accident ou une menace, ou à un événement heureux, comme un dîner en amoureux, plus l'hippocampe va étiqueter de détails comme devant être gardés en mémoire. Les scientifiques attribuent à la taille relativement supérieure de l'hippocampe chez les femmes leur plus grande capacité à se souvenir des détails des événements heureux ou malheureux qui ont compté pour elles, en une sorte d'instantané sensoriel en trois dimensions.

Treize ans après, Jane se souvient encore de chaque instant du jour où Evan et elle ont décidé de se marier. Evan, lui, a petit à petit oublié et désormais il ne réagit plus quand elle en fait le récit détaillé, alors qu'auparavant ils en riaient. Il se souvient qu'elle a eu la nausée quand il lui a parlé mariage pour la première fois, mais ne se rappelle plus comment il lui a demandé de l'épouser par la suite. Aucun de ces précieux détails ne lui est resté en mémoire. Cela ne veut pas dire pour autant qu'Evan n'aime pas Jane. Simplement, comme ses circuits cérébraux sont incapables de retenir l'information, celle-ci n'est pas encodée dans sa mémoire à long terme. Si sa mémoire avait été activée parce que Jane l'avait menacé moralement ou physiquement, le souvenir aurait été imprimé dans ses circuits comme dans ceux de son épouse.

Il existe chez l'homme deux exceptions à cette règle. S'il se trouve face à quelqu'un qui devient furieux et menaçant, il est capable de déchiffrer cette émotion tout aussi vite que la femme. Quand on le menace de le quitter ou de le frapper, il réagit presque instantanément, et physiquement. Jane m'a raconté qu'au cours d'une dispute, elle avait lancé à Evan qu'elle en avait par-dessus la tête de son entêtement et qu'elle allait partir. Il avait été si traumatisé qu'il lui avait demandé de ne plus jamais recommencer, sauf si elle avait vraiment décidé de s'en aller. Cette dispute-là, Evan ne l'avait pas oubliée.

CERVEAU FÉMININ ET COLÈRE : UN MOMENT DIFFICILE

Le traitement de la colère est également très différent selon que l'on est un homme ou une femme. Si les deux sexes enragent tout autant, la colère et l'agressivité s'expriment avec nettement plus de force chez l'homme. Chez lui, c'est l'amygdale, centre cérébral de la peur, de la colère et de l'agressivité qui est plus volumineuse, tandis que chez la femme, c'est leur centre de contrôle, le cortex préfrontal. En conséquence, il est plus facile de mettre un homme en colère. Son amygdale a par ailleurs de nombreux récepteurs de la testostérone, qui stimule et amplifie sa réaction à la colère, surtout après les pics de cette hormone à la puberté. C'est pourquoi les hommes dont le niveau de testostérone est élevé, et parmi eux les jeunes gens, voient rouge facilement. Quand les femmes prennent de la testostérone, elles constatent chez elles le même phénomène. Au fur et à mesure que les hommes vieillissent, leur niveau de testostérone baisse de manière naturelle, leur amygdale devient moins réactive, le contrôle de leur cortex préfrontal s'accroît et ils entrent moins facilement en fureur.

Le rapport des femmes à la colère est moins direct. J'ai grandi en entendant ma mère dire que si une femme voulait que son mariage dure, elle devait apprendre à tourner sept fois sa langue dans sa bouche quand la moutarde lui montait au nez. Or, si elle pratique cette gymnastique, ce n'est pas simplement par politesse, mais à cause de ses circuits cérébraux. Même quand elle a envie d'exploser de rage, ses circuits tentent de détourner cette réaction en réfléchissant d'abord à son opportunité, par peur des représailles. Le cerveau féminin a par ailleurs une sainte horreur du conflit, aversion déclenchée par la crainte de mettre l'autre en colère et de ruiner la relation. Quand de la colère ou des sentiments belliqueux interviennent, cela peut s'accompagner d'une soudaine modification de certaines substances neurochimiques cérébrales comme la sérotonine, la dopamine et la norépinéphrine, activation intolérable pour le cerveau, car presque sur le même spectre qu'une attaque.

C'est peut-être en réaction à ce malaise que le cerveau féminin a créé une étape supplémentaire pour traiter et éviter la colère et les conflits, une série de circuits qui détournent l'émotion et la ruminent, un peu comme le système digestif de la vache. Ces zones très étendues sont le cortex préfrontal et le cortex cingulé antérieur. Les femmes, nous l'avons vu, les activent plus que les hommes, par crainte de la perte ou de la souffrance. Dans la nature, la perte du lien avec un mâle protecteur, qui nourrissait la famille, pouvait avoir des conséquences dramatiques. En rentrant prudemment sa colère, la femme pouvait donc aussi protéger sa progéniture et elle-même des représailles masculines, car elle risquait moins de susciter une réaction violente de la part d'un homme irascible.

Les études révèlent que si une dispute ou un conflit intervient au cours d'un jeu, les filles décident en général de s'arrêter pour éviter que cela ne dégénère, tandis que les garçons continuent à jouer en se querellant pour savoir qui va mener ou qui aura accès au jouet convoité. Poussée hors de ses retranchements en découvrant que son mari la trompe ou que son enfant est en danger, une femme va laisser exploser sa rage et se battre jusqu'au bout ; sinon, elle évitera la colère et l'affrontement exactement comme l'homme évite les émotions.

Le genre féminin n'éprouve pas toujours l'intense

décharge de fureur qu'envoie initialement l'amygdale dans le cerveau masculin. Chez la petite fille comme chez la femme, la colère passe par les circuits des sensations viscérales, de la parole et de l'anticipation de la souffrance du conflit. Quand les femmes sont en colère contre quelqu'un, elles en parlent d'abord aux autres. Les scientifiques pensent toutefois que malgré cette lenteur de réaction, la mise en route de leurs circuits de la parole, plus rapides que ceux des hommes, leur permet de déverser un flot de mots furieux auquel ceux-ci sont incapables de faire front. Les hommes sont en général en position d'infériorité dans ce genre d'échange avec les femmes, car ils parlent moins et ont moins d'aisance verbale. Poussés par la frustration, ils peuvent alors exprimer physiquement leur colère.

Souvent, je le constate, les difficultés de communication au sein d'un couple proviennent de ce que les circuits cérébraux de l'homme le poussent fréquemment à une réaction soudaine de colère et d'agressivité, tandis que la femme, terrifiée, se referme. Son câblage ancien l'avertit du danger, mais elle sait qu'en fuyant, elle perdra celui qui veille à ses besoins et devra se battre seule pour sa survie. Si un couple reste bloqué à ce stade de l'âge de pierre, le conflit ne sera jamais résolu. Souvent, j'aide mes patients à avancer en leur faisant comprendre que les circuits de l'émotion qui traitent la colère et la sécurité sont différents dans le cerveau masculin et le cerveau féminin.

ANGOISSE ET DÉPRESSION

Sarah est arrivée un jour dans mon cabinet en tremblant des pieds à la tête. Elle et Nick s'étaient disputés à propos de la collègue de bureau avec qui il poursuivait un flirt. Sarah était convaincue que Nick avait flirté juste sous son nez ce week-end, lors d'une soirée. Quand il avait mis un terme à leur discussion en quittant la pièce, une bande vidéo s'était déroulée dans la tête de Sarah. Elle imaginait le divorce, le partage des biens du couple, la décision du juge concernant la garde de l'enfant, la séparation d'avec sa belle-famille, le départ vers une autre ville, et ne parvenait pas à se concentrer. Elle appréhendait la prochaine dispute et était certaine que son mariage était condamné.

C'était faux. Nick faisait un gros effort, mais leur contentieux laissait le cerveau de Sarah dans un état de détresse chimique. L'ensemble de ses circuits cérébraux était en alerte rouge. Pour sa part, Nick ne semblait aucunement perturbé. Il continuait à regarder le basket le mercredi soir à la télévision et ne semblait pas éprouver la moindre gêne vis-à-vis de sa femme, qui, elle, perdait le sommeil, pleurait toute la journée et sombrait dans le désespoir. Si, dans la réalité de Sarah, c'était la fin du monde,

Nick ne manifestait pour sa part que de l'indifférence.

Pourquoi Sarah éprouvait-elle tant de crainte et d'incertitude et pas Nick ? Les circuits de la sécurité et la peur, renforcés par nos expériences personnelles, sont différents chez l'homme et chez la femme. Le sentiment de sécurité est intégré au câblage cérébral et grâce à l'imagerie, on constate que l'anticipation de la peur ou de la douleur active plus le cerveau féminin. D'après les recherches effectuées à l'Université Columbia, le cerveau apprend à reconnaître ce qui présente un danger lorsque les voies de la peur sont activées, et à reconnaître ce qui est sûr lorsque les circuits du plaisir et de la récompense sont sollicités. Les femmes ont plus de mal que les hommes à évacuer la peur suscitée par l'anticipation de la souffrance ou le danger. C'est pourquoi Sarah allait si mal, seule à la maison.

L'angoisse apparaît quand le stress ou la peur font intervenir l'amygdale. Sous l'action de celle-ci, le cerveau concentre alors toute son attention sur la menace imminente. L'angoisse est quatre fois plus fréquente chez les femmes. Elles l'éprouvent beaucoup plus vite que les hommes, du fait de leur grande sensibilité au stress. Même s'il ne s'agit apparemment pas d'un trait adaptatif, cela permet à leur cerveau de se concentrer sur le danger présent et de réagir rapidement pour protéger leurs enfants.

Malheureusement, cette sensibilité extrême fait que les femmes adultes et les adolescentes sont presque deux fois plus nombreuses que les hommes à souffrir d'angoisse et de dépression, surtout pendant leurs années de fertilité. On retrouve ce phénomène troublant dans des cultures différentes, de l'Europe à l'Amérique du Nord en passant par l'Asie et le Moyen-Orient. Tandis que les psychologues ont mis l'accent sur les causes socioculturelles de ce « fossé » de la dépression entre hommes et femmes, de plus en plus de neuroscientifiques attribuent un rôle important au stress, à la génétique, aux œstrogènes, à la sensibilité à la peur, à la progestérone et à la biologie cérébrale innée. On pense que beaucoup de variations génétiques et de circuits cérébraux sous influence des œstrogènes et de la sérotonine augmentent le risque de dépression chez la femme. Une commutation du gène CREB-1, qui est différent chez certaines femmes souffrant de dépression, est activée par les œstrogènes. Pour les scientifiques, ce pourrait être l'un des mécanismes qui rend les femmes vulnérables à la dépression au moment des pics d'œstrogènes et de progestérone de la puberté. Les effets des œstrogènes pourraient également expliquer pourquoi les femmes souffrent plus que les hommes de la dépression saisonnière ou « blues de l'hiver ». Les chercheurs n'ignorent pas que les œstrogènes agissent sur les rythmes circadiens du corps, c'est-à-dire le cycle de la veille et du sommeil stimulé par la lumière du jour et l'obscurité, ce qui provoque cet état dépressif à l'approche de l'hiver chez les femmes présentant une vulnérabilité génétique.

Chaque année, les spécialistes localisent de nouvelles variations génétiques liées à la dépression qui touche certaines familles. Le transporteur de la sérotonine – ou 5-HTT – semble également déclencher la dépression chez les femmes qui héritent d'une version particulière de ce gène. On pense que cette variation génétique contribue à rendre la dépression féminine plus fréquente, car les menaces et le stress de niveau élevé déclenchent sa commutation. C'est peut-être ce qu'il se passait pour Sarah, issue d'une famille où la dépression ne touchait que les femmes. Ma pratique m'a permis de constater que c'est souvent le stress important causé par l'échec d'une relation amoureuse qui fait basculer les femmes génétiquement vulnérables dans la dépression. D'autres événements hormonaux comme la grossesse, la dépression post-partum, le syndrome prémenstruel et la périménopause, peuvent également perturber l'équilibre émotionnel et pendant ces périodes difficiles, une femme peut avoir besoin d'un rééquilibrage chimique ou hormonal.

CONNAÎTRE LA DIFFÉRENCE

Au fur et à mesure que les hommes et les femmes avancent en âge, enrichissent leur expérience et se sentent plus solides, ils ont dans l'ensemble moins de mal à exprimer une gamme d'émotions plus étendue, y compris – et c'est surtout valable pour les hommes – celles qu'ils refoulaient depuis longtemps. Il n'en reste pas moins que dans le domaine des émotions, les femmes ont une perception, une réalité, des réactions et des souvenirs différents de ceux des hommes. Et ces différences, fondées sur le fonctionnement et les circuits du cerveau, sont au cœur d'un grand nombre de malentendus. Evan et Jane ont fini par comprendre ce qu'était la réalité de l'autre. Lorsque Jane se mettait brusquement à pleurer, Evan essayait de savoir s'il y était pour quelque chose. Quand, fatiguée, elle n'avait pas envie de faire l'amour, il prenait sur lui et n'insistait pas. Au bout d'un certain temps, le voyant irritable et possessif, elle s'est aperçue qu'elle n'avait pas assez pris en compte sa sexualité. Chacun avait fait l'essentiel du chemin, mais ils n'étaient pas au bout. Un grand changement restait à venir dans la réalité que vivent les femmes.

7

Le cerveau de la femme mûre

Un beau jour, en se réveillant, Sylvia prit sa décision. C'était terminé. Elle allait divorcer. Elle
avait fini par se rendre compte que Robert, son
mari, ne s'occuperait jamais d'elle. Elle en avait
assez de ses exigences et de ses diatribes. Mais la
goutte d'eau qui avait fait déborder le vase, c'est
quand elle avait été hospitalisée pour une occlusion
intestinale et qu'il était venu la voir deux fois en
tout et pour tout, et encore pour lui demander des
détails sur le fonctionnement de la maison.

Du moins, c'est ainsi que cette jolie brune aux
yeux bleus et à l'allure dynamique m'avait présenté
les choses pendant une séance de psychothérapie.
Depuis qu'elle était adulte, elle avait toujours eu
l'impression de passer son temps à s'occuper de
gens égoïstes aux prises avec des problèmes. Elle
les avait aidés à se sortir de l'alcoolisme ou de

situations difficiles, et en retour, ils l'avaient épuisée affectivement. À cinquante-quatre ans, elle était
toujours très séduisante et se sentait pleine d'énergie. Depuis quelque temps, elle constatait avec
étonnement qu'un voile s'était déchiré et qu'elle
voyait maintenant plus clair que jamais. Le besoin
qu'elle avait de voler au secours des âmes en détresse avait pratiquement disparu. Elle était prête à
prendre des risques, à aller à la rencontre de ses
rêves. « Qu'est-ce qui ne va pas dans ma vie ? se
demandait-elle. Je ne peux plus me contenter du
peu que j'ai ! » Pendant des années, elle s'était
parfaitement occupée de sa maison et avait élevé
avec amour leurs trois enfants. Elle mourait d'envie
de travailler, mais Robert l'avait contrainte à rester
femme au foyer en lui refusant toute aide domestique. Cela avait duré vingt-huit ans et maintenant,
brusquement, elle s'interrogeait.

L'histoire de Sylvia, qui, à la ménopause, envoie
tout balader et repart à zéro est celle d'un rite de
passage devenu familier. Ce processus, qui déconcerte les femmes en préménopause, a donné un
coup sur la tête à plus d'un mari. Une femme ménopausée se soucie désormais beaucoup moins de
faire plaisir aux autres qu'à elle-même. On a considéré ce changement comme faisant partie de
l'évolution psychologique, mais selon toute vraisemblance il est également dû à la nouvelle réalité
biologique du cerveau féminin dont c'est la dernière grande modification hormonale.

Si nous observions le cerveau de Sylvia sous IRM, nous découvririons un paysage tout à fait différent de ce qu'il était quelques années auparavant. Un flux constant d'impulsions a remplacé dans les circuits les montées et les chutes d'œstrogènes et de progestérone provoquées par le cycle menstruel. Son cerveau est maintenant une machine plus assurée et plus régulière. Il n'y a plus ces circuits ultrasensibles qui, dans l'amygdale, modifiaient sa réalité juste avant ses règles et la poussaient parfois à voir tout en noir ou à se sentir insultée à tort. Les circuits reliant l'amygdale (le processeur des émotions) et le cortex préfrontal (la zone du jugement et de l'évaluation des émotions) fonctionnent en toute compatibilité. Ils ne sont plus saturés à certaines périodes du mois. Les larmes ne submergent plus Sylvia quand elle voit un visage menaçant ou apprend une catastrophe, même si son amygdale continue à être activée avec plus de vigueur que dans un cerveau masculin.

L'âge moyen de la ménopause est de cinquante et un ans et demi et elle intervient douze mois après les dernières règles, c'est-à-dire un an après l'arrêt de la production par les ovaires des hormones qui ont boosté ses circuits de la communication, de l'émotion, de l'envie de s'occuper des autres et du besoin d'éviter les conflits à tout prix. Ces circuits n'ont pas disparu, mais le carburant qui alimentait ce moteur ultrarapide commence à s'épuiser et la perception de la réalité en est modifiée. La chute des œstrogènes s'accompagne d'une baisse de l'ocytocine. La femme est moins intéressée par les nuances dans les émotions, moins soucieuse de préserver la paix, et elle reçoit moins de dopamine en pratiquant certaines activités, y compris les conversations avec ses amies. N'étant plus récompensée par l'effet calmant de l'ocytocine comme à l'époque où elle s'occupait de ses enfants, elle est moins encline à se préoccuper des besoins des autres. Ce phénomène peut survenir rapidement et dans le cas de Sylvia, son entourage est incapable de voir ce qu'il se passe en elle.

Jusqu'à la ménopause, le cerveau de Sylvia, comme celui de la plupart des femmes, a été programmé par le jeu subtil entre les hormones, le contact physique, les émotions et les circuits cérébraux pour aider les autres et veiller sur eux. Sur le plan social, elle en a toujours retiré une grande satisfaction et ce besoin d'être en relation avec autrui, ce désir et cette capacité de déchiffrer les émotions pouvaient même la pousser à s'investir auprès de cas désespérés. Elle m'a raconté qu'il lui est souvent arrivé de chercher son amie Marian dans toute la ville pour lui éviter de conduire en état d'ivresse et qu'entre quarante et cinquante ans, elle a dû s'occuper d'un père devenu sénile après son veuvage. Si elle est restée avec Robert, m'a-t-elle expliqué, c'est parce qu'elle croyait qu'en évitant les conflits le plus longtemps possible, la famille resterait unie. Son mariage n'avait jamais été une réussite, mais elle avait longtemps craint les effets désastreux d'une séparation auprès des enfants.

Maintenant, les enfants étaient partis, les circuits qui avaient soutenu ces pulsions n'étaient plus alimentés et Sylvia réfléchissait différemment. Désormais, elle voulait être utile sur une grande échelle, en dehors du cadre familial.

Avec la chute du niveau d'œstrogènes, puis de l'ocytocine, l'hormone de l'attachement, les grands élans qui poussaient Sylvia à prendre les autres en charge sont mis en veilleuse. Une nouvelle réalité se fait jour dans son cerveau et c'est une vision radicale.

Il s'agit de la version vingt et unième siècle de l'ancien câblage du cerveau féminin, et elle sert d'assise au tout nouvel équilibre de Sylvia. Dans le cerveau de la femme mûre, les circuits ne changent guère, mais les œstrogènes, qui auparavant les alimentaient et pompaient les substances neurochimiques et l'ocytocine, ont considérablement baissé. Cette réalité biologique est un stimulant puissant pour le reste de la vie. La façon dont les modifications hormonales affectent les pensées, les sentiments et le fonctionnement cérébral des femmes de cet âge est un grand mystère pour elles, et pour les hommes de leur entourage.

LA PÉRIMÉNOPAUSE : UN DÉBUT CHAOTIQUE

Lorsque arrive la ménopause, les modifications hormonales sont en cours depuis plusieurs années. À partir de quarante-trois ans environ, le cerveau féminin devient moins sensible aux œstrogènes. Ce phénomène déclenche une cascade de symptômes, variables d'un mois et d'une année sur l'autre, qui vont des bouffées de chaleur aux douleurs articulaires en passant par l'angoisse et la dépression. Aujourd'hui, les scientifiques pensent que c'est ce changement dans la sensibilité du cerveau aux œstrogènes qui provoque lui-même la ménopause. La sexualité, elle aussi, peut être considérablement affectée, car le niveau de testostérone, carburant de la libido, chute en même temps que le niveau d'œstrogènes. En fait, vers l'âge de quarante-sept ou quarante-huit ans, la réalité du cerveau féminin peut manquer de stabilité pratiquement d'un jour sur l'autre. Les deux ans qui précèdent la ménopause, avec la production inégale d'œstrogènes par les ovaires, puis son arrêt, peuvent être une période chaotique pour certaines femmes.

À quarante-sept ans, Sylvia en était à ce stade lorsqu'elle est venue me voir. C'était sa première consultation en psychiatrie. Son dernier enfant était encore à la maison pour un an avant d'aller à l'université et elle souffrait de déréglements de l'humeur constants, une irritabilité, une absence d'espoir et de joie qui commençaient à l'inquiéter. « La périménopause ressemble à l'adolescence, en moins drôle », m'a-t-elle dit un jour. Et c'est vrai : le cerveau est à la merci des modifications hormonales, comme à la puberté, avec tout ce qui va avec, la réactivité au stress usante pour les nerfs, le souci de l'apparence physique, les réactions émotionnelles exacerbées. À un moment, Sylvia se sentait bien, mais il suffisait que Robert lui fasse une réflexion pour qu'elle claque la porte et se réfugie en pleurant dans le garage pendant une heure. Elle n'en pouvait plus. Les autres problèmes avec Robert attendraient : ce qu'elle voulait avant tout, c'était un traitement pour soigner ces symptômes. Je l'ai donc placée sous œstrogènes et sous Zoloft, un antidépresseur. En deux semaines, son état s'améliora considérablement et elle en fut la première surprise. En fait, son cerveau avait besoin de ce soutien neurochimique.

15 % des femmes ont la chance que la périménopause, c'est-à-dire la période de deux à neuf ans qui précède la ménopause, se passe sans le moindre problème. Environ 30 % souffrent de graves désagréments, et 50 à 60 % ressentent certains symptômes à un moment donné. Malheureusement, il n'y a aucun moyen de savoir comment chacune va réagir avant qu'elle n'atteigne cette période.

Une fois le seuil franchi, toutefois, les signes sont évidents. La première bouffée de chaleur, par exemple, est la manifestation du début de la baisse d'œstrogènes dans le cerveau. L'hypothalamus, réagissant à cette baisse, a modifié ses cellules régulatrices de la chaleur, ce qui fait qu'on étouffe brusquement, même à température normale. Le raccourcissement d'un ou deux jours de la durée des règles est un autre signal, qui peut précéder les bouffées de chaleur. La réponse cérébrale au glucose change également du tout au tout, suscitant des baisses et des hausses d'énergie, et des envies irrésistibles de sucre. Cette chute des œstrogènes affecte l'hypophyse, ce qui écourte le cycle menstruel et ne permet plus de prévoir avec certitude l'ovulation et la période de fertilité. Il faut donc faire attention, car un certain nombre de femmes se retrouvent avec un bébé-surprise qui va effectivement leur « changer la vie ».

J'ai créé mon centre de soins, la Women's Mood and Hormone Clinic, bien avant d'être périménopausée et ménopausée. Je n'avais donc à ce moment-là fait l'expérience que d'un syndrome prémenstruel modéré et d'une hypothyroïdie du postpartum. Mais à partir de quarante-cinq ans à peu près, ce syndrome s'est considérablement aggravé, avec une irritabilité et des sautes d'humeur très importantes. Au début, je l'ai attribué à mon stress professionnel et à mes responsabilités de mère et sans doute cela a-t-il joué un rôle dans mon syndrome de la périménopause, mais j'ai refusé de suivre un traitement hormonal pendant plusieurs années. Je ne voulais pas croire que j'avais les mêmes symptômes que ceux dont me parlaient chaque jour mes patientes. À quarante-sept ans, j'étais en pleine périménopause. Je dormais mal, me réveillais en sueur, au point que souvent, je devais changer de chemise de nuit. Au matin, je me levais dans un état épouvantable : j'étais fatiguée, irritable, prête à fondre en larmes à tout propos. Deux semaines après avoir pris du Zoloft et des œstrogènes, les troubles avaient miraculeusement disparu.

Dans la mesure où les œstrogènes agissent également sur le niveau de la sérotonine, de la dopamine, de la norépinéphrine et de l'acétylcholine, des neurotransmetteurs qui, dans le cerveau, contrôlent l'humeur et la mémoire, il n'y a rien d'étonnant à ce que d'importantes variations œstrogéniques influencent de nombreuses fonctions cérébrales. C'est en cela que des antidépresseurs comme le Zoloft et autres IRSS (inhibiteurs sélectifs de la recapture de la sérotonine) peuvent être utiles, car ils renforcent ces neurotransmetteurs. Les études montrent que les femmes en périménopause se plaignent plus auprès de leur médecin de symptômes multiples, allant de la déprime aux problèmes de sommeil en passant par les trous de mémoire et l'irritabilité, que les femmes ménopausées. Le manque d'appétit sexuel est aussi évoqué, puisque la testostérone, carburant de l'amour, chute aussi.

Marilyn est venue me voir en compagnie de son époux, Steve, qui ne supportait plus son refus de faire l'amour. « Elle ne veut plus que je la touche », me dit-il. Marilyn, elle, me déclara : « J'aimais bien ça, avant, et je souhaiterais que ça recommence, mais chaque fois qu'il pose les mains sur moi ou que je vois cette petite lueur dans ses yeux, eh bien, je... je n'en ai plus envie. Et pourtant, je l'aime. » Ce genre de situation déconcerte souvent les maris, car les modifications hormonales sont plus lentes chez eux. Elles se produiront pourtant, entraînant une baisse du niveau de leurs besoins sexuels, mais leur cerveau ne subira pas la brutale carence hormonale qui affecte les femmes.

Le couple avait bien fait de consulter, car ce phénomène biologique était en train de créer un problème conjugal. Beaucoup de femmes connaissent une baisse de la libido, mais je soupçonnais que chez Marilyn, la périménopause était un phénomène extrême. J'ai mesuré son taux de testostérone. Il était presque inexistant. Était-ce la cause de son rejet de Steve ? Elle a décidé de le vérifier en appliquant le jour même un patch de testostérone que je lui ai prescrit.

Même si la réponse sexuelle varie considérablement durant ces années de variations hormonales, 50 % des femmes entre quarante-deux et cinquante-deux ans perdent tout intérêt pour le sexe, sont plus difficilement excitées et ont des orgasmes moins intenses et moins fréquents. À l'âge de la ménopause, les femmes ont perdu jusqu'à 60 % de la testostérone qu'elles possédaient à vingt ans. On peut toutefois suppléer à cette perte. Une supplémentation en testostérone est maintenant disponible sous différentes formes, patchs, pilules ou gels aux États-Unis *.

Lorsque j'ai accueilli Marilyn et Steve dans ma salle d'attente, quinze jours plus tard, Steve a levé les deux pouces, l'air triomphant. Marilyn a déclaré qu'au cours de la première semaine, elle avait commencé à trouver les avances de son mari moins agaçantes et qu'au cours de la seconde, elle avait même eu envie de prendre l'initiative, sans toutefois le faire. Ses circuits cérébraux du désir sexuel avaient redémarré grâce à un peu de carburant hormonal. Et pour le sexe, comme pour la mémoire et tout le reste, la formule « on s'en sert ou on le perd » reste valable. Si l'on n'utilise pas le cerveau d'en dessous de la ceinture, il va se ramollir.

Toutes les femmes en périménopause ou en postménopause ne perdent pas leur testostérone, ni leur

---

* En France, un patch a obtenu son autorisation de mise sur le marché à des conditions strictes et il est pour l'instant réservé aux femmes ayant subi une ovariectomie et une hystérectomie. *(NdT.)*

intérêt pour le sexe. L'anthropologue Margaret Mead n'a-t-elle pas évoqué « la fougue de la post-ménopause »? À cette période, c'en est fini des soucis de la contraception, du syndrome prémenstruel, des maux de ventre et autres inconforts gynécologiques. Cette étape de la vie est libérée de pas mal de soucis et riche de possibilités. On est encore assez jeune pour vivre à fond et profiter des dons de la nature. De nombreuses femmes éprouvent donc un enthousiasme renouvelé, voire un renouveau d'ardeur sexuelle et elles comptent bien se lancer dans de nouvelles aventures. C'est un peu un nouveau départ dans la vie, avec de meilleures règles. Et pour celles qui n'ont pas cette fougue, le patch de testostérone peut la déclencher.

Quand Sylvia est revenue me voir pour évoquer son désir de divorcer, après l'épisode de Robert et de l'hôpital, elle avait passé les dernières affres de la périménopause et ne prenait plus ni Zoloft, ni œstrogènes. Elle m'a expliqué qu'après l'arrêt de ses règles, elle avait eu l'impression qu'un brouillard s'était dissipé dans sa tête. Maintenant qu'elle ne souffrait plus de cet épouvantable syndrome prémenstruel, elle savait ce qu'elle voulait dans la vie, et ce dont elle ne voulait plus. Elle avait dit à Robert qu'en dépit du respect qu'elle éprouvait à son égard, elle en avait soupé de ses exigences. Plus question de régler son existence en fonction des besoins de son mari et d'entretenir leur grande maison. Le flux d'œstrogènes et d'ocytocine qui amorçait chaque mois ses circuits cérébraux s'était tari, et avec lui son besoin de s'occuper des autres. Bien sûr, elle éprouvait toujours le même amour dévorant pour ses enfants, mais ni leur présence physique, avec leurs embrassades qui stimulaient son ocytocine, ni les œstrogènes n'étaient plus là pour activer ses circuits et déclencher ce type de comportement. Elle pouvait toujours accomplir ces tâches, mais elle ne se sentait plus poussée à le faire. « Tu es un adulte et j'ai fini d'élever les enfants, dit-elle en substance à Robert. Maintenant, c'est à mon tour de profiter de l'existence. »

Lors des vacances universitaires, quand ses enfants séjournèrent à la maison, Sylvia me confia qu'elle était ravie de les retrouver, mais prodigieusement agacée de les voir attendre d'elle qu'elle continue à jouer le rôle de chauffeur, de cuisinière et de blanchisseuse. Ils lui avaient même fait remarquer en plaisantant qu'elle se contentait de fourrer leur linge sale dans la machine et ne se donnait plus le mal d'assortir leurs chaussettes. Elle avait ri avec eux, mais pour la première fois de sa vie, elle avait rétorqué : « Vous n'avez qu'à vous occuper tout seuls de votre fichue lessive ! Après tout, il serait temps que vous deveniez adultes ! »

Le cerveau maternel commençait à se débrancher. Quand tous ses enfants sont sur les rails, l'ancien câblage maternel se défait et la femme a le droit de retirer quelques-unes des connexions cérébrales avec le dispositif consacré à sa progéniture.

Une fois le cordon ombilical coupé, après leur départ, ces circuits du cerveau maternel sont libres de servir à de nouvelles ambitions, de nouvelles pensées, de nouvelles idées. Pourtant, ce départ désoriente de nombreuses femmes et les plonge dans la tristesse. Ces circuits, qui ont évolué chez nos ancêtres durant des millions d'années, alimentés par les œstrogènes et renforcés par l'ocytocine et la dopamine, sont maintenant libres.

Cette phase de l'existence n'est pas toujours aussi empreinte de rancœur qu'elle l'a été pour Sylvia. Au moment où leurs enfants partirent faire leurs études universitaires, ma patiente Lynn était mariée avec Don depuis plus de trente ans et le couple s'entendait très bien. Ils se mirent alors à voyager dans les pays qu'ils avaient toujours eu envie de connaître, heureux et satisfaits d'avoir élevé deux enfants merveilleux et épanouis. La maternité avait comblé Lynn et elle avait eu le cœur serré pendant quelques mois après le départ des jeunes, mais elle finit par être soulagée de ne plus avoir à les mettre en route tous les matins. Elle travaillait comme administrateur universitaire et était très appréciée ; son mari était ingénieur dans l'industrie. Plus ils passaient de temps séparément, plus leur relation s'enrichissait. Des années d'amour et de confiance partagés les aidaient à franchir cette transition et à instaurer de nouvelles règles pour le futur.

Sylvia, elle, connaissait une transition plus difficile. Quand elle vint à la séance de psychothérapie suivante, elle avait décidé de reprendre ses études et de travailler deux fois par semaine dans un centre de soins psychiatriques. Cette décision avait quelque peu déstabilisé ses enfants. La cadette n'avait plus besoin de sa mère comme avant, mais elle était étonnée et un peu dépitée, quand elle avait sa mère au téléphone, de l'entendre lui parler presque exclusivement des études qu'elle voulait entreprendre. Sylvia me confia avoir pour sa part été surprise de ne plus avoir envie de presser sa fille de questions sur sa vie. Son relatif détachement la stupéfiait.

Que se passe-t-il dans le cerveau de Sylvia? La carence en œstrogènes n'est pas seule en cause. Les sensations physiques procurées par les soins aux enfants et le contact physique avec eux, qui aidaient à renforcer les circuits de l'attention aux autres et à sécréter de l'ocytocine dans le cerveau ont disparu, elles aussi. Pour de nombreuses mères, ce processus a débuté quand leurs enfants, à l'adolescence, ont commencé à ne plus vouloir être touchés, étreints ou embrassés. Ainsi, au moment où ils quittent le nid, elles y sont déjà habituées. Une expérience a montré qu'un contact physique est nécessaire pour garder actifs les circuits du comportement maternel chez le rat. Les chercheurs ont anesthésié les zones du haut du tronc, de l'abdomen et des mamelles chez des femelles. Celles-ci pouvaient continuer à voir, sentir et entendre leurs petits, mais le toucher ne fonctionnait plus. Résultat : le lien et le comportement maternels ont été considérablement altérés. Les mères ne sont pas allées chercher leurs petits, elles ne les ont ni léchés ni allaités comme elles l'auraient fait en temps normal. Sans le feedback du contact physique, les circuits cérébraux des rates avaient beau avoir l'organisation et l'amorçage hormonal nécessaire aux comportements de maternage et de soins, les connexions adéquates ne s'effectuaient pas et nombre de petits n'ont pas survécu.

Chez les humains, ce feedback physique sert aussi aux mères à activer et à entretenir les circuits cérébraux des soins. Vivre ensemble suffit à fournir les sensations physiques nécessaires à ce comportement, même vis-à-vis des enfants déjà grands. Mais une fois qu'ils ont quitté la maison, c'est une autre histoire. Si la ménopause maternelle coïncide avec leur départ, les hormones qui ont construit, amorcé et entretenu ces circuits cérébraux font également défaut.

Il ne faut pas penser pour autant que ces circuits ont définitivement disparu. Sur cinq femmes âgées de plus de cinquante ans, quatre affirment attacher de l'importance au fait d'avoir un emploi où l'on aide les autres. Même si, pour la plupart des femmes ménopausées, le désir de s'occuper enfin d'elles semble primer, le renouveau qui se produit ensuite les pousse souvent à s'occuper de leurs semblables. Les circuits cérébraux de l'aide et des soins se renouvellent facilement. Si un bébé arrive dans la vie d'une quinquagénaire, les contacts physiques quotidiens vont les faire réapparaître. Avec le cerveau maternel féminin, rien n'est jamais terminé.

Pour Sylvia, c'était un véritable âge d'or. Elle se sentait enfin libre de suivre sa voie et s'était lancée dans ses propres projets. Dans le cadre de ses études, elle avait pris conscience du rôle des premières années d'éducation dans les problèmes de comportement chez les adolescents et elle se passionnait pour la prévention auprès des parents et des instituteurs. Tout en préparant son diplôme d'assistante sociale, elle s'investissait dans le système scolaire local. Elle était retournée à l'église et s'était aussi installé un atelier dans son garage pour refaire de la peinture, activité qu'elle avait abandonnée en épousant Robert. Au cours de l'une de nos séances, elle pleurait presque de joie en évoquant sa nouvelle vie. Elle avait maintenant l'impression d'agir. C'était le jour et la nuit avec son existence d'avant, quand des disputes éclataient dès que Robert passait le seuil de la maison après son travail.

QUI ES-TU ET QU'AS-TU FAIT DE MA FEMME ?

Bientôt Sylvia et Robert vinrent me voir ensemble pour une autre séance de thérapie de couple. Leurs problèmes avaient atteint un point extrême.

Robert n'en croyait pas ses oreilles. Il entendait des phrases comme : « Débrouille-toi pour te faire à dîner ou va au restaurant. Je t'ai dit que je n'avais pas faim. Je suis en train de peindre et je n'ai pas envie de m'arrêter. » Lors d'une soirée, quarante-huit heures plus tôt, elle lui avait cloué le bec. En l'entendant suggérer d'investir dans certaines actions en Bourse, Robert lui avait répondu qu'elle ferait mieux de se taire, car elle n'y connaissait rien, tandis que lui était au courant, il lisait la presse financière. « Ah oui ? avait-elle rétorqué. Effectivement, tu la lis, mais je me demande à quoi ça sert puisque tu continues à perdre de l'argent. Jette un coup d'œil sur mon portefeuille d'actions. Tu verras que j'ai triplé ma mise. Alors cesse de me donner des leçons. » Tout ce qu'il disait semblait l'énerver prodigieusement. Elle annonça qu'elle allait quitter la maison.

Quand elle était plus jeune, Sylvia faisait tout pour éviter les disputes avec son mari, même si elle était furieuse. Souvenez-vous de la bande qui se dévide à l'adolescence, quand les œstrogènes sollicitent les circuits des émotions et de la communication, et qui affole les femmes à l'idée qu'un conflit puisse nuire à une relation. Elle ne s'arrête que si la femme la court-circuite volontairement ou si elle n'est plus alimentée par les hormones, ou les deux. C'était ce qu'il se passait pour Sylvia. Toute sa vie, elle s'était fait fort d'être souple, accommodante, et de laisser son mari avoir le dernier mot, surtout lorsqu'il rentrait à la maison, épuisé et nerveux après une dure journée de travail. Elle était authentiquement en empathie avec lui. Elle veillait à la paix du ménage, comme son cerveau préhistorique la poussait à le faire, afin que la famille reste unie. « C'est bon d'avoir un mari. Nous sommes mieux protégées ainsi » : tels étaient les messages qui l'empêchaient d'aller au conflit. Si Robert oubliait son anniversaire, elle se mordait les lèvres en silence. S'il l'envoyait promener à son retour du bureau, elle plongeait le nez dans ses casseroles sans réagir.

Mais à la ménopause, les filtres avaient disparu, elle était devenue plus irritable et sa colère n'était plus détournée vers cet « estomac » supplémentaire où elle serait ruminée avant de s'exprimer. Son ratio œstrogènes/testostérone se modifiait et ses voies de la colère ressemblaient de plus en plus à celles d'un homme. L'effet apaisant de la progestérone et de l'ocytocine n'existait plus. Le couple n'avait jamais appris à faire face à ses désaccords et maintenant, Sylvia affrontait régulièrement Robert avec une fureur réprimée durant des décennies.

La prochaine séance me permit de constater que tout n'était pas de la faute de Robert. Il était lui aussi en train de passer par une phase de changement, beaucoup plus discrète, toutefois. Mais Sylvia voulait toujours s'en aller. Aucun des deux n'était encore conscient de la modification de sa réalité cérébrale, qui changeait les règles non seulement vis-à-vis des conflits, mais aussi de tous leurs échanges. Les études montrent que les femmes qui ne sont pas heureuses dans leur couple font plus état de maladies et de problèmes d'humeur au cours de la ménopause. Au moment où les brumes hormonales se dissipent et où les enfants quittent la maison, elles s'aperçoivent qu'elles sont plus malheureuses qu'elles ne voulaient l'admettre auparavant. Souvent, elles en font porter la responsabilité à leur mari. Sylvia avait objectivement des reproches à faire à Robert, mais l'origine même de sa tristesse restait à définir.

La semaine suivante, elle me rapporta une réflexion de sa fille. « Maman, avait dit celle-ci, tu sais que tu agis bizarrement ? Papa commence à avoir la trouille. Il dit que tu n'es plus la femme avec qui il a vécu pendant presque trente ans et il se demande si tu ne vas pas faire un truc insensé, du genre prendre tout l'argent et filer. » Bien sûr, Sylvia avait toute sa tête et elle n'allait pas partir avec les économies du ménage, mais indéniablement, elle n'était plus la même. Elle me raconta que son mari lui avait crié un jour : « Qu'as-tu fait de ma femme ? » Un grand nombre de circuits avaient été brutalement interrompus dans son cerveau et tout aussi brutalement, elle avait changé les règles de ses relations avec son époux. Et comme dans la plupart des cas, Robert n'en avait pas été averti.

On dit que les hommes quittent leurs femmes ménopausées, vieillissantes et avec quelques kilos de trop pour des femmes plus jeunes, minces et en âge de procréer. Rien n'est plus faux. D'après les statistiques, dans plus de 65 % des cas, ce sont les femmes qui prennent l'initiative du divorce après la cinquantaine. Pour moi, la réalité fondamentalement modifiée des femmes postménopausées y est pour beaucoup. (Elles peuvent aussi avoir attendu le départ des enfants, lasses d'avoir à composer avec un mari pénible ou infidèle, comme je l'ai constaté dans ma pratique.) Toujours est-il que ce qui était important à leurs yeux – les liens, l'acceptation, les enfants, la préservation de la cellule familiale – n'est plus leur priorité. Et les bouleversements chimiques de leur cerveau entraînent une modification de la réalité de leur existence.

À toutes les périodes où les hormones agissent ainsi sur notre réalité, il est essentiel d'examiner nos pulsions et de vérifier leur authenticité. De même qu'avant les règles, la baisse des œstrogènes et de la progestérone peut persuader une femme qu'elle est grosse, nulle et moche, la carence en hormones de la fertilité peut l'inciter à penser que son mari est la cause de tous ses maux. Ce peut être vrai. Ou non. Si l'on comprend le rôle que joue la biologie dans nos sentiments et notre réalité, comme Sylvia l'a fait à travers nos discussions, on peut apprendre à en parler avec son conjoint. Et lui, pourquoi pas, peut changer. C'est une affaire d'éducation, qui prend du temps et mieux vaut s'y atteler avant que le grand changement n'intervienne.

QUI PRÉPARE LE DÎNER ?

À la rentrée, Sylvia m'a annoncé qu'elle avait tout de même décidé de divorcer. En fait, elle avait quitté le domicile conjugal pendant mes vacances. Ses amies avaient déjà commencé à lui présenter des hommes, mais elle se lassa aussi vite d'eux que de Robert. Elle comprit vite que les hommes plus âgés cherchaient « une infirmière rentière » c'est-à-dire une femme qui disposait de son autonomie financière et allait s'occuper d'eux jusqu'à la fin de leurs jours. Cette découverte la déconcerta. C'est exactement ce qu'elle attendait d'un homme quand elle était jeune. À l'époque, elle voulait être prise en charge, y compris financièrement. Elle acceptait en retour de prendre soin de lui en même temps que de leurs enfants. Désormais, c'était la dernière chose qu'elle envisageait.

Elle espérait toujours rencontrer « l'homme idéal », celui auprès duquel elle vieillirait, qui la traiterait d'égale à égal, une âme sœur avec qui elle parlerait et partagerait les joies de l'existence. En revanche, pas question de partager le quotidien et d'assurer les courses, la cuisine, la lessive et le ménage, ce que la plupart de ceux qu'on lui présentait avaient attendu de leur ex-épouse. Le rôle d'infirmière n'était pas pour elle et elle n'avait pas l'intention de se laisser dépouiller de son argent. « Dans ce cas, je préfère rester seule », lança-t-elle. Après tout, elle avait beaucoup d'amies et d'amis qui lui apportaient de l'affection. Elle voulait désormais une existence paisible, sans querelles du genre de celles qu'elle avait eues ces derniers temps avec Robert.

Pour autant, toutes les femmes ménopausées ne sont pas soulagées d'avoir moins envie de s'occuper des autres. On n'a pas encore exploré les effets de la baisse de l'ocytocine, qui suit celle des œstrogènes, mais elle pourrait entraîner de réelles modifications du comportement. Pourtant, la plupart des femmes en sont à peine conscientes, voire pas du tout. Marcia, l'une de mes patientes âgée de soixante et un ans, me disait qu'elle se sentait beaucoup moins concernée par les problèmes et les besoins de sa famille, de ses enfants et de ses amis, et avait moins envie de s'occuper d'eux. Personne ne s'en était plaint, même si son mari se demandait pourquoi il devait si souvent se préparer lui-même à dîner. Mais c'était simplement une évolution que Marcia constatait chez elle, sans plus. Elle n'attachait guère d'importance à sa récente indépendance émotionnelle : simplement, elle passait plus de temps à faire les choses qu'elle aimait, comme de la généalogie. Ses règles avaient cessé depuis plus de quatre ans, mais la sécheresse vaginale, la transpiration nocturne et les réveils fréquents la poussaient

à réclamer un traitement substitutif œstrogénique.
Trois mois après le début du traitement, elle retrou-
va son instinct de prise en charge des autres. Elle ne
s'était pas vraiment aperçue de sa disparition au
cours des quatre dernières années et il avait fallu
qu'il revienne pour qu'elle en prenne conscience.
Qu'une simple dose d'œstrogènes pût la faire rede-
venir comme avant la stupéfiait, m'expliqua-t-elle.
Sous l'influence du traitement, son cerveau avait de
nouveau sécrété un niveau élevé d'ocytocine et
relancé des schémas comportementaux affiliatifs,
au grand soulagement de son mari.

La dernière fois où la femme n'a pas eu de hauts
et de bas dans sa réaction au stress, du fait de la
régularité et de la modération de son flux hormonal,
c'était soit lors de la pause juvénile, soit, plus tard,
au cours de la grossesse, au moment où les cellules
pulsatiles de l'hypothalamus ont été mises au repos
et où la réponse au stress a été maintenue à un
niveau bas. L'une de mes patientes en postménopause m'expliquait que si ses pulsions
sexuelles souffraient de ses dix ans de carence
hormonale, elle avait en revanche cessé de se disputer avec son mari quand le couple partait en voyage.
Auparavant, les voyages la stressaient, mais soudain elle adorait se lever tôt pour prendre un avion
et se rendre dans des lieux inconnus. Elle aimait
même faire les bagages et la disparition du stress
avait entraîné celle des disputes suscitées par ces
départs.

Quant à Sylvia, elle constata peu de temps après être partie que son irritabilité et ses changements d'humeur avaient cessé. Son travail avec les instituteurs et les parents lui avait permis de devenir la personne qu'elle avait toujours voulu être. Elle commençait à apprécier les soirées passées en solitaire à regarder un vieux film, paresser dans un bain moussant et travailler tard dans son nouvel atelier. Si les enfants téléphonaient, elle était toujours heureuse de les entendre, mais elle se sentait moins concernée, moins tenue de les aider à résoudre leurs problèmes ou de leur donner inlassablement des conseils. Au début, elle crut pouvoir attribuer cette amélioration de son humeur au fait d'avoir mis fin à sa vie en couple, son problème majeur. Mais elle avait aussi remarqué qu'elle n'avait plus de bouffées de chaleur et qu'elle dormait mieux.

Quand elle est revenue me voir, six mois après son départ du domicile conjugal, je lui ai demandé si, à son avis, le fait d'être passée à une nouvelle phase hormonale, avec une humeur stabilisée, n'y était pas également pour quelque chose. Elle était moins irritable, et au cours de cette même séance, elle se plaignit même de sa solitude et de l'absence de quelqu'un avec qui parler de la vie de ses enfants et de la sienne propre. J'ai suggéré que, peut-être, Robert lui manquait et que s'ils passaient un peu de temps ensemble, mais sur de nouvelles bases, elle se rendrait compte que leur relation était mieux équilibrée.

On relève ses manches

À la ménopause, le cerveau féminin n'est pas près de prendre sa retraite. Pour tout dire, un grand nombre de femmes atteignent tout juste le point culminant de leur existence. Intellectuellement, cette période peut être très excitante, maintenant que le cerveau maternel s'est calmé et que l'éducation des enfants ne pèse plus comme avant. Pour la personnalité, l'identité et l'épanouissement de la femme, le travail redevient aussi important que lorsque le cerveau maternel n'avait pas encore pris le relais. Le jour où Sylvia a appris qu'elle était admise à un programme de master en travail social fut l'un des plus heureux de sa vie. Elle n'avait pas eu un tel sentiment de plénitude depuis l'obtention de son premier diplôme, le jour de son mariage et la naissance de ses enfants.

En fait, pendant cette période de transition, le travail et la réussite jouent souvent un rôle crucial dans le bien-être des femmes. Les études ont montré que les femmes dont la carrière était alors en pleine évolution considéraient leur travail comme essentiel à leur identité, contrairement à celles qui réduisaient leur activité professionnelle ou se bornaient à la maintenir. Elles avaient de meilleurs résultats en matière d'indépendance, d'acceptation de soi et d'efficacité à la cinquantaine et à la soixantaine, et faisaient plus de cas de leur santé physique. Il existe une vie après la ménopause et l'enthousiasme pour son travail, quel que soit le sens que l'on donne à ce terme, permet à l'évidence de se régénérer et de s'épanouir.

QU'ON ME LAISSE TRANQUILLE DÈS MAINTENANT

Edith a pris rendez-vous avec moi au moment où son mari, un psychiatre, réduisait son activité en prévision de sa retraite. Leur couple fonctionnait plutôt bien, mais elle redoutait de voir son époux envahir son espace et exiger qu'elle soit à son service vingt-quatre heures sur vingt-quatre. Elle n'en dormait plus de la nuit. Or, c'est exactement ce qu'il s'est passé. Dès qu'il s'est retrouvé à la maison, il n'a cessé d'être après elle. « Tu as préparé le déjeuner ? Tu m'as acheté du salami ? Qui a changé de place ma boîte à outils ? Quand vas-tu faire la vaisselle ? Les assiettes traînent dans l'évier depuis une heure ! » Quand elle n'avait pas fait les courses parce qu'elle était occupée, il rétorquait : « Occupée à quoi ? » Eh bien, elle aidait une vieille amie de sa mère à ranger sa maison. Elle s'occupait de ses petits-enfants le mardi. Elle jouait régulièrement au bridge, déjeunait avec ses amies et allait à la bibliothèque. Bref, elle était occupée par les activités qui comptaient pour elle. Elle appréciait sa liberté. Son mari n'en revenait pas de voir qu'elle s'intéressait aussi peu à lui et qu'elle avait sa vie.

Ce changement de comportement est celui que je constate le plus couramment chez les femmes à partir de soixante-cinq ans. Comme Edith, elles arrivent dans mon cabinet déprimées, stressées et insomniaques. Généralement, je découvre que leur mari a pris sa retraite dans l'année qui précède. Elles sont en colère, mal dans leur peau, arrachées à leur propre travail, leurs propres activités. Elles ne veulent pas vivre ainsi désormais. Cette crainte de perdre leur liberté peut exister même si leur couple est fondamentalement solide. Elles sont persuadées qu'elles ne vont pas pouvoir renégocier les conditions tacites de leur mariage. « Bien sûr que si, leur dis-je. Votre vie en dépend. »

Quelques semaines plus tard, après avoir passé un mois de vacances avec son mari, Edith est revenue me voir. Avec un grand sourire, elle m'a lancé : « Mission accomplie ! Il a accepté de me lâcher les baskets ! » Ils avaient réussi à s'entendre sur les règles de la phase suivante de son existence.

LES HORMONES DU CERVEAU FÉMININ APRÈS LA MÉNOPAUSE

Si nous sommes femmes, cela est dû en partie aux hormones cérébrales. Elles alimentent les circuits propres à notre sexe et sont ainsi à la source du comportement et des capacités typiquement féminins. Que se passe-t-il donc à la ménopause, quand elles se tarissent ? Dans le cerveau, les cellules, les circuits et les substances neurochimiques dépendants des œstrogènes ne tardent pas à dépérir. Au Canada, la chercheuse Barbara Sherwin a découvert que les femmes ayant subi une ovariectomie conservaient leur mémoire intacte si on les plaçait aussitôt après sous traitement œstrogénique, tandis que celles qui ne prenaient pas d'œstrogènes avaient une baisse de mémoire verbale, réversible si on les traitait rapidement. Le traitement restaurait ces facultés à un niveau pratiquement égal à celui de la préménopause, mais uniquement si on le démarrait dès l'intervention ou très vite après. Il existe, semble-t-il, une étroite fenêtre durant laquelle les œstrogènes fournissent un maximum d'avantages protecteurs pour le cerveau.

Les œstrogènes auraient ainsi un effet protecteur sur de nombreux aspects du fonctionnement cérébral, y compris sur les mitochondries, centres de l'énergie des cellules, notamment celles des vaisseaux sanguins du cerveau. Des chercheurs de l'Université de Californie à Irvine ont découvert que le traitement œstrogénique accentuait l'efficacité de ces mitochondries, ce qui pourrait expliquer que les femmes en préménopause aient un taux d'attaques cérébrales inférieur à celui des hommes du même âge. Les œstrogènes aident à maintenir un bon apport de flux sanguin jusqu'à un âge avancé. À l'Université Yale, par exemple, des femmes postménopausées ont été placées pendant vingt et un jours les unes sous œstrogènes, les autres sous placebo, puis on leur a fait un scan cérébral pendant qu'elles accomplissaient des tests de mémoire. Les femmes sous œstrogènes ont montré des schémas cérébraux caractéristiques de sujets plus jeunes, celles sous placebo des schémas caractéristiques de sujets plus âgés. Les résultats d'une autre étude encore, portant sur le volume du cerveau des femmes postménopausées, laissent à penser que les œstrogènes protègent des zones spécifiques du cerveau. Chez les femmes sous traitement, on a ainsi constaté un rétrécissement moindre des zones de la prise de décision, du jugement, de la concentration, des processus verbaux, des capacités d'écoute et du traitement des émotions.

L'effet protecteur que semblent avoir les œstrogènes sur le fonctionnement du cerveau féminin est l'une des raisons qui ont poussé les scientifiques à reconsidérer les résultats de la Women's Health Initiative en 2002. Cette étude montrait que des femmes placées sous œstrogènes après treize ans sans traitement ne bénéficiaient pas de cet effet protecteur. Les chercheurs ont maintenant montré que si un traitement n'avait pas été entamé pendant une période de cinq ou six ans après la ménopause, l'opportunité de bénéficier de l'action préventive des œstrogènes sur le cœur, le cerveau et les vaisseaux sanguins n'existait pratiquement plus. Un traitement œstrogénique précoce serait particulièrement important pour protéger de la même manière les fonctions cérébrales.

Beaucoup d'Américaines ont été déroutées et se sont même senties trahies par le fait qu'il y a quelques années, leur médecin tenait un certain discours sur leur traitement substitutif alors que maintenant, à cause des résultats de l'étude de la Women's Health Initiative, elles entendent le contraire. Moi-même, à la fois en tant que médecin et que femme postménopausée, j'ai été prise dans cette contradiction. Quand et comment commencer ce traitement ? Faut-il y mettre fin et quand ? Ces questions sont toujours brûlantes pour le médecin comme pour sa patiente. Jusqu'à ce que d'autres études viennent apporter de nouveaux éléments, chaque femme doit adopter sa propre stratégie en utilisant tous les moyens à sa disposition – alimentation, hormonothérapie, activité physique, exercice, traitement approprié et information régulière de la part du médecin qui la suit sur ce plan. J'ai maintenant une discussion approfondie avec chacune de mes patientes ménopausées, et j'évoque avec elle les avantages et les inconvénients du traitement substitutif en fonction de ses symptômes, de ses antécédents familiaux, de son style de vie et son histoire médicale.

En dépit des chambardements et des variations hormonales de la ménopause, la plupart des femmes restent remarquablement solides, vives et capables à cet âge, même sans traitement substitutif. Toutes les femmes ne souhaitent pas être sous hormonothérapie. En règle générale, c'est seulement des dizaines d'années après la ménopause que le processus naturel du vieillissement commence à altérer les fonctions du cerveau féminin. Le cerveau des femmes et celui des hommes ne vieillissent pas de la même manière. Les pertes cellulaires du cortex sont plus précoces chez les hommes.

Si le corps et le cerveau de chaque femme réagissent différemment dans les années suivant la ménopause, cette période est pour nombre d'entre nous l'occasion de profiter d'une plus grande liberté et d'avoir une plus grande maîtrise de notre vie. En principe, nous sommes moins agitées, moins troublées par nos impulsions et notre survie ne dépend plus d'un salaire régulier. Nous nous préoccupons moins de feindre certains sentiments que d'être fondamentalement nous-mêmes. En aidant les autres et en nous battant pour construire un monde meilleur, nous récupérons de l'énergie. C'est aussi l'époque où s'occuper des petits-enfants peut apporter bien des joies simples. Sans doute la vie garde-t-elle un peu du meilleur pour cette période. Comme pour Denise, l'une de mes patientes. À soixante ans, elle avait toujours été indépendante et s'était beaucoup investie dans son métier, le marketing, même quand elle élevait ses deux enfants. Aussi, à la naissance du premier enfant de sa fille, a-t-elle été surprise par la vague d'amour pour le bébé qui l'a alors submergée. « Cela a été un tremblement de terre, m'a-t-elle expliqué, et je ne m'y attendais vraiment pas. J'ai toujours mille choses à faire, mais je pourrais passer tout mon temps avec le bébé. Et ma fille m'a donné une place dans sa vie que je n'avais jamais eue. Elle a besoin de moi et je veux être là pour elle. »

Le rôle particulier que jouent les grands-mères, le soutien qu'elles apportent, pourraient bien expliquer en partie pourquoi l'évolution a équipé les femmes pour vivre plusieurs dizaines d'années encore après la fin de leur période de fertilité. D'après Kristen Hawkes, anthropologue à l'Université de l'Utah, les grands-mères seraient une clé de la croissance et de la survie dans les temps préhistoriques. À l'âge de pierre, explique-t-elle, grâce à la contribution des femmes postménopausées valides qui allaient à la recherche de nourriture, le taux de survie des petits-enfants en bas âge a pu augmenter. En aidant de diverses façons les femmes plus jeunes, elles ont permis à celles-ci d'avoir des grossesses plus rapprochées, ce qui augmentait la fertilité et le succès reproductif de la population. Même si, dans les sociétés de chasseurs-cueilleurs, l'espérance de vie reste en deçà de quarante ans, environ un tiers des femmes dépassent cet âge et un grand nombre deviennent sexagénaires et septuagénaires tout en continuant à mener une vie productive. Chez les Hadza de Tanzanie, par exemple, Kirsten Hawkes a découvert qu'à la soixantaine, les grands-mères actives passaient plus de temps à aller à la recherche de nourriture que les jeunes mères, fournissant ainsi des aliments à leurs petits-enfants et augmentant leurs chances de survie. Les chercheurs ont également constaté les effets positifs de l'action des grands-mères chez les gitans de Hongrie et certaines populations d'Inde et d'Afrique. En Gambie, les anthropologues ont constaté que la présence d'une grand-mère augmentait plus l'espoir de survie d'un enfant que la présence du père. Autrement dit, dans le monde entier, les femmes ménopausées peuvent choisir de jouer ce rôle essentiel de grand-mère protectrice.

ET MAINTENANT, QU'EST-CE QUE JE FAIS ?

Il y a une centaine d'années, la ménopause était relativement rare. En effet, à la fin du XIXᵉ et au début du xxᵉ siècle, l'espérance de vie moyenne des femmes aux États-Unis était encore de quarante-cinq ans[*], c'est-à-dire deux ans avant la fin du cycle menstruel. Aujourd'hui, elles peuvent espérer vivre plusieurs décennies après la fin des règles. La science n'a toutefois pas encore complètement rattrapé cette mutation démographique. Notre connaissance de la ménopause est encore nouvelle et incomplète, même si elle évolue rapidement, car d'importantes populations féminines sont en train de franchir ce cap.

Sur le plan historique, faire des projets à long terme après la ménopause est une option nouvelle pour les femmes. Sur le plan personnel, ce peut être quelque chose de très excitant étant donné qu'à cet âge, en règle générale, elles sont en pleine possession de leurs moyens et ont beaucoup appris de la vie. L'une de mes amies, Cynthia Kenyon, biologiste et spécialiste du vieillissement, est persuadée qu'à l'avenir, les femmes pourront vivre au-delà de cent vingt ans, et cela laisse le champ libre à notre imagination pour inventer comment occuper toutes ces années.

Pour Sylvia, redécouvrir son mari a été le grand projet de sa postménopause. Quand elle est revenue me voir, deux ans après leur rupture, elle m'a expliqué qu'après s'être épanouie en retrouvant sa personnalité profonde et être sortie avec des hom-

---

[*] Quarante-neuf ans en France. *(NdT.)*

mes plus âgés, tous plus décevants les uns que les autres, elle s'était rendu compte que Robert lui manquait. Il était le seul avec qui elle pouvait parler de certains sujets, comme leurs enfants. Un soir, il l'invita à dîner et elle accepta. Ils se retrouvèrent dans un restaurant romantique, évoquèrent calmement ce qui n'avait pas fonctionné entre eux et finirent par des excuses mutuelles. Ils avaient également de nouvelles expériences à partager – son travail et la peinture pour elle, un nouvel intérêt pour les antiquités pour lui, et même, pour tous les deux, des anecdotes piquantes à propos des rencontres qu'ils avaient faites. Avec le temps, ils redécouvrirent leur amitié et leur respect mutuel et s'aperçurent qu'ils n'avaient pas besoin de chercher ailleurs l'âme sœur. Il suffisait simplement de redéfinir les clauses de leur contrat de mariage.

Le cerveau de la femme mûre reste encore en grande partie à découvrir, mais c'est pour elle un vaste territoire où elle peut faire des découvertes, créer, apporter sa contribution et ouvrir des voies nouvelles pour les générations futures. Et peut-être même faire de cette période la plus excitante de sa vie. Les années de postménopause peuvent être un temps de redéfinition des relations et des rôles entre les deux sexes, un temps, aussi, où les hommes et les femmes affrontent de nouveaux défis et se lancent dans de nouvelles aventures, ensemble et séparément.

Pour ma part, je suis reconnaissante à la vie de

m'avoir permis d'élever mon fils, de me passionner pour ma profession et de trouver enfin l'âme sœur. Cela n'a pas toujours été un lit de roses, mais les moments où j'ai dû me battre sont aussi ceux qui m'ont le plus appris. J'ai écrit ce livre pour faire partager ma connaissance du fonctionnement du cerveau féminin aux autres femmes qui suivent leur propre chemin, en essayant de rester fidèles à elles-mêmes et de comprendre l'influence de la biologie sur leur réalité. Je sais que si j'avais eu plus de connaissances sur ce qu'il se passait dans mon cerveau pendant les moments difficiles, cela m'aurait beaucoup aidée. À chaque étape, notre compréhension du monde peut être meilleure si nous avons une vision nette de nos mécanismes cérébraux. En apprenant à maîtriser le pouvoir de notre cerveau féminin, nous pourrons plus facilement trouver notre personnalité profonde. En tant que femme en postménopause, je suis plus détermi-née que jamais à apporter ma contribution à la vie des jeunes filles et des femmes qui m'approchent, et je le fais avec enthousiasme. Bien sûr, je ne peux connaître mon avenir, mais les dizaines d'années qui m'attendent me semblent riches d'espoir, de passion et d'élan. J'espère que cette carte vous servira de guide lors de l'incroyable voyage du cerveau féminin.

Épilogue

Le futur du cerveau féminin

Si je devais transmettre aux femmes l'une des leçons que j'ai apprises en écrivant cet ouvrage, je dirais que grâce à la compréhension de notre biologie, nous sommes mieux à même d'envisager notre avenir. Maintenant que tant de femmes disposent de la contraception et ont conquis leur indépendance financière, nous pouvons établir une feuille de route. Il nous faut pour cela effectuer des modifications radicales dans la société et dans le choix de nos partenaires, de notre carrière et de la planification des naissances.

Dans la mesure où, entre vingt et trente ans, les femmes font des études et établissent leur carrière, elles sont de plus en plus nombreuses à repousser l'aiguille de l'horloge biologique et à avoir des enfants à partir de trente-quatre, trente-cinq ans, voire de quarante. Parmi les trentenaires qui travaillent avec moi, beaucoup n'ont même pas encore trouvé l'homme avec qui elles souhaiteraient fonder un foyer. Cela ne signifie pas que les femmes ont fait de mauvais choix jusque-là, mais que les phases de la vie féminine se sont considérablement allongées. Au XVIᵉ siècle, les femmes devenaient fertiles à seize ou dix-sept ans, et dix ans plus tard, elles avaient eu tous leurs enfants. Aujourd'hui, quand le cerveau maternel prend le contrôle, elles sont en pleine activité professionnelle et la surcharge de leurs circuits cérébraux donne lieu à bien des tiraillements. Plus tard, elles se retrouvent face aux montagnes russes de la périménopause et de la ménopause, avec des jeunes enfants qui courent partout dans la maison. Et elles sont toujours occupées par leur travail. Si une femme n'est pas venue me consulter à la trentaine pour me parler de la difficulté de concilier carrière et maternité, elle le fera à la quarantaine pour m'expliquer qu'elle n'a tout simplement pas le temps d'être en périménopause. Elle ne peut se permettre d'avoir des troubles de mémoire et de concentration à cause d'un décalage hormonal qui la met dans le trente-sixième dessous.

Comment traduire tout cela en termes de biologie cérébrale féminine ? Il ne faut pas en déduire que les femmes devraient choisir entre famille et vie professionnelle, mais qu'elles devraient pouvoir avoir une idée des atouts qui leur seront nécessaires pour jongler avec ces éléments de leur vie dès l'adolescence. Bien sûr, nul ne peut prévoir l'avenir et prévoir tous les types de soutien dont nous aurons besoin, mais la compréhension de ce qu'il se passe dans notre cerveau à chaque phase est un pas important vers la maîtrise de notre destin. Nous devons aider la société à trouver les moyens de mieux agir en faveur de nos capacités et de nos besoins de femmes. C'est notre défi actuel.

Certaines souhaiteraient qu'on ne fasse pas la différence entre les hommes et les femmes. À l'Université de Californie de Berkeley, dans les années 1970, le mot d'ordre était « unisexe obligatoire ». Autrement dit, il était politiquement incorrect d'évoquer jusqu'à la différence entre les sexes. Quelques-unes sont encore persuadées que l'égalité entre hommes et femmes passe par l'unisexe. Or, biologiquement parlant, le cerveau unisexe n'existe pas. La crainte d'une discrimination fondée sur la différence est profondément ancrée parmi nous et pendant longtemps, la science n'a rien fait pour vérifier les affirmations sur les différences entre les sexes pour ne pas aller à l'encontre des revendications féminines. Mais prétendre qu'il n'y a aucune différence entre les hommes et les femmes ne rend service ni aux uns, ni aux autres, et cela nuit en fin de compte aux femmes. En perpétuant le mythe de la norme masculine, on ignore les différences réelles, biologiques, des femmes en matière de sévérité, de prédisposition et de traitement des maladies. On ignore également les processus de pensée qui leur sont propres et donc leur perception différente de ce qui est important.

Utiliser la norme masculine, c'est aussi sous-évaluer les points forts et les talents spécifiques du cerveau féminin. Jusqu'à aujourd'hui, les femmes ont dû fournir l'essentiel de l'effort culturel et linguistique pour s'intégrer au monde du travail. Nous avons fait l'effort de nous adapter à un monde d'hommes – après tout, grâce au câblage de notre cerveau, nous sommes douées pour le changement. J'espère que pour les femmes, leurs maris, leurs pères, leurs fils, leurs amis et leurs collègues masculins, ce livre aura servi de guide de l'esprit et du biocomportement féminins. Peut-être les informations qu'il apporte aideront-elles les hommes à s'adapter à notre monde.

Quand j'ai demandé à mes patientes quels seraient les trois souhaits qu'elles aimeraient voir exaucés par une bonne fée, presque toutes m'ont répondu : « Du bonheur dans ma vie, la réussite de mon couple, et moins de stress avec plus de temps à moi. » Or la vie moderne, qui oblige à mener de front carrière et vie de famille, permet difficilement de concilier les deux. C'est source de stress et le stress est la principale cause de l'anxiété et de la dépression. La raison pour laquelle nous sommes tellement attachées à remplir ce contrat social qui va souvent à l'encontre de notre câblage cérébral naturel et de notre réalité biologique demeure l'un des grands mystères de notre vie.

Depuis les années 1990, des découvertes scientifiques et des idées nouvelles concernant le cerveau féminin ont vu le jour. Ces vérités biologiques constituent un encouragement pour que le contrat social de la femme soit reconsidéré. Pendant la rédaction de ce livre, deux voix résonnaient dans ma tête : celle de la vérité scientifique et celle du politiquement correct. J'ai choisi de dire la vérité scientifique, même si elle risque de ne pas toujours être bien accueillie.

Dans le cadre de ma pratique, j'ai rencontré des milliers de femmes qui m'ont confié les plus intimes détails sur leur enfance, leur adolescence, leurs choix professionnels, leurs choix amoureux, la sexualité, la maternité et la ménopause. Si notre câblage cérébral n'a guère changé depuis un million d'années, les défis que nous rencontrons aujourd'hui au cours des différentes phases de notre existence n'ont plus rien à voir avec ceux qu'ont connus nos lointaines ancêtres.

Même s'il est scientifiquement prouvé qu'il existe des différences entre le cerveau masculin et le cerveau féminin, nos contemporaines vivent un véritable âge d'or de Périclès. L'époque d'Aristote, de Socrate et de Platon fut en effet la première période de l'histoire occidentale où les hommes eurent des moyens financiers suffisants pour permettre les recherches intellectuelles et scientifiques. Le XXIe siècle est la première période de l'histoire où les femmes se trouvent dans une situation semblable. Nous disposons non seulement du contrôle des naissances, mais de moyens économiques indépendants dans une économie de réseau. Grâce aux avancées dans le domaine de la fertilité, nous avons des possibilités de choix extraordinaires. Nous pouvons maintenant décider d'avoir ou non des enfants, de choisir le moment et la manière, et ce sur une durée beaucoup plus longue qu'auparavant. Nous ne dépendons plus financièrement des hommes et grâce à la technologie, nous pouvons naviguer simultanément et sans nous déplacer entre les tâches domestiques et les tâches professionnelles. Ces options offrent aux femmes la possibilité d'utiliser leur cerveau pour créer un nouveau paradigme pour la façon dont elles gèrent leur vie personnelle, leur vie professionnelle et leur vie reproductive.

Nous sommes au cœur d'une prise de conscience révolutionnaire de la réalité biologique féminine qui va transformer nos sociétés. Je ne me risquerai pas à prédire la nature exacte de ce changement, mais il me semble que nous allons passer d'une conception simpliste à une réflexion approfondie sur les modifications qui doivent être entreprises sur une grande échelle. Si la réalité extérieure est constituée par l'ensemble des conceptions individuelles, il faudra attendre que la conception dominante de notre réalité extérieure change pour la voir se modifier. Les faits scientifiques qui sont derrière la façon dont le cerveau féminin fonctionne, perçoit la réalité, réagit aux émotions, déchiffre celles d'autrui et s'occupe des autres sont la réalité des femmes. Les scientifiques commencent à avoir une vision nette de ce qui leur est nécessaire pour utiliser au maximum leur potentiel et pour se servir des dons innés du cerveau féminin. Elles ont l'impératif biologique de réclamer un nouveau contrat social qui les prenne en compte, elles et leurs besoins. Notre avenir et celui de nos enfants en dépendent.

APPENDICES

1

Cerveau féminin et
traitement hormonal substitutif

En 2002, deux études américaines, la Women's Health Initiative (WHI) et la Women's Health Initiative Memory Studies (WHIMS) montrèrent que des femmes qui avaient pris un certain type de traitement hormonal substitutif de la ménopause (THS) pendant six ans, à partir de l'âge de soixante-quatre ans, présentaient un risque légèrement supérieur de cancer du sein, d'accident vasculaire et de démence. Depuis, la confusion règne à propos de ce THS. Un grand nombre de médecins ont fait marche arrière et sont revenus sur leurs déclarations à leurs patientes à ce propos. Et tant le corps médical que les femmes se sont sentis trahis.

Rien n'est donc réglé et la question reste en suspens. Faut-il ou non suivre une hormonothérapie de substitution après la ménopause ? Chaque femme veut savoir si, dans son cas personnel, les avantages seront plus importants que les inconvénients. Dans la mesure où les participantes à l'étude WHI avaient en moyenne soixante-quatre ans et n'avaient pas pris d'hormones pendant treize ans après leur ménopause, ces résultats étaient-ils valables pour une femme de cinquante et un ans, par exemple, en train de franchir le cap de la ménopause avec son cortège de troubles ? Ou pour une femme d'une soixantaine d'années qui avait pris le traitement de manière épisodique ? Et les femmes de se demander si leur cerveau allait s'adapter à la carence en œstrogènes et si, en l'absence de traitement hormonal, leurs cellules cérébrales resteraient sans protection.

La WHI n'ayant pas eu pour vocation de répondre aux questions concernant les rapports entre le THS et la protection du cerveau féminin, nous devons nous tourner vers d'autres études qui ont observé précisément les effets des œstrogènes sur le cerveau.

Les effets des œstrogènes sur les cellules et le fonctionnement du cerveau ont été largement étudiés en laboratoire sur des femelles de petits rongeurs et de primates. Ces recherches ont montré sans ambiguïté que les œstrogènes favorisent la survie, la croissance et la régénération des cellules cérébrales. D'autres études, portant cette fois sur des femmes, permettent de penser qu'ils agissent positivement sur la croissance des neurones et le maintien des fonctions cérébrales au fur et à mesure que nous prenons de l'âge. Elles ont été effectuées à partir de l'imagerie cérébrale de femmes en postménopause, certaines sous traitement substitutif hormonal et d'autres non. Parmi les femmes sous traitement, les zones suivantes ne présentaient pas le rétrécissement habituel consécutif au vieillissement : le cortex préfrontal (zone de la prise de décision et du jugement) ; le cortex pariétal (zone du traitement de la parole et des capacités d'écoute) et le lobe temporal (zone du traitement de certaines émotions). Compte tenu de ces résultats positifs, de nombreux scientifiques souhaitent maintenant faire reconnaître le rôle protecteur du THS contre la dégénérescence cérébrale due à l'âge, même si cela va à l'encontre des résultats de la WHI et de la WHIMS.

Il faut noter qu'il n'existe aucune étude à long terme des effets du THS sur le cerveau des femmes qui l'entament dès la ménopause, vers l'âge de cinquante et un ans. La Kronos Early Estrogen Prevention Study, débutée en 2005, a été conçue par Fred Naftolin et ses collègues de l'université Yale pour déterminer les effets du THS sur des femmes entre quarante-deux et cinquante-huit ans, soit à la périménopause et à la ménopause. Les résultats seront connus après 2010. D'ici là, sur quelles informations autres que celles fournies par la WHI et la WHIMS pouvons-nous nous appuyer pour décider en connaissance de cause de la conduite à tenir ?

Côté positif, la Baltimore Longitudinal Study of Aging, l'étude scientifique la plus longue effectuée aux États-Unis sur le vieillissement humain – elle a été entamée en 1958 – a montré de nombreux effets positifs du THS sur le cerveau. Elle révèle que les femmes sous hormonothérapie ont une meilleure irrigation sanguine de l'hippocampe et d'autres aires cérébrales liées à la mémoire verbale. Elles ont également de meilleures performances aux tests de mémoire verbale et de mémoire visuelle que les femmes qui n'ont jamais été traitées. Le traitement hormonal substitutif, avec ou sans progestérone, aide également à protéger l'intégrité structurelle des tissus cérébraux, ce qui a une action préventive sur le rétrécissement cérébral dû à l'âge.

Certaines régions du cerveau vieillissent plus ou moins rapidement chez les hommes et chez les femmes, de la même façon qu'elles se développent à des rythmes différents à des phases antérieures de l'existence. Nous savons que le cerveau masculin rétrécit plus vite avec l'âge que le cerveau féminin. C'est particulièrement juste dans des zones comme l'hippocampe ; la matière blanche du cortex préfrontal, qui accélère la prise de décision ; et le gyrus fusiforme, impliqué dans la reconnaissance des visages. Les chercheurs de l'UCLA ont découvert que les femmes en postménopause sous traitement œstrogénique étaient moins en colère et moins déprimées, et avaient de meilleurs résultats aux tests d'audition, de mémoire active et de fluidité verbale que les femmes en postménopause non traitées. Elles avaient également de meilleurs résultats que les hommes. Des chercheurs de l'Université de l'Illinois ont constaté pour leur part une diminution du volume de toutes les zones du cerveau plus importante chez les femmes n'ayant jamais pris le THS que chez les femmes sous traitement. Ils se sont aussi aperçus que plus le traitement durait, plus la matière grise était volumineuse, comparée à celle des femmes non traitées. Ces effets positifs se maintenaient et même allaient en s'accentuant avec le traitement.

Le cerveau de chaque femme est unique, ce qui ne facilite pas les études comparatives entre individus. L'étude du cerveau de jumelles identiques permet de tourner cette difficulté. Des chercheurs suédois ont ainsi étudié pendant plusieurs années des couples de jumelles en post-ménopause entre soixante-cinq et quatre-vingt-quatre ans, l'une étant sous traitement, l'autre pas. Les utilisatrices du THS avaient de meilleurs résultats aux tests de fluidité verbale et de mémoire active que leur jumelle, et elles avaient 40 % de déficit cognitif en moins, quel que soit le type et la durée de leur traitement.

Au Canada, Barbara Sherwin a aussi étudié pendant plus de vingt-cinq ans l'effet des œstrogènes sur le cerveau de femmes en postménopause et ayant subi une hystérectomie. Ses recherches ont montré l'effet protecteur de la prise d'œstrogènes sur la mémoire verbale des femmes de quarante-cinq ans en bonne santé placées sous traitement tout de suite après l'intervention. En revanche, il n'y avait aucun effet quand le traitement était donné à des femmes plus âgées, quelques années après leur ménopause chirurgicale. Ces résultats suggèrent qu'il existe une période critique pour débuter un traitement œstrogénique après la ménopause. Pour Barbara Sherwin, ce serait là une explication à l'absence d'effet protecteur du THS sur le vieillissement cognitif constaté dans le cadre de l'étude WHIMS.

Ces études récentes sur les effets protecteurs du THS sur le cerveau, à opposer aux résultats de la WHI et de la WHIMS, jettent un éclairage sur certaines des controverses actuelles autour de l'action du traitement substitutif de la ménopause sur le cerveau.

Questions fréquemment posées

Que se passe-t-il dans mon cerveau quand je franchis le cap de la ménopause ?

Techniquement parlant, la ménopause proprement dite ne dure pas plus de vingt-quatre heures, douze mois exactement, jour pour jour, après les dernières règles. Dès le lendemain commence la postménopause. Les douze mois qui précèdent cette unique journée de ménopause sont les derniers de ce qu'on appelle la périménopause. Entre quarante et quarante-cinq ans, le cerveau féminin entame la phase précoce de la périménopause, c'est-à-dire les deux à neuf ans qui précèdent le jour de la ménopause. À ce stade, la sensibilité du cerveau aux œstrogènes commence à diminuer. Le dialogue parfaitement chronométré entre les ovaires et le cerveau se détraque. L'horloge biologique qui contrôle le cycle menstruel ne joue plus son rôle. Du fait de cette différence de sensibilité, le timing du cycle se modifie et les règles commencent avec un jour ou deux d'avance. Le flux menstruel peut varier lui aussi. Au fur et à mesure que la sensibilité du cerveau aux œstrogènes diminue, les ovaires tentent de compenser en sécrétant certains mois des doses plus importantes de ces hormones, ce qui augmente le flux menstruel. Cette baisse de sensibilité peut aussi provoquer une cascade de symptômes qui varient d'un mois sur l'autre et d'une année sur l'autre, et qui vont des bouffées de chaleur à la dépression, en passant par des douleurs articulaires, de l'anxiété et des variations de la libido.

La dépression est un problème incroyablement fréquent à la périménopause. Les chercheurs du National Institute of Mental Health ont découvert qu'à cette période, les femmes ont un risque de dépression quatorze fois supérieur à la normale. Ce risque est particulièrement élevé vers la fin de la périménopause, c'est-à-dire pendant les deux ans qui précèdent l'arrêt des règles. Quelle en est la raison ? Au plus

fort des modifications œstrogéniques, les substances neurochimiques et les cellules cérébrales habituellement alimen-
tées par les œstrogènes, comme les cellules de sérotonine,
ont commencé à subir des perturbations. Cette dépression
de la périménopause se traite parfois par la seule prescrip-
tion d'œstrogènes, à condition qu'elle soit modérée. En fin
de compte, la périménopause, avec les modifications cérébrales des œstrogènes et de la sensibibilité au stress, peut
être une période de vulnérabilité à l'instabilité de l'humeur
et à l'irritabilité. La dépression peut survenir d'un seul
coup, même en l'absence de tout épisode antérieur.

Si aucun événement douloureux n'en est la cause, un
sentiment de tristesse peut être le résultat de la baisse des
œstrogènes dans le cerveau, laquelle entraîne à son tour une
diminution de substances neurochimiques qui ont un effet
positif sur l'humeur comme la sérotonine, la norépinéphrine
et la dopamine. Un niveau peu élevé d'œstrogènes peut
entraîner une irritabilité, des difficultés de concentration et
de la fatigue, que vient encore aggraver le manque de
sommeil. Le sommeil, accompagné ou non de bouffées de
chaleur, est un problème majeur pour de nombreuses femmes en périménopause. Il n'est jamais bon de mal dormir,
mais c'est encore plus vrai après la quarantaine. Le sommeil
permet de régénérer le cerveau. Malheureusement, les
variations œstrogéniques de la périménopause risquent de
dérégler l'horloge du sommeil dans le cerveau féminin.
Quand on dort mal pendant plusieurs jours de suite, on a les
plus grandes difficultés à se concentrer; on devient aussi
plus impulsive et plus irritable qu'à l'accoutumée et nos
paroles dépassent souvent notre pensée. Pour conserver de
bonnes relations avec les autres, mieux vaut donc tenir sa
langue dans ces moments-là. L'expérience m'a montré que
tous ces symptômes de la périménopause peuvent habituellement être traités par une combinaison d'œstrogènes,
d'antidépresseurs, d'exercice, de régime, de sommeil et
d'une psychothérapie cognitive ou de soutien.

Une fois le cap de la ménopause franchi, le cerveau a

commencé à s'adapter à la chute du niveau des œstrogènes. Pour la plupart des femmes, les symptômes perturbants de la périménopause vont s'atténuer. Certaines, en revanche, connaîtront encore pendant cinq ans, voire plus, la fatigue, les modifications de l'humeur, les réveils nocturnes, « la tête dans le brouillard » et les troubles de mémoire et plus de 15 % ont des bouffées de chaleur une dizaine d'années ou plus après la ménopause. Trois femmes en postménopause sur dix connaissent des périodes de déprime ou de dépression et huit sur dix sont fatiguées. (Toutes les femmes fatiguées devraient faire vérifier le fonctionnement de leur thyroïde.) Quelques études – pas toutes – ont montré que les fonctions cognitives liées à l'âge, comme la mémoire à court terme, déclinaient plus rapidement dans les cinq premières années suivant la ménopause.

En règle générale, le cerveau féminin s'adapte à la baisse de niveau des œstrogènes qui accompagne l'arrêt progressif du fonctionnement des ovaires. Les femmes en préménopause qui subissent une ablation des ovaires et de l'utérus, toutefois, se trouvent brutalement ménopausées. La chute soudaine des œstrogènes et de la testostérone peut déclencher une baisse de l'énergie, de l'estime de soi et de la libido, ainsi que d'importantes modifications de l'humeur et du sommeil accompagnées de bouffées de chaleur. On peut souvent éviter ces problèmes consécutifs à une hystérectomie totale en entamant un traitement œstrogénique de substitution sitôt après l'intervention, voire avant. Comme les résultats des études effectuées par Barbara Sherwin l'ont suggéré, un traitement précoce peut s'avérer particulièrement important pour la protection des fonctions mémorielles à la suite d'une telle opération.

Dois-je suivre un traitement hormonal pour mon cerveau et si oui, comment réduire le risque d'accident vasculaire et de cancer du sein ?
Aujourd'hui, la plupart des médecins estiment qu'à la périménopause ou à la ménopause, chaque femme est la

mieux placée pour savoir ce qui lui convient en fonction de ses symptômes. Pour nombre d'entre elles, le THS, surtout le traitement œstrogénique en continu, aide à stabiliser l'humeur et améliore la mémoire et la concentration. Certaines estiment qu'il leur a permis de retrouver leur vivacité d'esprit. D'autres se plaignent d'effets indésirables comme des saignements, des crampes, une sensibilité mammaire et une prise de poids, qui les conduisent parfois à interrompre le traitement.

Quel conseil peut-on donc donner aujourd'hui ? La Food and Drug Administration recommande aux femmes en post-ménopause qui se plaignent de leurs symptômes de prendre un traitement hormonal aussi faiblement dosé que possible, sur la période la plus courte possible, dans la mesure où pour les scientifiques, des doses faibles semblent plus sûres. L'Executive Committee of the International Menopause Society conseille aux médecins de continuer à prescrire le traitement aux femmes à la ménopause et de ne pas l'interrompre chez celles qui le supportent bien parce que la WHI et la WHIMS n'ont pas étudié de femmes en périménopause. Quelques scientifiques américains comme Fred Naftolin, de l'université Yale, s'inquiètent de voir qu'aujourd'hui des médecins privent des femmes du traitement œstrogénique qui leur permettrait de prévenir les problèmes avant qu'il ne soit trop tard. Écoutons-le :

« Ainsi (...) ces symptômes de la ménopause sont le signal d'une carence en œstrogènes [qui] viennent nous avertir de la nécessité de tester l'idée de la prévention par le TSH. Les Américains doivent reconsidérer leur position actuelle sur la prévention des complications de la ménopause par les œstrogènes et faire bénéficier les femmes du [traitement] et de la rigueur scientifique auxquels elles ont droit. »

Selon certaines études, la fenêtre de la prévention se referme six ans après la ménopause et le THS ne doit pas débuter après ce délai. En conclusion, c'est à chaque femme de discuter des avantages et des risques du traitement avec son gynécologue. Rogerio Lobo, spécialiste de l'hormo-nothérapie, explique que si l'on fait « un usage adéquat des hormones, les inquiétudes quant à l'augmentation du risque d'accident cardio-vasculaire et de cancer du sein n'ont guère lieu d'être. Faire un usage adéquat du traitement, c'est l'appliquer à des femmes relativement jeunes et en bonne santé qui présentent les symptômes de la ménopause, pres-crire des hormones à faible dose et passer dès que possible à un traitement à base d'œstrogènes seuls. »

Si vous souffrez de symptômes qui nuisent à votre quali-té de vie, un traitement hormonal de quelques années peut vous paraître souhaitable, le temps de franchir cette étape. Il est naturel de vouloir, comme la majorité des femmes, être au mieux de sa forme durant cette période de transition. Et si vous décidez de le suivre, ne croyez pas que cela vous engage pour de longues années. Vous pouvez décider de l'arrêter ou de le poursuivre après la périménopause. La science continue à faire des découvertes et des produits sont régulièrement mis sur le marché. La concurrence est grande dans l'industrie pharmaceutique pour mettre au point des médicaments simulant l'effet positif des œstrogènes sur les os et le cerveau, sans présenter de risques pour le cœur, les seins, l'utérus et le système vasculaire. D'autres types de remèdes et de traitements peuvent également se révéler très utiles, dont l'exercice, les antidépresseurs inhibiteurs sélec-tifs de la recapture de la sérotonine (IRSS), le soja, un régime riche en protéines et pauvre en calories, la vitamine E et les complexes de vitamine B, l'acupuncture, les techni-ques antistress et la pratique de la méditation. Il faut surtout se tenir informée et reconsidérer chaque année sa position vis-à-vis du traitement.

Si vous décidez de prendre le THS, des réajustements seront peut-être nécessaires, car les réactions varient selon la personne. Certains gynécologues préfèrent débuter en utilisant des hormones bio-identiques [*], qui ressemblent à

---

[*] Appelées aussi « hormones naturelles ». Produites en laboratoire,

celles produites par les ovaires. D'autres formules existent et chacune devrait pouvoir trouver la sienne, entre les patchs, les pilules, les gels, les formes injectables et les implants sous-cutanés. Si vous ne sentez pas d'amélioration, n'abandonnez pas pour autant. Demandez à votre médecin de vous prescrire pendant un an ou deux un traitement qui va s'ajouter ou se substituer aux hormones pour lutter contre les symptômes, par exemple des antidépresseurs comme le Zoloft, le Prozac ou l'Effexor, des plantes, de l'exercice ou de la relaxation. Vous connaissez votre corps mieux que personne et vos symptômes sont votre meilleur guide. Et consultez régulièrement pour faire le point.

Si les femmes sous THS étudiées dans le cadre de la WHI et de la WHIMS présentaient relativement plus d'attaques cérébrales, de signes de démence et de crises cardiaques aux yeux des scientifiques, c'est notamment parce qu'avec des vaisseaux déjà obstrués et vieillissants, la prise d'œstrogènes aggrave la situation pour le cœur et le cerveau, d'autant que beaucoup de ces femmes étaient fumeuses. Si vous décidez de suivre un THS, surveillez votre tension artérielle et votre taux de cholestérol, abstenez-vous de fumer, faites au moins une heure par semaine de renforcement cardio-vasculaire, mangez un maximum de légumes, prenez des vitamines, réduisez votre stress et cultivez vos soutiens amicaux, professionnels et affectifs.

Ce qui inquiète le plus les femmes, quand on parle du THS, ce n'est pas la question des fonctions cérébrales, mais la prise de poids. Dans le monde entier, c'est la principale raison qui les pousse à arrêter le traitement. Notre appétit est contrôlé par l'hypothalamus. Dans la mesure où c'est dans cette zone cérébrale qu'ont lieu beaucoup de modifications au cours de la ménopause, certains scientifiques pensent que la baisse des œstrogènes a un effet adverse sur les cellules qui contrôlent l'appétit. Pour vérifier si la prise

---

elles ont la même structure que les hormones produites par le corps humain. *(NdT.)*

de poids était bien due au THS, des chercheurs norvégiens ont effectué une étude portant sur dix mille femmes entre quarante-cinq et soixante-cinq ans, les unes prenant le traitement, les autres non. Les résultats ont montré qu'il n'y avait aucun rapport entre le THS et la prise de poids. D'après cette étude, ce sont en effet les modifications de régime alimentaire et d'activité physique, peut-être suscitées par des changements dans l'hypothalamus à la ménopause, qui font grossir.

À propos du THS : œstrogènes seuls ou associés a la progestérone ?

Il est important de noter qu'un traitement à base d'œstrogènes seuls, sans progestérone, ne concerne que les femmes ménopausées qui ont subi une hystérectomie. Ce n'est pas la même chose que le THS, le traitement substitutif hormonal avec progestérone, qui est prescrit aux femmes ayant toujours leur utérus. La différence est importante, car le THS avec progestérone – œstroprogestatif – empêche les œstrogènes d'épaissir la muqueuse utérine, l'endomètre, et de risquer de développer des cellules cancéreuses. On peut prendre la progestérone sous forme orale, combinée avec des œstrogènes, ou sous forme d'un dispositif intra-utérin avec de la progestérone ou un gel vaginal. Il semblerait toutefois que la progestérone annule certains effets positifs des œstrogènes sur le cerveau féminin. De même qu'elle empêche la croissance de cellules indésirables dans l'utérus, elle inverserait la croissance de certaines connexions cérébrales nouvelles. C'est pourquoi les bienfaits du THS œstroprogestatif sur le cerveau sont sujets à controverse. La femme privée d'utérus qui peut prendre des œstrogènes seuls bénéficie de tous leurs avantages comme durant la meilleure partie de son cycle menstruel, en permanence, mais sans la progestérone qui était à l'origine du syndrome prémenstruel. Certaines femmes qui ne supportent pas la progestérone, mais ont toujours leur utérus, peuvent faire pratiquer chaque année une dilatation et un curetage (DC) de l'endomètre ou une ablation de l'endomètre. Une exploration de l'endomètre par ultrasons via le vagin pour vérifier qu'il n'a pas épaissi est également possible. Quant aux femmes traitées par les doses les plus faibles d'œstrogènes, elles n'ont généralement pas besoin de prendre aussi de la progestérone, même si elles ont encore leur utérus.

C'est seulement de nombreuses années après la ménopause que le vieillissement naturel commence à avoir un effet notable sur les fonctions du cerveau féminin. Les troubles de mémoire commencent parfois dès l'âge de cinquante ans, mais ils sont généralement mineurs. Le traitement hormonal substitutif aide parfois à le ralentir – pas toujours. Nombre de ces processus de vieillissement impliquent une diminution de l'irrigation sanguine et des capacités du corps à réparer les dommages.

On sait maintenant que les œstrogènes maintiennent les vaisseaux cérébraux en bon état. Des chercheurs de l'Université de Californie à Irvine ont découvert par quel mécanisme : les œstrogènes augmentent l'efficacité des mitochondries dans les vaisseaux sanguins du cerveau, ce qui pourrait expliquer pourquoi les femmes en pré-ménopause ont moins d'accidents vasculaires cérébraux que les hommes du même âge. Une étude effectuée au Children's Hospital de Pittsburgh, en Pennsylvanie, a également révélé que les cellules cérébrales ne meurent pas de la même façon à la suite d'une blessure selon que l'on est un homme ou une femme. Chez la femme, le niveau de glutathion, une molécule qui aide les cellules cérébrales à survivre au manque d'oxygène, reste stable après une blessure au cerveau, mais sa baisse peut atteindre 80 % chez l'homme, avec pour conséquence la mort d'un plus grand nombre de cellules cérébrales. Peut-être les cellules meurent-elles selon des schémas et des voies biologiques établis pour chaque sexe, ce qui pourrait être en rapport avec la longévité supérieure des femmes.

On constate aussi des différences entre les sexes dans d'autres processus du vieillissement. Il semblerait par exemple que les œstrogènes et la progestérone aident à réparer et à entretenir les « câbles » reliant différentes zones cérébrales. Au fur et à mesure que le cerveau vieillit et que le corps ne répare plus ces connexions, nous perdons de la matière blanche et le cerveau traite et envoie l'information plus lentement, ou cesse de le faire. Certains signaux sont donc émis plus faiblement, modifiant la rapidité, les voies et les schémas cérébraux.

L'un des processus qui ralentit souvent de manière notable est la recherche de souvenirs. Même en l'absence de maladie spécifique ou de démence, ce phénomène est fréquent avec l'âge. La maladie d'Alzheimer est l'une des démences qui détruit peu à peu les cellules cérébrales et altère les fonctions mentales. Elle se manifeste par la formation de plaques dans le cerveau, qui ralentissent la communication des cellules entre elles, avant de les détruire. Même si les hommes ont tendance à être plus exposés que les femmes aux troubles de mémoire dus au vieillissement, les femmes en postménopause auraient trois fois plus de risques que les hommes d'être atteintes par la maladie. Les scientifiques ignorent pour le moment les raisons de ce phénomène, mais ils soupçonnent qu'il est en relation avec les niveaux d'œstrogènes et de testostérone dans le cerveau des hommes âgés, qui sont supérieurs à ceux des femmes ménopausées ne prenant pas le THS. Des études sur le cerveau à partir d'un modèle animal de l'Alzheimer ont montré une insuffisance en œstrogènes. Malgré tout, le mystère demeure sur ce qui fait que les femmes ont plus de risques d'être atteintes par cette maladie, même si l'on tient compte de leur longévité en moyenne supérieure.

Les études indiquent que la prise précoce d'œstrogènes au cours de la ménopause, au moment où les neurones sont encore sains, réduit le risque de maladie d'Alzheimer. En revanche, ce n'est pas le cas si le traitement débute une fois la maladie déclarée ou des décennies après la ménopause. D'après l'expérimentation animale et les études effectuées sur les humains, il semblerait que la prise d'œstrogènes puisse faire reculer les symptômes de démence et de vieillissement cérébral chez le sexe féminin. La perspective qu'elle puisse dans certains cas participer à la prévention de l'Alzheimer chez les femmes est séduisante, mais il n'existe aucune preuve à ce jour.

Pour les femmes, y compris les femmes ménopausées, il est essentiel de rester en contact avec les autres et d'être entourée, car cela leur permet de réduire le stress de la solitude et du vieillissement. Les femmes ne réagissent pas de la même manière que les hommes au stress et elles retirent plus de bénéfices de ce soutien.

Des activités multiples peuvent contrer les effets du vieillissement sur le cerveau. Des chercheurs de l'Université Johns Hopkins ont découvert que les taux de démence étaient les moins élevés chez les hommes et les femmes âgés de plus de soixante-cinq ans qui avaient la plus vaste gamme d'activités. L'exercice physique comme la marche et le vélo, mais aussi les exercices mentaux comme les jeux de cartes, jouent un rôle essentiel. Au fur et à mesure que le corps vieillit, il est important de rester actif en différents domaines, car c'est la diversité, plus que l'intensité, qui est apparemment la clé de l'efficacité.

Faire face à une autre perte cérébrale : celle de la testostérone

Malheureusement, la carence en œstrogènes n'est pas la seule perte cérébrale à laquelle les femmes doivent faire face à la ménopause. À cinquante ans, un grand nombre d'entre elles ont perdu jusqu'à 70 % de leur testostérone. Cette diminution n'est pas seulement due au ralentissement de la production ovarienne, mais aussi à celui de la sécrétion de testostérone par les glandes surrénales, qui fournissent jusqu'à 70 % des androgènes et de la testostérone chez la femme au cours de ses années de fertilité, sous forme d'une préhormone, la DHEA. Cette transition hormonale s'appelle l'adrénopause. Après la ménopause, les surrénales produisent encore malgré tout 90 % des androgènes et de la testostérone. En fait, cette perte de production surrénalienne de la testostérone et des androgènes touche les hommes comme les femmes, dans la mesure où certaines cellules des surrénales commencent à mourir vers l'âge de quarante ans. À cinquante ans, les hommes ont perdu la moitié de leur testostérone surrénalienne et 60 % de la testostérone produite par les testicules quand ils étaient jeunes. Il en résulte souvent une diminution de la pulsion sexuelle à cette période. Dans la mesure où il faut de la testostérone pour éveiller l'intérêt pour le sexe dans le cerveau, la chute de la testostérone après la ménopause peut le diminuer, voire le faire disparaître chez certaines femmes.

Pendant la majorité de leur âge adulte, les hommes produisent de dix à cent fois plus de testostérone que les femmes, avec un taux de 300 à 1 000 picogrammes par millilitre contre un taux de 20 à 70 picogrammes par millilitre pour elles. Malgré une perte moyenne de 3 % par an à partir du pic de production, vers l'âge de vingt-cinq ans, le taux de testostérone masculin se maintient en règle générale largement au-dessus de 350 picogrammes par millilitre jusqu'à l'âge mûr et au-delà, et 300 picogrammes par millilitre suffisent à entretenir l'intérêt pour le sexe. La femme a besoin de beaucoup moins de testostérone pour éveiller son désir, mais il lui en faut suffisamment pour stimuler son centre du sexe dans le cerveau. Chez elle, le pic se situe à dix-neuf ans et quand elle atteint quarante-cinq, cinquante ans, la baisse de niveau a pu atteindre 70 %, ce qui laisse certaines avec des taux vraiment bas. Elles sont alors comme des voitures au réservoir vide. Le centre du sexe dans l'hypothalamus n'a plus le carburant chimique nécessaire pour déclencher le désir et la sensibilité génitale. Le moteur physique et le moteur mental de l'excitation sexuelle calent.

À tout âge, les femmes se plaignent de leur manque d'intérêt pour le sexe et de leur comportement au lit. Quatre Américaines sur dix sont à un degré ou à un autre insatisfaites de leur vie sexuelle, et entre quarante et soixante ans, ce chiffre atteint six sur dix. Pendant et après la périménopause, elles se plaignent surtout d'une baisse d'intérêt et de désir, de difficultés à atteindre l'orgasme, d'orgasmes moins intenses, et d'aversion envers les contacts physiques ou purement sexuels. Des millions de femmes constatent la disparition subite de leur pulsion sexuelle et les chercheurs ont découvert que le phénomène se retrouve dans le monde entier. Les profonds changements hormonaux qui se produisent dans le cerveau en sont la cause biologique. Les montées ovariennes d'œstrogènes, de progestérone et de testostérone qui venaient auparavant imprégner le cerveau se terminent. La production ovarienne et surrénalienne d'androgènes et de testostérone, qui a débuté à la puberté et s'est maintenue à un niveau élevé à partir de vingt ans jusqu'au début de la trentaine, commence à baisser à un rythme annuel de 2 %. À soixante-dix ou quatre-vingts ans, le taux n'est plus que 5 % environ de celui qu'il était à vingt ans. À partir de la trentaine, la libido diminue avec l'âge et cette baisse touche particulièrement les femmes qui ont subi une ablation des ovaires.

Le nombre des rapports et l'intérêt pour le sexe baissent chez la femme à partir de la quarantaine et de la cinquantaine. La plupart de celles qui ont un partenaire sexuel à la ménopause continuent à avoir des rapports et des études effectuées dans des maisons de retraite montrent qu'un quart des femmes entre soixante-dix et quatre-vingt-dix ans se masturbent encore. Chez les femmes qui ont constaté une baisse de leur libido et souhaitent la réactiver, il est possible de remonter le niveau de la testostérone au moyen de gels, de crèmes ou de pilules. Il faut néanmoins constater que la médecine ne s'intéresse que depuis peu à la carence des femmes en testostérone. Les médecins redoutaient plutôt un surdosage de cette hormone traditionnellement associée à la virilité, qui risquait d'entraîner des signes de masculinisation : pilosité faciale, agressivité, voix grave. C'est notamment pour cette raison qu'on ne dispose pas encore d'éléments marquants sur la gêne réelle qu'entraîne l'insuffisance en testostérone chez la femme.

Que faire et à qui s'adresser pour les questions portant sur la sexualité ?

Pour celles qui ont connu la révolution sexuelle et les avancées du féminisme, toute femme a droit à des rapports sexuels harmonieux et épanouis. Depuis vingt à trente ans, le stéréotype de la femme qui saute avec enthousiasme dans un lit et prend même l'initiative a remplacé la conception plus traditionnelle de la femme réservée qu'il fallait séduire ou dégeler avec un verre d'alcool. Mais cette femme nouvelle est une fiction au même titre que l'ancienne. La vérité, c'est qu'au début de la ménopause, hélas, de nombreuses femmes découvrent que non seulement une relation sexuelle réussie est chose rare, mais qu'elles ne disposent plus des mêmes moyens physiques pour cela, quand elles ne jugent pas la chose sans intérêt. Elles peuvent se retrouver brusquement avec un désir assoupi ou inexistant, des difficultés à être excitées, ou une absence d'orgasme, autant de changements pour le moins surprenants et décourageants. Chaque jour, dans mon cabinet, je reçois des femmes qui ont ce genre de problème. Elles se plaignent de ne pas trouver de médecin compétent pour traiter les variations de la sexualité en fonction de la personnalité de chacune et des fluctuations hormonales au cours de son existence. À ce jour, rares sont les facultés de médecine qui proposent un cours spécifique sur le thème de la réponse sexuelle de la femme.

Les gynécologues eux-mêmes ne proposent guère de solutions aux problèmes sexuels féminins et ils trouvent rarement des causes physiques à leurs symptômes. En conséquence de quoi, ils attribuent ces derniers au « fait de prendre de l'âge, tout simplement », sans tenir compte des inconvénients majeurs qu'ils présentent pour leur vie amoureuse et leur qualité de vie. Les psychiatres et les thérapeutes de couple ne sont pas mieux placés pour offrir de l'aide, car ils ont tendance à penser que le problème est dans la tête et provient des tensions dans le couple ou de difficultés ancrées dans les relations intimes. La psychanalyse a été une réponse traditionnelle à ces problèmes : la femme se retrouve sur un divan pendant sept à dix ans pour tenter de retrouver l'origine de sa « frigidité » anormale ou de sa « résistance » psychologique au sexe. On peut toutefois s'interroger sur son utilité, dans la mesure où à cette étape de la vie féminine, ces difficultés ne sont pas le résultat d'un conflit psychologique, mais constituent une réaction biologique et psychologique normale à des modifications hormonales.

Le traitement substitutif par la testostérone est l'une des solutions pour restaurer la libido chez ces femmes. Dans les années 1970, des médecins de l'université de Chicago ont expérimenté la prise de testostérone par des patientes atteintes de cancers du sein, avec l'idée que cette hormone abaisserait chez elles les niveaux d'œstrogènes, qui peuvent favoriser le cancer. Cela n'a pas été le cas, mais la libido et la capacité des patientes à avoir un orgasme se sont accrues de façon considérable. Barbara Sherwin, de l'université McGill, au Canada, a fait les mêmes constatations dans les années 1980 en plaçant sous testostérone des femmes qui avaient subi une ablation des ovaires. Celles qui prenaient le traitement constataient qu'elles s'intéressaient de nouveau au sexe, tandis que les autres faisaient état d'une chute brutale de leur libido.

On commence enfin à viser au-dessus de la ceinture et à envisager de soigner les dysfonctionnements sexuels des femmes à partir des centres du cerveau en relation avec le désir et le plaisir. Et le traitement qui marche, la thérapie de remplacement de la testostérone, est finalement en train d'être reconnu. Depuis quelques années, la supplémentation en testostérone fait un tabac dans la population masculine, mais ce n'est que très récemment que les médecins se sont mis à prescrire de la testostérone à leurs patientes sous forme de gel, de patchs ou de crème. Personnellement, je le fais depuis 1994, avec des résultats globalement positifs.

Quand les femmes se plaignent d'une chute de la libido, le traitement substitutif par la testostérone leur permet souvent de la retrouver comme avant. Nous savons qu'en prescrivant de la testostérone à une femme, nous augmentons son besoin de se masturber et nous raccourcissons le temps qu'elle met à parvenir à l'orgasme, mais que nous n'accroissons pas nécessairement son désir d'avoir des rapports avec son partenaire. Si elle peut augmenter de manière spectaculaire l'intérêt de certaines pour le sexe, cette hormone n'est pas la panacée pour toutes, au contraire de ce que nous avons cru à une époque. Les hommes eux-mêmes sont en train de se rendre compte que ni la testostérone, ni le Viagra ne sont le remède-miracle promis par les compagnies pharmaceutiques. Malgré tout, il est indéniable que l'absence ou la présence pratiquement inquantifiable de testostérone chez l'homme et chez la femme peuvent être à l'origine d'un dysfonctionnement sexuel. Un traitement substitutif par la testostérone existe pour les deux sexes. Qu'elles soient en préménopause ou en postménopause, les femmes qui se plaignent d'un manque d'intérêt pour le sexe ont droit de la même manière que les hommes à l'essayer.

La testostérone n'a pas seulement un effet sur le centre du sexe dans le cerveau. Elle a aussi une influence positive sur les capacités mentales et sur le développement musculaire et osseux. Elle peut toutefois entraîner des effets indésirables comme la chute des cheveux, de l'acné, une odeur corporelle, une pilosité faciale et une voix plus grave. Mais beaucoup d'hommes et de femmes n'hésitent pas à prendre le risque, en raison de son action sur le cerveau, qui inclut une meilleure concentration, une amélioration de l'humeur, ainsi qu'une augmentation de l'énergie et du désir sexuel.

2

Cerveau féminin et dépression
du post-partum

Dans l'année suivant l'accouchement, le cerveau d'une femme sur dix va souffrir de dépression. On ignore pourquoi, mais ces 10 % de femmes ne parviennent pas à retrouver intégralement leur équilibre après les changements hormonaux massifs qui suivent la naissance de l'enfant. Les troubles psychiatriques du post-partum vont du baby-blues à la psychose, mais la dépression est le plus courant d'entre eux. On pense que les modifications hormonales accroissent la sensibilité génétique à la dépression de celles qui en sont atteintes. Pour Ken Kendler, de la Virginia Commonwealth University, il existerait des gènes qui modifieraient le risque de dépression dans la réponse de la femme à la production cyclique d'hormones sexuelles, notamment lors du post-partum. Ces gènes agiraient sur le risque de dépression majeure chez la femme, mais ne seraient pas actifs chez l'homme, qui ne subit pas lesdites variations hormonales. Ces résultats permettent de penser que les variations des œstrogènes et de la progestérone jouent un rôle dans le déclenchement des troubles de l'humeur chez les femmes atteintes de dépression du post-partum.

Il existe apparemment de multiples raisons au déclenchement de la dépression du post-partum chez ces 10 % de femmes. Pendant la grossesse, le cerveau a mis un « frein » à la réponse au stress ; après l'accouchement, ce frein est brutalement relâché. Chez 90 % des femmes, le cerveau retrouve alors une réaction normale au stress, mais chez les autres, plus vulnérables, il en est incapable. Il développe une hyperactivité au stress et la femme sécrète trop de cortisol, l'hormone du stress. Elle sursaute à tout bout de champ, a les nerfs à fleur de peau et le moindre détail lui paraît une montagne. Elle se montre hypervigilante vis-à-vis du bébé, hyperactive, incapable de se rendormir la nuit après l'avoir nourri. Jour et nuit, elle est une vraie pile électrique, malgré son épuisement.

Les signes précurseurs connus de la dépression du post-partum sont des antécédents de dépression, une dépression pendant la grossesse, une absence de soutien affectif et un stress important à la maison. Ces femmes ont aussi du mal à s'identifier à leur nouveau rôle de mère. Elles ne savent plus très bien qui elles sont et se sentent écrasées par la responsabilité vis-à-vis de l'enfant. Elles ont l'impression d'être abandonnées par leur partenaire et par leur entourage, qui ne les soutiennent pas assez à leur gré, et sont aux prises avec des problèmes d'allaitement au sein et avec la peur irraisonnée que leur bébé ne vienne à mourir. Elles se considèrent comme des « mauvaises mères », mais n'en veulent jamais à l'enfant. La plupart n'aiment pas parler de ce qu'elles ressentent et elles ne se considèrent pas comme malades, mais comme faisant preuve de faiblesse. Elles essaient désespérément de conserver leur place dans leur couple et d'impliquer le père dans les soins à l'enfant.

Quand on devient parent, la dépression et le stress accompagnent souvent cette transition. Il est compréhensible d'être secouée par cette vie et cette réalité nouvelles. De plus, la jeune maman a subi des variations hormonales considérables qui ont changé sa réalité à plusieurs reprises en moins d'une année. Les femmes vulnérables à la dépression et au stress peuvent avoir plus de mal que les autres à s'en remettre. Et si tel est le cas, les pleurs du bébé et le manque de sommeil ne vont pas arranger les choses. Chez certaines, ces manifestations de stress n'interviendront que douze mois après l'accouchement. En outre, les symptômes de la dépression du post-partum restent souvent masqués.

Les femmes se sentent honteuses, car elles sont censées nager dans le bonheur à la naissance de l'enfant. Il est donc esentiel de comprendre que la dépression du post-partum est un état complexe, dans lequel la femme se débat avec le rééquilibrage de ses hormones cérébrales, une nouvelle identité, l'allaitement au sein, le manque de sommeil, le bébé et le partenaire.

Des scientifiques estiment que chez certaines, l'allaitement au sein pourrait exercer un rôle protecteur contre la dépression du post-partum. Au cours de la lactation, les mères manifestent avec moins de vivacité des réactions comportementales et neuroendocrines à différents types d'agents stressants, sauf peut-être s'ils représentent une menace pour le bébé. On considère que cette capacité à départager les stimuli stressants des autres est adaptative pour la dyade mère-enfant et l'incapacité à y parvenir serait associée au développement de la dépression du post-partum.

La bonne nouvelle, c'est qu'il existe un traitement, et qu'il est efficace. Des substances chimiques cérébrales comme la sérotonine, qui participent au bien-être et à l'élévation de l'humeur, sont en baisse après l'accouchement et l'on a constaté leur déficience dans le cerveau des mères atteintes de dépression du post-partum. Les spécialistes de ce type de dépression s'accordent à recommander, pour les femmes présentant de graves symptômes, un traitement par antidépresseurs combiné à d'autres formes de thérapie, comme une psychothérapie de soutien.

3

Cerveau féminin et orientation sexuelle

Comment l'orientation sexuelle vient-elle s'inscrire dans le câblage du cerveau féminin ? Nos différences génétiques et les hormones présentes dans notre cerveau au cours du développement fœtal sont la pierre de touche du cerveau féminin. Par la suite, les expériences que nous faisons au cours de notre existence influent sur nos circuits cérébraux et renforcent nos différences individuelles. L'attirance pour les personnes du même sexe est l'une des variations que l'on retrouve comme une constante. On estime qu'elle concerne de cinq à dix pour cent de la population féminine.

Le cerveau féminin est moitié moins susceptible d'être câblé pour l'attirance envers le même sexe que le cerveau masculin. Les hommes ont donc deux fois plus de chances que les femmes d'être homosexuels. Sur le plan biologique, on pense que cette attirance peut être entraînée chez les deux sexes par des différences génétiques et une exposition hormonale, mais l'origine du processus est différent chez les femmes. On a abondamment étudié les différences entre homosexuels et hétérosexuels, mais ce n'est que récemment que des recherches ont été entreprises sur l'homosexualité féminine. Il semble que chez les femmes, l'orientation sexuelle existe de manière plus continue que chez les hommes, et elles s'affirment plus souvent bisexuelles. Des études psychosociales ont également montré que les homosexuelles font preuve d'une estime de soi et d'une qualité de vie meilleures que les homosexuels. C'est peut-être parce que l'homosexualité féminine est mieux acceptée par la société.

L'orientation sexuelle ne semble pas être une étiquette que l'on s'applique consciemment à soi-même, mais plutôt une affaire de câblage cérébral. Plusieurs études effectuées sur des familles et sur des couples de jumeaux prouvent sans ambiguïté l'existence d'une composante génétique dans l'orientation sexuelle, tant féminine que masculine. Nous savons maintenant que l'exposition du fœtus à un environnement hormonal propre à l'autre sexe, comme la testostérone pour un cerveau génétiquement féminin, va conduire le système nerveux et les circuits cérébraux à se développer selon une orientation plus typiquement masculine. Cet environnement hormonal prénatal a des effets durables sur certains aspects du comportement, comme les jeux brutaux et l'attraction sexuelle.

L'une de ces études a évalué le « noyau de l'identité de genre » et l'orientation sexuelle, ainsi que la nature des jeux enfantins chez des femmes exposées in utero à des doses supérieures de testostérone. Ces femmes se souvenaient d'avoir plus joué à des jeux de garçons que celles qui n'avaient pas été exposées de la sorte. Elles faisaient plus état d'une attirance envers le même sexe et étaient plus susceptibles d'être homosexuelles ou bisexuelles.

À partir du « réflexe de sursaut », des chercheurs ont examiné les différences de câblage cérébral entre les homosexuelles et les autres. Ils ont découvert que ce réflexe est moindre – et sur une gamme similaire à celle des hommes – chez les femmes homosexuelles, ce qui signale des différences dans le câblage cérébral entre homosexuelles et hétérosexuelles. Les homosexuelles ont fait preuve d'une sensibilité auditive moindre, ce qui est un schéma typiquement masculin. D'habitude, le cerveau féminin réussit des performances supérieures au cerveau masculin dans les tests de fluidité verbale. Lors de ces tests de fluidité verbale, les femmes homosexuelles ont montré des oscillations propres au sexe opposé et leurs résultats se sont situés entre ceux des hommes et ceux des femmes. Les homosexuelles identifiées comme « butch * » par rapport à la « femme ** » ont eu des résultats intermédiaires entre ceux des hommes et des femmes. Et les hétérosexuelles ont eu des résultats globalement meilleurs que les homosexuelles en fluidité verbale. On peut en déduire que ces différences dans les circuits sont continues dans le cerveau féminin. Ces découvertes scientifiques montrent que le câblage de l'orientation sexuelle s'effectue dans le cerveau de la femme au cours du développement fœtal, suivant les schémas des gènes et des hormones sexuelles qui lui sont propres. L'expression comportementale de son câblage cérébral sera ensuite influencée et modelée par la culture et l'environnement.

---

* Femme «masculine » dans un couple d'homosexuelles. *(NdT.)*
** En français dans le texte. *(NdT.)*

NOTES

Introduction : Ce qui fait de nous des femmes

p. 9 : « ... *la perception, les pensées, les sentiments et les émotions* ». Nishida 2005 ; Orzhekhovskaia 2005 ; Prkachin 2004 ; voir ch. 6, L'émotion : le cerveau sensible.

p. 11 : « ... *le ratio des dépressions chez les femmes était de deux pour un chez les hommes* ». Blehar 2003 ; Madden 2000 ; Weissman 1993.

p. 12 : « ... *le syndrome prémenstruel aigu du cerveau* ». Schmidt 1998 ; voir ch. 2 : Le cerveau des adolescentes.

p. 12 : « ... *25 % chaque mois* ». Woolley 1996, 2002.

p. 12 : « ... *sauter à la gorge de leur interlocuteur.* ». Voir ch. 2 : Le cerveau des adolescentes.

p. 15 : « ... *sensibilité cérébrale au stress et au conflit.* ». Shors 2006.

p. 15 : « ... *circuits du cerveau activés pour accomplir cette tâche.* ». Bell 2006 ; Jordan 2002.

p. 16 : « ... *11 % de neurones en plus.* ». Witelson 1995 ; voir aussi : Knaus 2006 ; Plante 2006 ; Wager 2003.

p. 16 : « ... *du langage et de l'observation des émotions chez autrui.* ». Baron-Cohen 2005 ; Goldstein 2005 ; Giedd 1996.

p. 16 : « ... *trois ou quatre fois les jours torrides.* ». Voir ch. 4 : Le sexe : le cerveau en dessous de la ceinture et ch. 7 : Le cerveau de la femme mûre.

p. 17 : « ... *deux personnes en pleine conversation.* ». Voir ch. 3 : L'amour et la confiance.

p. 17 : « ... *enregistre la peur et déclenche l'agression..* ». Cahill 2005 ; Giedd 1996 ; Witelson 1995.

p. 17 : « ... *feront des pieds et des mains pour désamorcer le conflit.* ». Campbell 2005 ; voir ch. 6 : L'émotion : le cerveau sensible.

p. 17 : « *... en réponse au stress d'une époque reculée.* ». Voir ch. 2 : Le cerveau des adolescentes, ch. 3 : L'amour et la confiance et ch. 5, Le cerveau maternel.

p. 18 : « *... menacée par une catastrophe imminente.* ». Voir ch. 2 : Le cerveau des adolescentes, ch. 3 : L'amour et la confiance et ch. 5 : Le cerveau maternel.

p. 19 : « *... comme les mathématiques et la science.* ». Blinkhorn 2005 ; Cherney 2005; Haier 2005 ; Jausovec 2005.

p. 19 : « *... déterminés ou non de manière plausible par la culture.* ». Summers 2005.

p. 20 : « *... mêmes capacités en mathématiques et en sciences.* ». Spelke 2005.

p. 20 «*...passer des heures devant l'ordinateur* ». Voir ch. 2 : Le cerveau des adolescentes.

p. 21. « *la capacité de désamorcer les conflits* ». Voir ch. 6 : L'émotion : le cerveau sensible.

Ch. 1 : *Naissance du cerveau féminin*

p. 34 : « *... étaient programmés au niveau cérébral.* ». Hines 2002.

p. 35 : « *... par les gènes et les hormones sexuelles.* ». Arnold 2004. Des minuscules testicules du fœtus mâle âgé de huit semaines commencent à absorber d'importantes quantités de la testostérone qui imprègne le cerveau. Ce qui change les circuits cérébraux de type féminin en circuits cérébraux masculins. Au moment de la naissance, le cerveau sera soit masculin, soit féminin.

p. 36 : « *... les zones qui traitent les émotions.* ». Voir ch. 6 : L'émotion : le cerveau sensible.

p. 36 : « *... plus bavarde en grandissant que son frère.* » Tannen 1990.

p. 36 : « *... observer les visages.* ». McClure 2000.

p. 38 : « *... celles du garçon n'augmentent pas.* ». Leeb 2004.

p. 39 : « *... symbiose avec la mère.* ». Silverman 2003.

p. 39 : « *... un ou deux ans d'avance sur le cerveau masculin.* ». McClure 2000.

p. 40 : « *... passant outre les interdictions.* ». Mumme 1996.

p. 41 : « *... même les chiens et les chats n'entendent pas.* ». Schirmer 2005, 2004, 2003.

p. 42 : « ... *le comportement du bébé fille.* ». Baron-Cohen 2005.

p. 43 : « ... *les bébés garçons y parviennent moins bien.* ». Weinberg 1999.

p. 43 : « ... *aux pleurs d'un autre bébé – et au visage humain.* ». McClure 2000.

p. 43 : « ... *qui ont l'air triste ou peiné.* ». McClure 2000.

p. 43 : « ... *neuf mois chez les garçons.* ». Grumbach 2005 communication personnelle ; Soldin 2005.

p. 44 : « ... *préparent les ovaires et le cerveau à la reproduction.* ». Grumbach 2005.

p. 44 : « ... *incorpore en quelque sorte le système nerveux maternel au sien.* ». Leckman 2004 ; Zhang 2006.

p. 45 : « ... *la peur et l'anxiété.* ». Meaney 2005 ; voir ch. 5 : Le cerveau maternel.

p. 46 : « ... *influe considérablement sur leur progéniture féminine.* ». Cameron 2005 ; Cooke 2005 ; de Kloet 2005 ; Fish 2004 ; Zimmerberg 2004 ; Kinnunen 2003 ; Champagne 2001 ; Meaney 2001 ; Francis 1999.

p. 46 : « ... *chez l'être humain et les primates.* ». Kajantie 2006 ; Capitanio 2005 ; Kaiser 2005 ; Gutteling 2005 ; Wallen 2005 ; Huot 2004 ; Lederman 2004 ; Ward 2004 ; Morley-Fletcher 2003.

p. 46 : « ... *d'une absorption neurologique par le microcircuit cellulaire* ». Leckman 2004 ; voir ch. 5 : Le cerveau maternel.

p. 46 : « ... *mesurer ces effets sur les chèvres.* ». Roussel 2005.

p. 47 : « ... *beaucoup changé au XXᵉ siècle.* ». Campbell 2005.

p. 48 : « ... *des rapports harmonieux avec les autres.* ». Knickmeyer 2005.

p. 49 : « ... *attendit de voir la réaction des autres.* ». Tannen 1990.

p. 49 : « ... *avec un minimum de stress et de conflits.* ». Campbell 2005 ; Tannen 1990.

p. 50 : « ... *les études montrent qu'ils ne le font guère.* ». Tannen 1990.

p. 50 : « ... *la constitution de leur personnalité passe par la compétition.* ». Maccoby 1998.

p. 50 : « ... *ils n'en tiennent pas compte.* ». Maccoby 1998.

p. 50 : « ... *la sensibilité sociale et affective.* ». Baron-Cohen 2005.

p. 51 : « ... *plus d'œstrogènes que les garçons.* ». Grumbach 2005, communication personnelle.

p. 51 : « ... *à toutes les cultures étudiées.* ». Maccoby 1987.

p. 53 : « ... *elles préfèrent arrêter.* ». Maccoby 1998.

p. 53 : « ... *qui n'implique pas des garçons débordants d'énergie.* ». Maccoby 1998, 2005 communication personnelle ; Fagot 1985 ; Jacklin 1978.

p. 53 : « ... *échange relationnel autour de soins nourriciers.* ». Maccoby 1998.

p. 53 : « ... *la défense du territoire ou la force physique.* ». Maccoby 1998.

p. 54 : « ... *la qualité de leurs relations avec les autres.* ». Knickmeyer 2005.

p. 54 : « ... *l'intérêt habituel envers les petits.* ». Wallen 2005.

p. 54 : « ... *un goût plus marqué que la moyenne pour les jeux brutaux.* ». Wallen 1997, 2005 ; Goy 1988.

p. 56 : « ... *ressemblent plus à ceux des mâles.* ». Berenbaum 1999.

p. 56 : « ... *ou les déguisements de princesse.* ». Pasterski 2005 ; Hines 1994, 2004.

p. 56 : « ... *les soins nourriciers et l'intimité.* ». Hines 2003 ; Berenbaum 1999, 2001.

p. 56 : « ... *la quantité de testostérone que reçoit le fœtus.* ». Knickmeyer 2006.

p. 58 : « ... *de plus en plus de neurones pour cette activité.* ». McClure 2000 ; Fivush 1989 ; Merzenich 1983.

p. 58 : « ... *moins affirmé que chez les garçons.* ». Golomboch 1994.

p. 59 : « ... *avec autrui et avec notre environnement.* ». Cameron 2005 ; Iervolino 2005.

p. 59 : « ... *sensibles à l'influence de l'environnement.* ». Iervolino 2005.

p. 59 : « ... *mêlés dans le développement de l'enfant.* ». Iervolino 2005.

p. 61 : « ... *il ne faut pas se leurrer.* ». Archer 2005 ; Crick 1996.

p. 61 : « ... *les circuits cérébraux qui y correspondent.* ». Campbell 2005.

p. 62 : « ... *le reflet de leurs circuits cérébraux particuliers.* ». Campbell 2005 ; Archer 2005.

p. 62 : « ... *un stéréotype né de l'opposition avec le comportement des garçons.* ». Knight 2002 ; Archer 2005.

p. 62 : « ... *jeter un œil dans une prison pour s'en convaincre.* ». Campbell 2005.

Ch. 2 : *Le cerveau des adolescentes*

p. 65 : « *... obsédée par son aspect physique.* ». Giedd 1996, 2004, 2005 communication personelle.

p. 67 : « *... sa quête d'indépendance et d'identité.* ». Nelson 2005 ; Schweinsburg 2005.

p. 67 : « *... la constitution de sa personnalité de femme.* ». McClure 2000.

p. 67 : « *... au renforcement de son estime de soi durant ces années difficiles.* ». Udry 2004 ; Baumeister 2000.

p. 68 : « *... variant d'un jour à l'autre et d'une semaine sur l'autre.* ». Speroff 2005.

p. 70 : « *... la différence est encore plus flagrante.* ». Gaab 2003.

p. 70 : « *... le centre essentiel des émotions, l'amygdale.* ». Goldstein 2005 ; Giedd 1997.

p. 70 : « *... à la fin de la puberté et au début de l'âge adulte.* ». Schweinsburg 2005 ; Luna 2004.

p. 70 : « *... vont se poursuivre jusqu'à la ménopause.* ». Jasnow 2006 ; Hodes 2005 ; Shors 2005.

p. 70 : « *... la création de réseaux sociaux protecteurs.* ». Taylor 2000, 2006 ; Kudielka 2005 ; Klein 2002 ; Stroud 2002 ; Bebbington 1996.

p. 71 : « *... Elle a horreur des conflits relationnels.* ». Kiecolt-Glaser 1996, 1998.

p. 71 : « *... une réaction massive au stress.* ». Stroud 2002.

p. 71 : « *... qu'il soit psychologique ou social.* ». Morgan 2004 ; Kirschbaum 1999 ; Kudielka 1999.

p. 71 : « *... préférer rester dans son coin* ». Kudielka 2004, 2005.

p. 71 : « *... l'hormone du stress, le cortisol.* ». Stephen 2006 ; Cooke 2005 ; Mowlavi 2005 ; Morgan 2004 ; Rose 2004 ; Roca 2003 ; Berkley 2002 ; Young 1995, 2002 ; Cyranowski 2000 ; Kirschbaum 1999 ; Altemus 1997 ; Keller-Wood 1988.

p. 72 : « *... au flirt et aux contacts sociaux.* ». Matthews 2005 ; Salonia 2005 ; Uvnäs-Moberg 2005 ; Cameron 2004 ; Ferguson 2001 ; Giedd 1999 ; Paus 1999 ; Turner 1999 ; Gangestad 1998 ; De Wied 1997 ; Slob 1996 ; Alexander 1990 ; Cohen 1987.

p. 73 : « *... plus riche que celui des garçons.* ». Hyde 1988.

p. 73 : « ... *surtout lorsqu'elles sont en société.* ». Tannen 1990.

p. 74 : « *. . des semaines, sans vocaliser du tout.* ». Wallen 2005.

p. 75 : « ... *augmentent la sécrétion d'ocytocine et de dopamine.* ». Forger 2004, 2006 ; Dluzen 2005 ; Walker 2000.

p. 75 : « ... *qui déclenche l'intimité et est déclenchée par elle.* ». Uvnäs-Moberg 2005 ; Turner 1999 ; Whitcher 1979.

p. 75 : « ... *à renforcer les liens avec autrui.* ». Depue 2005 ; Johns 2004 ; Jones 2004 ; Motzer 2004 ; Heinrichs 2003 ; Martel 1993.

p. 75 : « ... *désir d'intimité sont plus forts que jamais.* ». Uvnäs-Moberg 2005.

p. 78 : « ... *sport ou de la drague.* ». Pennebaker 2004 ; Rowe 2004 ; Sanchez-Martin 2000.

p. 79 : « ... *maintenir la relation à tout prix.* ». Jasnow 2006 ; Bertolino 2005 ; Hamann 2005 ; Huber 2005 ; Pezawas 2005 ; Sabatinelli 2005 ; Viau 2005 ; Wilson 2005 ; Phelps 2004.

p. 80 : « ... *s'alarme plus que le cerveau masculin.* ». Ochsner 2004 ; Levesque 2003 ; Zubieta 2003.

p. 80 : « ... *cela peut même les stimuler.* ». Maccoby 1998.

p. 80 : « *. . qu'elles auront avec leur amie puisse être la dernière.* ». Kiecolt-Glaser 1996, 1998.

p. 80 : « ... *le cortisol, l'hormone du stress, prend le relais.* ». Kudielka 2005 ; Stroud 2002, 2004 ; Klein 2002 ; Bebbington 1996.

p. 81 : « ... *qu'éprouvent les filles à la puberté.* ». Jasnow 2006 ; Rose 2006.

p. 81 : « ... *une conduite décrite par W.B. Cannon en 1932.* ». Cannon 1932.

p. 81 : « ... *la réponse masculine à la menace et au stress.* ». Taylor 2006, 2000.

p. 81 : « ... *faire face à une menace imminente.* ». Sapolsky 1986, 2000.

p. 82 : « ... *zones de l'action physique.* ». Campbell 2005 ; O'Connor 2004 ; Collaer 1995 ; Olweus 1988 ; Hyde 1984.

p. 82 : « ... *une fois le lien maternel établi.* ». Keverne 1999 ; Mendoza 1999.

p. 83 : « ... *réseaux sociaux susceptibles d'aider à ce processus.* ». Taylor 2000.

p. 83 : « ... *le chasser avec des cris menaçants.* ». Dunbar 1996.

p. 83 : « ... *modèle de comportement maternel aux femelles plus jeunes.* ». Silk 2000 ; Wrangham 1980.

p. 84 : « ... *chances de ces femelles de transmettre leurs gènes.* ». Silk 2003.

p. 84 : « ... *l'horloge cérébrale du noyau suprachiasmatique.* ». Toussan 2004.

p. 85 : « ... *les cellules cérébrales qui contrôlent la respiration.* ». Behan 2005.

p. 85 : « ... *un accroissement du temps de sommeil global.* ». Roenneberg 2004.

p. 85 : « ... *une maturation plus précoce de tous leurs circuits cérébraux.* ». Campbell 2005.

p. 86 : « ... *perdurer jusqu'après la ménopause.* ». Roenneberg 2004.

p. 87 : « ... *la pensée plus rapide, plus agile.* ». Monnet 2006 ; Routtenberg 2005 ; Uysal 2005.

p. 87 : « ... *inversées par la progestérone.* ». Kuhlmann 2005 ; Routtenberg 2005 ; Sa 2005 ; Cameron 1997, 2004 ; Weissman 2002 ; Woolley 1996.

p. 87 : « ... *temporairement déboussolé, stressé et irritable.* ». Kajantie 2006 ; Goldstein 2005 ; Protopopescu 2005 ; Kirschbaum 1999 ; Tersman 1991.

p. 87 : « ... *voire déprimées et désespérées juste avant leurs règles.* ». Birzniece 2006 ; Kuhlmann 2005 ; Rubinow 1995.

p. 89 : « ... *où le niveau d'œstrogènes est le plus haut.* ». Birzniece 2006 ; Sherwin 1994 ; Phillips 1992.

p. 90 : « ... *ce malaise est l'équivalent d'une attaque.* ». Smith 2004.

p. 90 : « ... *avant les premiers saignements.* ». Altemus 2006 ; Mellon 2004, 2006 ; Schmidt 1998.

p. 90 : « ... *avoir les nerfs en pelote et être facilement perturbées.* ». Parry 2002.

p. 90 : « ... *ont moins de cellules de sérotonine.* ». Bethea 2005 ; Zhang 2005 ; Cameron 2000 ; Williams 1997.

p. 90 : « ... *des accès de rage et des pleurs incontrôlables.* ». Bennett 2005 ; Lu 2002 ; Cyranowski 2000 ; Young 1995. (Le Prozac, le Zoloft et autres antidépresseurs relèvent l'humeur en agissant notamment sur la sérotonine.)

p. 92 : « ... *d'un jour à l'autre et d'une semaine sur l'autre.* ». Goldstein 2005 ; Protopopescu 2005 ; Arnsten 2004 ; Korol 2004 ; Bowman 2002.

p. 92 : « ... *au cours des semaines précédant la menstruation.* ». Klatzkin 2006.

310   *Les secrets du cerveau féminin*

p. 92 : « *... une diminution de la sédation juste avant le début des règles.* ». Smith 2004 ; Silberstein 2000.

p. 92 : « *... des œstrogènes et de la progestérone durant le cycle.* ». Roca 1998, 2003 ; Schmidt 1998.

p. 93 : « *... l'ablation des ovaires.* ». Parry 2002.

p. 93 : « *... les variations hormonales ovariennes qui perturbaient son cerveau.* ». Joffe 2006 communication personnelle ; Kirschbaum 1999.

p. 93 : « *... son niveau de sérotonine stabilisé.* ». Kurshan 2006 ; Grif?n 1999 ; Kirschbaum 1999 ; Tuiten 1995.

p. 93 : « *... leur sentiment de bien-être.* ». Freeman 2004 ; Luisi 2003.

p. 94 : « *... réactifs à la puberté.* ». Arnsten 2004 ; Smith 2004 ; Toufexis 2004.

p. 95 : « *... sont encore fragiles et immatures.* ». Giedd 2005 communication personnelle.

p. 95 : « *... il se laisse souvent submerger.* ». Voir ch. 6 : L'émotion : le cerveau sensible.

p. 96 : « *... fonctionner correctement dans les moments de stress.* ». Giedd 2005.

p. 98 : « *... particulièrement impulsive pour nombre d'entre elles.* ». Arnsten 2004 ; Young 2004.

p. 99 : « *... un événement apparemment sans importance en une véritable catastrophe.* ». Arnsten 2004.

p. 99 : « *... l'excitation de l'amygdale chez les adolescentes* ». Arnsten 2004.

p. 99 : « *... soit elles se gavent.* ». Genazzani 2005 ; Dobson 2003.

p. 101 : « *... deux fois plus fréquente que la dépression masculine.* ». Staley 2006 ; Weissman 1993, 2000, 2005 ; Blehar 2003 ; Mazure 2003 ; Maciejewski 2001 ; Kendler 2000.

p. 101 : « *... les filles sont deux fois plus exposées.* ». Weissman 1999, 2002 ; Hayward 2002 ; Born 2002.

p. 101 : « *... un rôle dans la dépression féminine.* ». Muller 2002.

p. 101 : « *... augmente les risques de dépression clinique chez les filles.* ». Zubenko 2002.

p. 102 : « *... joue un rôle crucial* ». Archer 2005 ; Fry 1992 ; Burbank 1987.

p. 102 : « *... que chez les garçons.* ». Campbell 2005, 1995.

p. 102 : « *... comme la propagation de rumeurs.* ». Holmstrom 1992 ; Eagly 1986.

p. 102 : « ... *chez les femmes comme chez les hommes.* ». Carter 2003.

p. 103 : « ... *de vingt et un ans chez les seconds.* ». Vermeulen 1995.

p. 103 : « ... *avoir des rapports sexuels plus précoces.* ». Netherton 2004 ; Halpern 1997.

p. 103 : « ... *sur les garçons et sur les filles.* ». Dreher 2005 ; Pinna 2005 ; Weiner 2004 ; Bond 2001 ; Udry 1977.

p. 103 : « ... *les niveaux d'agressivité chez les femmes et les adolescentes.* ». Underwood 2003.

p. 104 : « ... *niveaux d'œstrogènes, de testostérone et d'androstènedione.* ». Cashdan 1995, Schultheiss 2003.

Ch. 3 : L'amour et la confiance

p. 109 : « ... *sont programmés par l'évolution.* ». Rhodes 2005, 2006 ; Brown 2005.

p. 109 : « ... *l'hormone qui attise le désir sexuel.* ». Fisher 2005 ; voir ch. 4 : Le sexe : le cerveau en dessous de la ceinture.

p. 110 : « ... *tenter d'amorcer une relation avec elle.* ». Emanuele 2006

p. 111 : « ... *mieux à même de la protéger.* ». Buss 1993.

p. 111 : « ... *circuits neurologiques de l'amour.* ». Esch 2005.

p. 112 : « ... *l'attirance envers un partenaire chez les humains.* ». Fisher 2005 ; Aron 2005.

p. 113 : « ... *pour une relation durable.* ». Buss 1990.

p. 114 : « ... *une judicieuse stratégie d'investissement.* ». Trivers 1972.

p. 115 : « ... *triple le taux de survie des enfants.* ». Hill 1988.

p. 115 : « ... *à l'hébergement et autres ressources.* ». Carter 2004 ; Reno 2003.

p. 115 : « ... *qui la respecterait et qu'elle aimerait.* ». Botwin 1997.

p. 116 : « ... *des cheveux brillants et de jolies courbes.* ». Schutzwohl 2006 ; Singh 1993, 2002.

p. 116 : « ... *susceptibles d'être fertiles et de se reproduire.* ». Schmitt 1996.

p. 116 : « ... *d'un coup d'œil les signes de la fertilité chez une femme.* ». Singh 2002.

p. 117 : « ... *plus mince que les hanches d'environ un tiers.* ». Singh 2002.

p. 117 : « ... *dont le tour de hanches se rapproche de leur tour de taille.* ». Singh 1993.

p. 117 : « ... *modifie radicalement la silhouette.* ». Singh 1993.

p. 118 : « ... *fonctionnaient encore à plein.* ». Carter 1998 ; voir ch. 6 : L'émotion : le cerveau sensible.

p. 119 : « ... *quand elles sont en recherche de partenaire.* ». Haselton 2005.

p. 119 : « ... *plus sincères et plus dignes de confiance qu'ils n'étaient vraiment.* ». Buss 1995 ; Tooke 1991.

p. 119 : « ... *à obtenir d'elles des faveurs sexuelles.* ». Haselton 2005.

p. 119 : « ... *les contes de fées ou les jeux d'imagination.* ». Maccoby 1998.

p. 119 : « ... *la simple excitation d'une relation sexuelle.* ». Carter 1997 ; Kanin 1970.

p. 119 : « ... *dans les premiers temps d'une relation.* ». Hrdy 1997.

p. 120 : « ... *les aires supérieures de traitement de l'image visuelle.* ». Aron 2005 ; Brown 2005 ; Brown 2005 communication ; voir ch. 6 : L'émotion : le cerveau sensible.

p. 120 : « ... *« au premier regard » plus aisément que les femmes.* ». Aron 2005 ; Fisher 2005 communication ; Fisher 2004.

p. 121 : « ... *de faim, de soif, de délire et d'obsession.* ». Aron 2005 ; Small 2001 ; Denton 1999.

p. 121 : « ... *les œstrogènes, l'ocytocine et la testostérone.* ». Aron 2005.

p. 121 : « ... *équivalent à ceux d'un drogué en manque.* ». Insel 2004.

p. 121 : « ... *les circuits de l'amour fonctionnent à plein.* ». Pittman 2005 ; Debiec 2005 ; Huber 2005 ; Kirsch 2005 ; Bartels 2004.

p. 122 : « ... *de parler de l'amour comme d'une drogue.* ». Insel 2003.

p. 123 : « ... *à croire tout ce qu'il dit.* ». Light 2005 ; Grewen 2005 ; Lim 2005.

p. 123 : « ... *notamment chez les femelles.* ». Young 2005 ; Cushing 2000 ; Gingrich 2000 ; Carter 1997.

p. 124 : « ... *l'autre groupe recevant un placebo.* ». Kosfeld 2005 ; Zak 2005.

p. 124 : « ... *active les circuits de la confiance.* ». Light 2005.

p. 124 : « ... *à la mise en œuvre des circuits de l'amour..* ». Uvnäs-Moberg 2003 ; Turner 1999.

p. 124 : « ... *au cours de différentes semaines de leur cycle mens-truel.* ». Dreher 2005.

p. 125 : « ... *les circuits de la méfiance et de l'aversion.* ». Carter 1998.

p. 125 : « ... *des circuits de l'amour et de la confiance.* ». Carter 2003, 2006 communication personnelle.

p. 126 : « ... *plus difficile de réussir à créer et à maintenir un lien durable.* ». Bowlby 1980, 1988.

p. 127 : « ... *une phase à plus long terme.* ». Leckman 1999.

p. 128 : « ... *les zones en relation avec le jugement critique.* ». Bartels 2000.

p. 129 : « ... *contrôlent le comportement d'attachement social.* ». Insel 2004.

p. 129 : « ... *d'abord l'ocytocine et les œstrogènes.* ». Bielsky 2004 ; Carter 2003.

p. 129 : « ... *pour établir un bon rapport amoureux.* ». Leckman 1999.

p. 129 : « ... *même en son absence.* ». Lim 2004.

p. 129 : « ... *rien qu'en apercevant son amant.* ». Fisher 2004.

p. 129 : « ... *qui conservent le même partenaire toute leur vie.* ». Carter 1992.

p. 130 : « ... *pour conserver le même niveau d'ocytocine.* ». Uvnäs-Moberg 2001, 2004.

p. 131 : « ... *que leur procure la présence de l'autre.* ». Taylor 2006 ; Depue 2005 ; Uvnäs-Moberg 2003.

p. 131 : « ... *entre les campagnols mâles et femelles.* ». Carter 1995.

p. 131 : « ... *avec la première femelle disponible qu'il rencon-tre.* ». Uvnäs-Moberg 2003.

p. 132 : « ... *de désir lorsqu'elles sont stressées.* ». DeVries 1996.

p. 132 : « ... *absent chez son cousin des montagnes.* ». Young 2001.

p. 133 : « ... *due à différents gènes et hormones.* ». Gray 2004.

p. 133 : « ... *en bons pères de famille monogames.* ». Young 2005.

p. 133 : « ... *une jeune femelle, fertile et bien disposée.* ». Hammock 2005.

p. 134 : « ... *qui correspond à leur comportement social.* ». Hammock 2005.

p. 134 : « ... *possèdent la version longue du gène.* ». de Waal 2005.

p. 135 : « ... *souffrent d'un grave déficit social.* ». Wassink 2004.

p. 135 : « ... *des hormones et de la longueur de ce gène.* ». Gray 2004.

p. 135 : « ... *les femmes, elles aussi, trichent.* ». voir ch. 4 : Le sexe : le cerveau en dessous de la ceinture.

p. 135 : « ... *l'amour passion dans les circuits cérébraux.* ». Sabarra 2006 ; Aron 2005.

p. 136 : « ... *autour de la perte de l'être aimé.* ». Eisenberger 2004.

p. 137 : « ... *ont révélé leur pertinence.* ». Eisenberger 2004.

p. 138 : « ... *les risques qu'une séparation représente sur le plan social.* ». Eisenberger 2004.

Ch. 4 : *Le sexe : le cerveau en dessous de la ceinture*

p. 140 : « ... *ait été préalablement désactivée.* ». Holstege 2003.

p. 140 : « ... *que l'homme pour parvenir à l'orgasme.* ». Carter 2006 communication personnelle.

p. 140 : « ... *l'ocytocine, la dopamine et les endorphines.* ». Matthews 2005 ; McCarthy 1996 ; Carter 1992.

p. 141 : « ... *seuil neurochimique de l'orgasme.* ». Holstege 2003.

p. 141 : « ... *pour être prêtes à faire l'amour.* ». Holstege 2003.

p. 142 : « ... *qui se sentent désirées et respectées par leurs partenaires.* ». Hill 2002.

p. 142 : « ... *d'accéder plus facilement à la jouissance.* ». Sprecher 2002.

p. 144 : « ... *clitoris quand il est excité.* ». O'Connell 2005.

p. 144 : « ... *étaient consacrées à celle du pénis.* ». O'Connell 2005.

p. 144 : « ... *la satisfaction de la femme.* ». Enserink 2005 ; Harris 2004.

p. 149 : « ... *aura le droit de la féconder.* ». Eberhard 1996 ; Bellis 1990.

p. 150 : « ... *au cours d'un rapport.* ». Singer 1973 ; Fox 1970.

p. 150 : « ... *plus importante qu'en l'absence d'orgasme.* ». Dawood 2005.

p. 152 : « ... *sont les plus symétriques.* ». Thornhill 1999.

p. 152 : « ... *à l'allure un peu tordue.* ». Fisher 2005 communication personnelle ; Fisher 2004.

p. 152 : « ... *d'instaurer entre eux des rapports de confiance.* ». Thornhill 1995.

p. 153 : « ... *avant de coucher avec elle.* ». Thornhill 1995.

p. 154 : « ... *l'orgasme féminin et la contraception.* ». Martin-Loeches 2003 ; Thornhill 1995.

p. 154 : « ... *la beauté physique de l'homme.* ». Thornhill 1995.

p. 154 : « ... *tous les moyens dont elle dispose.* ». Gangestad 1998.

p. 154 : « ... *effets imperceptibles des phéromones mâles.* ». Savic 2001 ; Grammer 1993 ; Getchell 1991.

p. 155 : « ... *glandes sudoripares des humains et des animaux.* ». McClintock 1998, 2005.

p. 155 : « ... *la sensibilité du cerveau aux odeurs se modifie.* ». Getchell 1991 ; Gangestad 1998.

p. 155 : « ... *l'heure du cycle menstruel.* ». Dreher 2005 ; Gangestad 1998.

p. 155 : « ... *leur concentration intellectuelle augmente.* ». Lundstrom 2003 ; McClintock 2002 ; Savic 2001 ; Graham 2000.

p. 155 : « ... *certaines périodes du mois.* ». Hummel 2005 ; Grammer 1993.

p. 156 : « ... *a suscité une controverse.* ». Havlicek 2005.

p. 156 : « ... *engendrés par des mâles de l'extérieur.* ». Arnqvist 2005.

p. 156 : « ... *qu'ils pensent avoir engendrés.* ». Baker 1993.

p. 157 : « ... *confère un avantage reproductif.* ». Hrdy, 1997.

p. 157 : « ... *augmenter ses chances d'atteindre l'ovule.* ». Baker 1993.

p. 157 : « ... *sont les plus fécondes et les plus portées sur le flirt.* ». Pillsworth 2004 ; Buss 2002.

p. 157 : « ... *avec leur compagnon habituel.* ». Thornhill 1995.

p. 158 : « ... *pendant les rapports avec leurs amants.* ». Baker 1995.

p. 158 : « ... *pas plus construites que les hommes pour la monogamie.* ». Hrdy 1997.

p. 158 : « ... *les ovaires et les surrénales.* ». Swerdloff 2002.

p. 159 : « ... *de dix à cent fois plus que les femmes.* ». Swerdloff 2002.

p. 159 : « ... *correspond sans doute à de l'effronterie.* ». Jenkins 2003.

p. 159 : « ... *des pensées sexuelles et de la masturbation.* ». Bancroft 1991.

p. 159 : « ... *annonçait le premier rapport sexuel.* ». Wells 2005 ; Halpern 1997.

p. 159 : « ... *est multiplié par vingt-cinq.* ». Styne 2002.

p. 159 : « *... cette différence durera toute la vie.* ». Morris 1987.

p. 160 : « *... sa libido va chuter de même.* ». Voir Appendice 1 : « Cerveau féminin et traitement hormonal substitutif. »

p. 160 : « *... l'ai placée sous testostéronothérapie.* ». Voir Appendice 1 : « Cerveau féminin et traitement hormonal substitutif. »

p. 161 : « *... en partie l'effet de la testostérone.* ». Pazol 2005 ; Krueger 2002 ; Schumacher 2002 ; Mani 2002.

p. 161 : « *... dans la seconde quinzaine du cycle.* ». Panzer 2006 ; Salonia 2005 ; Bullivant 2004 ; Slob 1996.

p. 161 : « *... le double de ceux de la femme.* ». voir ch. 1 : Naissance du cerveau féminin.

p. 162 : « *... plusieurs fois par jour.* ». Bancroft 2005 ; Laumann 1999, 2005 ; Lunde 1991.

p. 162 : « *... l'hypothalamus du fœtus mâle vont se développer.* ». voir ch. 1 : Naissance du cerveau féminin.

p. 163 : « *... diminué son désir, bien au contraire.* ». Buss 1989.

p. 164 : « *... ou qu'elle a quelqu'un d'autre.* ». Sprecher 2002 ; Buss 2002.

p. 164 : « *... ne se sentait pas séduisante.* ». Koch 2005.

p. 164 : « *... la présence d'un rival dans la vie de son épouse.* ». Rilling 2004.

Ch. 5 : *Le cerveau maternel*

p. 167 : « *... sur de nombreux plans, de manière irréversible.* ». Lonstein 2005 ; O'Day 2001 ; Morgan 1992.

p. 168 : « *... contact physique avec l'enfant.* ». Soldin 2005 ; Stern 1989, 1993 ; Morgan 1992.

p. 168 : « *... besoin pour assurer leur survie.* ». Martel 1993 ; Buntin 1984.

p. 168 : « *... le contact peau contre peau avec celui-ci.* ». Johns 2004 ; Fleming 1997 ; De Wied 1997.

p. 168 : « *... en contact étroit avec un bébé.* ». Lambert 2005.

p. 168 : « *... une augmentation considérable de l'ocytocine.* ». Fries 2005 ; Carter 2003 ; Kinsley 1999 ; Morgan 1992.

p. 169 : « *...ses réactions et ses priorités.* ». Pawluski 2006 ; Gatewood 2005 ; Bodensteiner 2006 ; Routtenberg 2005.

p. 169 : « *... quelque temps dans la finance à San Francisco.* ». Story 2005.

p. 171 : « *... à l'origine du désir d'enfant.* ». McClintock 2002.

p. 171 : «... *que produisent le fœtus et le placenta.*». Soldin 2005.

p. 174 : «... *qu'elles baignent le corps et le cerveau maternels.*». Kaiser 2005 ; Brunton 2005 ; Strauss 2004.

p. 174 : «... *n'éprouve pas une impression de stress.*». Kajantie 2006.

p. 174 : «... *selon son état psychologique et son histoire person-nelle.*». Richardson 2006 ; Darnaudery 2004.

p. 174 : «... *le cerveau de la femme enceinte se réduit.*». Oatridge 2002.

p. 174 : «... *six mois après l'accouchement.*». Furuta 2005.

p. 174 : «... *cet organe chez la femelle.*». Kinsley 2006 ; Hamil-ton 1977.

p. 175 : «... *des modifications métaboliques en cours.*». Holdcroft 2005.

p. 175 : «... *un vaste réseau de circuits maternels.*». Pawluski 2006.

p. 176 : «... *provoque les premières contractions utérines.*». Mann 2005.

p. 177 : «... *de l'ouïe, du toucher, de la vue et de l'odorat.*». Insel 2001.

p. 177 : «... *de l'odeur du nouveau-né.*». Kendrick 1992.

p. 177 : «... *de repérer l'odeur de son enfant parmi d'autres.*». Fleming 1997 ; Fleming 1993.

p. 178 : «... *tatoués sur son cerveau.*». Lonstein 2005 ; Pedersen 2003 ; Kendrick 2000.

p. 179 : «... *axés sur le suivi de son enfant.*». Li 2003.

p. 179 : «... *cinq fois supérieur dans la capture des proies.*». Bodensteiner 2006 ; Lambert 2005.

p. 180 : «... *l'entretien du cerveau maternel.*». Bridges 2005 ; Featherstone 2000 ; Morgan 1992.

p. 180 : «... *parallèles à ceux des futures mamans.*». Carter 2004 ; Berg 2002 ; Storey 2000.

p. 180 : «... *partageait certains symptômes de la grossesse avec sa compagne.*». Masoni 1994.

p. 181 : «... *20 % chez les futurs pères.*». Fleming 2002.

p. 181 : «... *s'élève plus qu'à l'accoutumée.*». Gray 2004.

p. 181 : «... *entendent mieux les pleurs du bébé..*». Fleming 2002.

p. 181 : «... *répondre à ses vagissements*». Seifritz 2003.

p. 181 : «... *chez eux la pulsion sexuelle.*». Gray 2004.

p. 181 : « ... *lorsqu'ils interagissent avec leur bébé.* ». Storey 2000 ; Masoni 1994.

p. 181 : « ... *mécanismes "maternants" du cerveau maternel.* ». Sherman 2003 ; Neff 2003 ; Buchan 2003.

p. 182 : « ... *qui se sont éclairées à chaque fois.* ». Bartels 2004.

p. 183 : « ... *l'attachement et un sentiment de joie.* ». Amdam 2006 ; Fisher 2005 ; Bartels 2004 ; Leibenluft 2004 ; Nitschke 2004 ; voir ch. 3 : L'amour et la confiance.

p. 183 : « ... *quand on regarde un être cher.* ». Bartels 2004.

p. 183 : « ... *dus aux pics de dopamine.* ». Miller 2005 ; Byrnes 2002.

p. 183 : « ... *dans l'année suivant la naissance.* ». Mass 1998.

p. 183 : « ... *plus leurs liens se renforcent.* ». Uvnäs-Moberg 2003 ; Carter 1997 ; Xerri 1994 ; Morgan 1992.

p. 184 : « ... *a été préférée à la drogue.* ». Ferris 2005.

p. 184 : « ... *dans l'amour de votre bébé.* ». Uvnäs-Moberg 1998, 2003.

p. 184 : « ... *voire s'y substituer.* ». DeJudicibus 2002 ; Alder 1989 ; Reamy 1987.

p. 186 : « ... *qui survient après l'accouchement.* ». Heinrichs 2002, 2001 ; Buckwalter 1999.

p. 187 : « ... *avant la fin de cette période.* ». Voir Appendice 2 : « Cerveau féminin et dépression du post-partum. »

p. 187 : « ... *bénéfices dont le bébé profite aussi.* ». Matthiesen 2001.

p. 187 : « ... *apaisent et tranquillisent le bébé.* ». Buhimschi 2004.

p. 188 : « ... *voire moments de panique.* ». Neighbors 2003 ; Uvnäs-Moberg 2003 ; Chezem 1997.

p. 188 : « ... *qui régule le stress dans le cerveau.* ». Heinrichs 2001.

p. 188 : « ... *dans le sang et dans le cerveau.* ». Uvnäs-Moberg 2003.

p. 190 : « ... *les circuits de la confiance et de la sécurité des enfants.* ». Call 1998.

p. 190 : « ... *transmettent à leurs filles et à leurs petites-filles.* ». Maestripieri 2005 ; Fleming 2002 ; Meaney 2001 ; Francis 1999.

p. 190 : « ... *c'est-à-dire au-dessus des gènes.* ». Vassena 2005 ; Weaver 2004 ; Fleming 1999.

p. 190 : « ... *qui utilisent les œstrogènes et l'ocytocine.* ». Cushing 2005 ; Weaver 2005 ; Vassena 2005 ; Cameron 2005 ; Champagne 2001, 2003 ; Meaney 2001.

p. 190 : « *... n'intervienne dans l'environnement avant la puberté.* ». Weaver 2006, 2005 ; Cameron 2005 ; Francis 2002.

p. 191 : « *... sa façon de s'occuper de vos petits-enfants.* ». Young 2005.

p. 191 : « *... la force de l'attachement maternel dans la génération suivante.* ». Gutteling 2005 ; Belsky 2005 ; Krpan 2005 ; Maestripieri 2005 ; Caldji 2000 ; Francis 1999.

p. 191 : « *... que la mère peut offrir à ses enfants.* ». Cameron 2005 ; Belsky 2002 ; Repetti 1997 ; Rosenblum 1994.

p. 191 : « *... seront transmises à leurs propres enfants.* ». Francis 2002.

p. 191 : « *... hyper-réactifs, inattentifs, craintifs et de santé fragile.* ». Charmandari 2005 ; Lederman 2004 ; Darnaudery 2004 ; Morley-Fletcher 2004 ; Fleming 2002 ; McCormick 1999.

p. 192 : « *... montraient une réaction cérébrale au stress exacerbée.* ». Pruessner 2004 ; Hall 2004.

p. 193 : « *... le manque d'attention d'une mère hyperstressée.* ». Weaver 2006, 2005 ; Francis 2002.

p. 195 : « *... d'une autre communauté ou d'une autre espèce.* ». Hrdy 1999.

p. 195 : « *... à leur propre mère ou à des femmes plus âgées.* ». Glazer 1992.

p. 197 : « *... un niveau d'ocytocine inférieur à ceux des autres.* ». Coplan 2005.

p. 197 : « *... qui persisteront à l'adolescence et à l'âge adulte.* ». Coplan 2005.

p. 197 : « *... des soins allomaternels à leur progéniture.* ». Hrdy 2005 communication personnelle.

p. 198 : « *... du contexte dans lequel elle joue son rôle.* ». Paris 2002.

p. 198 : « *... des personnes de confiance pour s'occuper de l'enfant.* ». Taylor 1997 ; Fleming 1992.

Ch. 6 : L'émotion : le cerveau sensible

p. 201 : « *... a-t-il un quelconque fondement ?* ». Butler 2005 ; Wager 2005 ; Simon 2004 ; Brebner 2003 ; Kring 1998, 2000 ; Brody 1993, 1997 ; Briton 1995 ; Grossman 1993 ; Crawford 1992 ; Fagot 1989 ; Brody 1985 ; Balswick 1977 ; Allen 1976.

p. 201 : « *... qu'elle lui tombe dessus ? »*. Samter 2002 ; Feingold 1994.

p. 203 : « *... plus de neurones miroirs que le cerveau de l'homme. »*. Orzhekhovskaia 2005 ; Uddin 2005 ; Oberman 2005 et 2005 communication personnelle ; Ohnishi 2004.

p. 203 : « *... les sensations corporelles et les émotions de son mari. »*. Mitchell 2005.

p. 203 : « *... de comprendre ce que cela signifie. »*. Schirmer 2002, 2004, 2005.

p. 204 : « *... les signaux non-verbaux des pensées intimes d'autrui. »*. Brody 1985.

p. 205 : « *... quand elles manifestent la détresse et le désespoir. »*. Hall 2004.

p. 205 : « *... qu'ils ne peuvent ignorer. »*. Campbell 1993, 2005 ; Levenson 2003 ; Vingerhoets 2000 ; Timmers 1998 ; Wagner 1993 ; Hoover-Dempsey 1986 ; Frey 1985.

p. 205 : « *... l'infidélité d'un conjoint. »*. Naliboff 2003.

p. 206 : « *... qui augmentent après la puberté. »*. Leresche 2005.

p. 206 : « *... de douleur physique que les garçons. »*. Lawal 2005 ; Derbyshire 2002.

p. 206 : « *... elles s'inscrivent dans le corps. »*. Lawal 2005.

p. 206 : « *... plus sensibles dans le cerveau féminin. »*. Butler 2005.

p. 206 : « *... a donc un fondement biologique. »*. Levenson 2003.

p. 206 : « *... l'intégration des émotions négatives. »*. Butler 2005 ; Pujol 2002.

p. 207 : « *... ce qui se passait dans sa tête. »*. Rotter 1988.

p. 208 : « *... le même don inné. »*. Campbell 2005 ; Rosip 2004 ; Weinberg 1999.

p. 208 : « *... thérapie obtenaient les meilleurs résultats. »*. Raingruber 2001.

p. 209 : « *... dans la peau d'un personnage de fiction. »*. McClure 2000 ; Hall 1978, 1984.

p. 209 : « *... éprouver intuitivement ce qu'ils éprouvent. »*. Oberman 2005.

p. 209 : « *... ce genre de mirroring émotionnel. »*. Singer 2004.

p. 209 : « *... ressentir la douleur de l'autre. »*. Singer 2004 ; Idiaka 2001 ; Zahn-Waxler 2000.

p. 210 : « *... qu'ils recevaient les décharges fortes. »*. Singer 2006 ; Singer 2004.

p. 210 : « ... *de protéger leurs enfants.* ». Taylor 2000 ; Campbell 1999 ; Bjorklund 1996 ; Archer 1996 ; Buss 1995.

p. 211 : « ... *plus que les hommes de ne pouvoir dormir.* ». Harrison 1999.

p. 211 : « ... *la conductivité électrique cutanée.* ». McManis 2001 ; Bradley 2001 ; Nagy 2001 ; Madden 2000 ; Hall 2000.

p. 211 : « ... *plus de pensées rationnelles.* ». Naliboff 2003 ; Wrase 2003.

p. 212 : « ... *toujours surpris et très mal à l'aise.* ». Campbell 1993, 2005 ; Shoan-Golan 2004 ; Levenson 2003 ; Frey 1985.

p. 212 : « ... *interpréter le sens d'une émotion.* ». McClure 2004 ; Lynam 2004 ; Dahlen 2004 ; Hall 2000.

p. 212 : « ... *à l'origine du syndrome d'Asperger.* ». Campbell 2005 ; Lim 2005 ; Baron-Cohen 2002, 2004 ; Wang 2004 ; Nagy 2001 ; Mnoffit 2001 ; Loeber 2001.

p. 213 : « ... *leur sembler difficilement supportable.* ». Campbell 1993, 2005 ; Levenson 2003 ; Frey 1985.

p. 214 : « ... *aux pleurs d'un autre bébé – et au visage humain.* ». McClure 2000.

p. 214 : « ... *ceux qui sont tristes ou blessés.* ». Baron-Cohen 2004 ; Blair 1999 ; Eisenberg 1993, 1996 ; Faber 1994 ; Kochanska 1994 ; Zahn-Waxler 1992 ; Eysenck 1978.

p. 214 : « ... *90 % chez les femmes.* ». Erwin 1992.

p. 214 : « ... *auprès de quelqu'un de triste.* ». Mandal 1985.

p. 215 : « ... *qu'il en va de même pour les femmes.* ». Cross 1997.

p. 216 : « ... *cette période de leur vie de couple.* ». Canli 2002.

p. 217 : « ... *le cerveau des deux sexes.* ». Cahill 2003.

p. 217 : « ... *les hommes en utilisent un seul.* ». Wager 2003.

p. 217 : « ... *contre deux seulement chez les hommes.* ». Canli 2002 ; Shirao 2005.

p. 217 : « ... *des vacances ou une grosse dispute.* ». Cahill 2003, 2005 ; Canli 2002 ; Bremner 2001 ; Seidlitz 1998 ; Fujita 1991.

p. 218 : « ... *une allure sexy ce jour-là.* ». Horgan 2004.

p. 218 : « ... *profondément à l'intérieur du cerveau.* ». Zald 2003 ; Skuse 2003.

p. 219 : « ... *sensibilité de leur amygdale aux nuances de ces émotions.* ». Hamann 2005 ; Hall 2004.

p. 219 : « ... *devant être gardés en mémoire.* ». Phelps 2004.

p. 219 : « ... *d'instantané sensoriel en trois dimensions.* ». Phelps 2004 ; Giedd 1996.

p. 220 : « ... *tout aussi vite que la femme.* ». Goos 2002.

p. 220 : « . . *avec nettement plus de force chez l'homme.* ». Campbell 2005 ; Lovell-Badge 2005 ; Archer 2004, 2005 ; Craig 2004 ; McGinnis 2004 ; Rowe 2004 ; Garstein 2003 ; Ferguson 2000 ; Kring 2000 ; Maccoby 1998 ; Flannery 1993.

p. 220 : « ... *le cortex préfrontal.* ». Goldstein 2001, 2005 ; Gur 2002 ; Giedd 1996, 1997.

p. 220 : « ... *mettre un homme en colère.* ». Campbell 2005 ; Sharkin 1993.

p. 221 : « ... *voient rouge facilement.* ». Silverman 2003.

p. 221 : « ... *constatent chez elles le même phénomène.* ». Van Honk 2001.

p. 221 : « ... *entrent moins facilement en fureur.* ». Giammanco 2005 ; Kaufman 2005 ; Muller 2005 ; Taylor 2000 ; Qian 2000.

p. 222 : « ... *le même spectre qu'une attaque.* ». Parsey 2002 ; Ferguson 2000 ; Biver 1996 ; Campbell 1993 ; Frodi 1977.

p. 222 : « ... *le cortex cingulé antérieur.* ». Rogers 2004 ; Gur 2002 ; Goldstein 2001.

p. 222 : « ... *crainte de la perte ou de la souffrance.* ». Butler 2005.

p. 222 : « ... *de la part d'un homme irascible.* ». Campbell 2002, 2005.

p. 222 : « ... *accès au jouet convoité.* ». Maccoby 1998.

p. 223 : « ... *de la souffrance du conflit, et celui de la parole.* ». Li 2005.

p. 223 : « ... *parlent d'abord aux autres.* ». Simon 2004.

p. 223 : « ... *ceux-ci sont incapables de faire front.* ». Li 2005.

p. 223 : « ... *la femme, terrifiée, se referme.* ». Calder 2001 ; Thunberg 2000.

p. 225 : « ... *différents chez l'homme et chez la femme.* ». Butler 2005 ; McClure 2004 ; Wood 1998.

p. 225 : « ... *active plus le cerveau féminin.* ». Butler 2005 ; Garstein 2003 ; Cote 2002 ; Nagy 2001 ; Brody 1985 ; Carey 1978.

p. 225 : « ... *les circuits du plaisir et de la récompense sont sollicités.* ». Etkin 2006 communication personnelle ; Rogan 2005.

p. 225 : « ... *la souffrance ou le danger.* ». Butler 2005.

p. 225 : « ... *plus fréquente chez les femmes.* ». Antonijevic 2006 ; Halbreich 2006 ; Simon 2004 ; Johnston 1991.

p. 226 : « *... pendant leurs années de fertilité.* ». Madden 2000.

p. 226 : « *... le risque de dépression chez la femme.* ». Kendler 2006.

p. 226 : « *... est activée par les œstrogènes.* ». Lee 2005 ; Abraham 2005.

p. 227 : « *... qui touche certaines familles.* ». Altshuler 2005.

p. 227 : « *... déclenchent sa commutation.* ». Staley 2006 ; Pezawas 2005 ; Bertolino 2005 ; Halari 2005 ; Kaufman 2004 ; Barr 2004 ; Caspi 2003 ; Auger 2001.

p. 227 : « *... génétiquement vulnérables dans la dépression.* ». Bertolino 2005.

p. 227 : « *... rééquilibrage chimique ou hormonal.* ». Staley 2006 ; Altshuler 2001 ; Jensvold 1996.

Ch. 7 : Le cerveau de la femme mûre

p. 231 : « *... à certaines périodes du mois.* ». Protopopescu 2005 ; Morgan 2004.

p. 231 : « *... plus de vigueur que dans un cerveau masculin.* ». Labouvie-Vief 2003.

p. 232 : « *... d'une baisse de l'ocytocine.* ». Yamamoto 2006 ; Taylor 2006 ; Light 2005 ; Matthews 2005 ; Morgan 2004.

p. 232 : « *... se préoccuper des besoins des autres.* ». Light 2005 ; Tang 2005.

p. 232 : « *... aider les autres et veiller sur eux.* ». Light 2005.

p. 233 : « *... sont mis en veilleuse.* ». Yamamoto 2006 ; Light 2005 ; Motzer 2004 ; Tang 2003.

p. 233 : « *... au tout nouvel équilibre de Sylvia.* ». Protopopescu 2005 ; Motzer 2004 ; Morgan 2004 ; Labouvie-Vief 2003.

p. 233 : « *... pour les hommes de leur entourage.* ». Kirsch 2005 ; Tang 2005 ; Windle 2004.

p. 234 : « *... douleurs articulaires en passant par l'angoisse et la dépression.* ». Soares 2000, 2001, 2003, 2004, 2005 ; Schmidt 2004.

p. 234 : « *... qui provoque lui-même la ménopause.* ». Weiss 2004.

p. 234 : « *... chute en même temps que le niveau d'œstrogènes.* ». Burger 2002.

p. 234 : « *. . une période chaotique pour certaines femmes.* ». Voir Appendice 1 : « Cerveau féminin et traitement hormonal substitutif. »

p. 236 : « ... *baisse d'œstrogènes dans le cerveau.* ». Lobo 2000.

p. 236 : « ... *des envies irrésistibles de sucre.* ». Ratka 2005 ; Joffe 1998, 2002, 2003.

p. 236 : « ... *d'une hypothyroïdie du post-partum.* ». Duval 1999.

p. 237 : « ... *que les femmes ménopausées.* ». Guthrie 2003 ; voir Appendice 1 : « Cerveau féminin et traitement hormonal substitutif. »

p. 237 : « ... *carburant de l'amour, chute aussi.* ». Burger 2002 ; voir Appendice 1 : « Cerveau féminin et traitement hormonal substitutif. »

p. 238 : « ... *était un phénomène extrême.* ». Davison 2005.

p. 238 : « ... *Il était presque inexistant.* ». Davis 2005.

p. 238 : « ... *un patch de testostérone que je lui ai prescrit.* ». Braunstein 2005 ; Bolour 2005 ; Goldstat 2003 ; Shifren 2000.

p. 239 : « ... *moins intenses et moins fréquents.* ». Laumann 1999, 2005 ; voir ch. 4 : Le sexe : le cerveau en dessous de la ceinture et Appendice 1, Cerveau féminin et traitement hormonal substitutif.

p. 239 : « ... *qu'elles possédaient à vingt ans.* ». Davison 2005.

p. 239 : « ... *sous différentes formes, patchs, pilules ou gels* [*]. ». Wang 2004 ; Shifren 2000.

p. 239 : « ... *ni leur intérêt pour le sexe.* ». Davis 2005.

p. 242 : « ... *sont maintenant libres.* ». Taylor 2006.

p. 244 : « ... *nombre de petits n'ont pas survécu.* ». Stern 1989, 1993 ; Morgan 1992 ; Xerri 1994.

p. 244 : « ... *où l'on aide les autres.* ». Shellenbarger 2005.

p. 246 : « ... *même si elle était furieuse.* ». Helson 1992.

p. 247 : « ... *de plus en plus à celles d'un homme.* ». Lobo 2000.

p. 248 : « ... *mais aussi de tous leurs échanges.* ». Swaab 1995, 2001 ; Kruijver 2001 ; Fernandez-Guasti 2000.

p. 248 : « ... *au cours de la ménopause.* ». Kiecolt-Glasser 2005 ; Mackey 2001 ; Robinson 2001.

p. 248 : « ... *les règles de ses relations avec son époux.* ». Sbarra 2006 ; Kruijver 2001.

p. 249 : « ... *l'initiative du divorce après la cinquantaine.* ». U.S. Human Resources Services Administration 2002.

---

[*] Aux Etats-Unis. En France, un patch a obtenu son autorisation de mise sur le marché à des conditions strictes et il est pour l'instant réservé aux femmes ayant subi une ovariectomie et une hystérectomie. *(NdT.)*

p. 251 : « *... qu'elle avait eues ces derniers temps avec Robert.* ». Voirman 2001 ; Gust 2000 ; Burleson 1998.

p. 252 : « *... son instinct de prise en charge des autres.* ». Taylor 2006 ; Miller 2002.

p. 252 : « *... maintenue à un niveau bas.* ». Kajantie 2006 ; Morgan 2004.

p. 254 : « *... la naissance de ses enfants.* ». Helson 2005.

p. 255 : « *... faisaient plus de cas de leur santé physique.* ». Helson 2001, 2005 ; Roberts 2002.

p. 256 : « *... à leur propre travail, leurs propres activités.* ». Kiecolt-Glaser 1996, 1998.

p. 257 : « *... dépendants des œstrogènes ne tardent pas à dépérir.* ». Taylor 2006 ; McEwen 2001, 2005.

p. 257 : « *... dès l'intervention ou très vite après.* ». Sherwin 2005.

p. 258 : « *... inférieur à celui des hommes du même âge.* ». Stirone 2005.

p. 258 : « *... des schémas caractéristiques de sujets plus âgés.* ». Shaywitz 2003.

p. 258 : « *... capacités d'écoute et du traitement des émotions.* ». Erickson 2005.

p. 259 : « *... ne bénéficiaient pas de cet effet protecteur.* ». Rossouw 2002.

p. 259 : « *... n'existait pratiquement plus.* ». Saenz 2005 ; Tessitore 2005 ; Clarkson 2005 ; Brownley 2004.

p. 259 : « *... protéger de la même manière les fonctions cérébrales.* ». Sherwin 2005.

p. 259 : « *... de la part du médecin qui la suit sur ce plan.* ». Hickey 2005 ; Davis 2005 ; Brizendine 2003.

p. 260 : « *... sont plus précoces chez les hommes.* ». Kochunov 2005 ; Sullivan 2004 ; Li 2005.

p. 261 : « *... après la fin de leur période de fertilité.* ». Finch 2002.

p. 261 : « *... dans les temps préhistoriques.* ». Hawkes 1998, 2004.

p. 262 : « *... augmentant leurs chances de survie.* ». Hawkes 2003.

p. 262 : « *... certaines populations d'Inde et d'Afrique.* ». Beise 2002.

p. 262 : « *... que la présence du père.* ». Hawkes 2003.

p. 263 : « *... inventer comment occuper toutes ces années.* ». Kenyon 2005 ; Arantes-Oliveira 2003 ; Murphy 2003 ; Wise 2003.

Appendices

1. Cerveau féminin et traitement hormonal substitutif

p. 277 : « *... que les femmes se sont sentis trahis.* ». Ekstrom 2005 ; Hickey 2005.

p. 277 : « *... pris le traitement de manière épisodique ?* ». Brownley 2004.

p. 278 : « *... des femelles de petits rongeurs et de primates.* ». Wise 2005 ; Clarkson 2005 ; Papalexi 2005.

p. 278 : « *... au fur et à mesure que nous prenons de l'âge.* ». Hultcrantz 2006 ; Erickson 2005 ; Saenz 2005 ; Murabito 2005 ; Zemlyak 2005.

p. 278 : « *... (zone du traitement de certaines émotions).* ». Erickson 2005 ; Shaywitz 2003.

p. 278 : « *... des résultats de la WHI et de la WHIMS.* ». Franklin 2006 ; Erickson 2005 ; Li 2005 ; Gulinello 2005 ; Stirone 2005.

p. 278 : « *... seront connus après 2010.* ». Harman 2004, 2005.

p. 279 : « *... que les femmes qui n'ont jamais été traitées.* ». Resnick 2001 ; Maki 2001.

p. 279 : « *... sur le rétrécissement cérébral dû à l'âge.* ». Raz 2004.

p. 279 : « *... plus vite avec l'âge que le cerveau féminin.* ». Kochunov 2005.

p. 279 : « *... impliqué dans la reconnaissance des visages.* ». Raz 2004 ; Sullivan 2004.

p. 279 : « *... de meilleurs résultats que les hommes.* ». Miller 2002.

p. 279 : « *... que chez les femmes sous traitement.* ». Erickson 2005 ; Raz 2004 ; Miller 2002.

p. 280 : « *... les études comparatives entre individus.* ». Murabito 2005.

p. 280 : « *... la durée de leur traitement.* ». Rasgon 2005.

p. 280 : « *... un traitement œstrogénique après la ménopause.* ». Sherwin 2005 ; Rubinow 2005 ; Wise 2005 ; Turgeon 2004.

p. 281 : « *... qui précèdent le jour de la ménopause.* ». Burger 2002 ; Lobo 2000.

p. 281 : « *... la sensibilité du cerveau aux œstrogènes commence à diminuer.* ». Weiss 2004.

p. 281 : « ... *les deux ans qui précèdent l'arrêt des règles.* ». Soares 2004, 2005 ; Schmidt 2005 ; Rasgon 2005 ; Douma 2005.

p. 282 : « ... *ont commencé à subir des perturbations.* ». Bethea 2005.

p. 282 : « ... *à condition qu'elle soit modérée.* ». Bertschy 2005 ; Rubinow 2002 ; Schmidt 2000 ; Komesaroff 1999.

p. 282 : « ... *à l'instabilité de l'humeur et à l'irritabilité.* ». Kajantie 2006 ; Morgan 2004 ; Voirman 2001 ; Gust 2000 ; Burleson 1998.

p. 282 : « ... *la sérotonine, la norépinéphrine et la dopamine.* ». Tessitore 2005.

p. 282 : « ... *pour de nombreuses femmes en périménopause.* ». Kravitz 2005 ; Joffe 2002.

p. 282 : « ... *encore plus vrai après la quarantaine.* ». Kravitz 2005.

p. 283 : « ... *une dizaine d'années ou plus après la ménopause.* ». Guthrie 2005 ; Joffe 2002 ; Henderson 2002 ; Dennerstein 1997, 2000.

p. 283 : « ... *dans les cinq premières années suivant la ménopause.* ». Davis 2005 ; Erickson 2005 ; McEwen 2005 ; Sherwin 2005 ; Shaywitz 2003 ; Woolley 2002 ; Cummings 2002 ; Halbreich 1995 ; Craik 1977.

p. 283 : « ... *sitôt après l'intervention, voire avant.* ». Sherwin 2005.

p. 284 : « ... *leur a permis de retrouver leur vivacité d'esprit.* ». Korol 2004 ; Farr 2000.

p. 284 : « ... *n'ont pas étudié de femmes en périménopause.* ». Wright 2004.

p. 284 : « ... *de la rigueur scientifique auxquels elles ont droit.* ». Naftolin 2005.

p. 284 : « ... *ne doit pas débuter après ce délai.* ». Clarkson 2005.

p. 285 : « ... *à un traitement à base d'œstrogènes seuls.* ». Lobo 2005 ; Speroff 2005.

p. 285 : « ... *les seins, l'utérus et le système vasculaire.* ». Mendelsohn 2005.

p. 285 : « ... *les techniques antistress et la pratique de la méditation.* ». Perez-Martin 2005 ; Bough 2005 ; Mogi 2005 ; Yonezawa 2005 ; Gulati 2005 ; Elavsky 2005 ; Hickey 2005 ; Davison 2005 ; Brizendine 2004 ; Epel 2004.

p. 286 : « ... *les gels, les formes injectables et les implants souscutanés.* ». Goldstat 2003.

p. 286 : « ... *de l'exercice ou de la relaxation.* ». Brizendine 2004.

p. 287 : « ... *qui font grossir.* ». Bakken 2004.

p. 288 : « ... *aide parfois à le ralentir – pas toujours.* ». Morse 2005.

p. 288 : « ... *que les hommes du même âge.* ». Stirone 2005.

p. 288 : « ... *d'un plus grand nombre de cellules cérébrales.* ». Sastre 2002.

p. 288 : « ... *la longévité supérieure des femmes.* ». Vina 2005.

p. 289 : « ... *les « câbles » reliant différentes zones cérébrales.* ». Henderson 2002.

p. 289 : « ... *envoie l'information plus lentement, ou cesse de le faire.* ». Tanapat 2002.

p. 289 : « ... *plus de risques que les hommes d'être atteintes par la maladie.* ». Alvarez 2005.

p. 289 : « ... *ont montré une insuffisance en œstrogènes.* ». Yue 2005 ; Li 2005.

p. 289 : « ... *ou des décennies après la ménopause.* ». Woods 2000.

p. 290 : « ... *retirent plus de bénéfices de ce soutien.* ». Kajantie 2006 ; Epel 2006 ; Gurung 2003.

p. 290 : « ... *comme les jeux de cartes, jouent un rôle essentiel.* ». Podewils 2005.

p. 290 : « ... *jusqu'à 70 % de leur testostérone.* ». Davis 2005 ; Braunstein 2005 ; Burger 2002 ; Shifren 2000.

p. 290 : « ... *Cette transition hormonale s'appelle l'adréno-pause.* ». Nawata 2004.

p. 291 : « ... *produite par les testicules quand ils étaient jeunes.* ». Vermeulen 1995.

p. 291 : « ... *70 picogrammes par millilitre pour elles.* ». Lobo 2000.

p. 291 : « ... *à entretenir l'intérêt pour le sexe.* ». Gray 1991.

p. 291 : « ... *laisse certaines avec des taux vraiment bas.* ». Guay 2004.

p. 291 : « ... *ce chiffre atteint six sur dix.* ». Laumann 1999.

p. 292 : « ... *se retrouve dans le monde entier.* ». Laumann 2005.

p. 292 : « ... *de celui qu'il était à vingt ans.* ». Gray 1991.

p. 292 : « ... *ont subi une ablation des ovaires.* ». Laumann 1999, 2005.

p. 292 : « ... *au moyen de gels, de crèmes ou de pilules.* ». Warnock 2005.

p. 293 : « ... *a droit à des rapports sexuels harmonieux et épa-*

nouis. ». voir ch. 4 : Le sexe : le cerveau en dessous de la ceinture.

p. 293 : « ... *au cours de son existence.* ». Basson 2005.

p. 294 : « ... *sa « résistance » psychologique au sexe.* ». Basson 2005.

p. 294 : « ... *d'une chute brutale de leur libido.* ». Sherwin 1985.

p. 294 : « ... *sous forme de gel, de patchs ou de crème.* ». Guay 2002 ; Bachmann 2002.

p. 294 : « ... *permet souvent de la retrouver comme avant.* ». Sherwin 1985.

p. 295 : « ... *d'avoir des rapports avec son partenaire.* ». Apperloo 2003 ; Davis 1998, 2001.

p. 295 : « ... *au contraire de ce que nous avons cru à une époque.* ». Buster 2005 ; Davison 2005.

p. 295 : « ... *à l'origine d'un dysfonctionnement sexuel.* ». Guay 2004.

p. 295 : « ... *la testostérone existe pour les deux sexes.* ». Davison 2005 ; Connell 2005 ; Guay 2002.

p. 295 : « ... *augmentation de l'énergie et du désir sexuel.* ». Rhoden 2004 ; Wang 2004 ; Rossouw 2002.

2. Cerveau féminin et dépression du post-partum

p. 297 : « ... *ne subit pas lesdites variations hormonales.* ». Hasser 2006 ; Kendler 2006 ; Boyd 2006.

p. 297 : « ... *chez les femmes atteintes de dépression du post-partum.* ». Bloch 2003, 2006.

p. 298 : « ... *sécrète trop de cortisol, l'hormone du stress.* ». Bloch 2005.

p. 298 : « ... *un stress important à la maison.* ». O'Hara 1991.

p. 299 : « ... *le manque de sommeil, le bébé et le partenaire.* ». Edhborg 2005.

p. 299299 : « ... *contre la dépression du post-partum.* ». Uvnäs-Moberg 2003.

p. 299 : « ... *développement de la dépression du post-partum.* ». Walker 2004.

p. 299 : « ... *comme une psychothérapie de soutien.* ». Magalhaes 2006 ; Altshuler 2001.

3. Cerveau féminin et orientation sexuelle

p. 300 : « ... *% de la population féminine.* ». Jorm 2003.

p. 300 : « ... *l'origine du processus est différent chez les femmes.* ». Rahman 2005.

p. 300 : « ... *s'affirment plus souvent bisexuelles.* ». Bocklandt 2006 ; Rahman 2005 ; Chivers 004 ; Sandfort 2003.

p. 301 : « ... *mieux acceptée par la société.* ». Sandfort 2003.

p. 301 : « ... *une affaire de câblage cérébral.* ». LeVay 1991.

p. 301 : « ... *l'orientation sexuelle, tant féminine que masculine.* ». Mustanski 2005 ; Pattatucci 1995 ; Pillard 1995.

p. 301 : « ... *les jeux brutaux et l'attraction sexuelle.* ». Hershberger 2004.

p. 301 : « ... *que celles qui n'avaient pas été exposées de la sorte.* ». Hines 2004 ; Manning 2004 ; voir ch. 1 : Naissance du cerveau féminin.

p. 301 : « ... *entre les homosexuelles et les autres.* ». Rahman 2003.

p. 301 : « ... *un schéma typiquement masculin.* ». McFadden 1998, 1999.

p. 301 : « ... *leurs résultats se sont situés entre ceux des hommes et des femmes.* ». Muscarella 2004.

p. 302 : « ... *que les homosexuelles en fluidité verbale.* ». Rahman 2003.

Information de l'éditeur
concernant les références

Cet ouvrage, fruit de longs travaux de recherche, s'appuie sur de nombreuses études scientifiques, dans des disciplines très variées.

Par respect pour l'environnement, les références bibliographiques, témoignant de ce travail de synthèse et de la diversité des sources auxquelles il emprunte, ont été mises en ligne sur un site Internet spécialement créé à cet effet. Nous invitons le lecteur à le consulter à l'adresse suivante :

www.secretsducerveaufeminin.com

Remerciements

L'origine de ce livre remonte à mes années d'études à l'université de Californie à Berkeley, à Yale, à Harvard et au University College de Londres. Je tiens donc à remercier ici tous les professeurs et tous les étudiants qui ont le plus influencé ma pensée durant ces années : Frank Beach, Mina Bissel, Henry Black, Bill Bynum, Dennis Charney, Marion Diamond, Marilyn Farquar, Carol Gilligan, Paul Greengard, Tom Guteil, Les Havens, Florence Haseltine, Marjorie Hayes, Peter Hornick, Stanley Jackson, Valerie Jacoby, Kathleen Kells, Kathy Kelly, Adrienne Larkin, Howard Levitin, Mel Lewis, Charlotte McKenzie, David Mann, Daniel Mazia, William Meissner, Jonathan Muller, Fred Naftolin, George Palade, Roy Porter, Sherry Ryan, Carl Salzman, Leon Shapiro, Rick Shelton, Gunter Stent, Frank Thomas, Janet Thompson, George Vaillant, Roger Wallace, Clyde Willson, Fred Wilt et Richard Wollheim.

Au cours des années passées parmi le corps professoral de Harvard et de l'université de Californie à San Francisco, ma pensée a été influencée par Bruce Ames, Cori Bargmann, Regina Casper, Francis Crick, Mary Dallman, Herb Goldings, Deborah Grady, Joel Kramer, Fernand Labrie, Jeanne Leventha, Sindy Mellon, Michael Merzenich, Joseph Morales, Eugene Roberts, Laurel Samuels, Carla Shatz, Stephen Stahl, Elaine Storm, Marc Tessier-Lavigne, Rebecca Turner, Victor Viau, Owen Wolkowitz et Chuck Yingling.

Mes collègues, mon équipe, les internes, les étudiants et mes patientes de la Women and Teen Girls'Mood and Hormone Clinic ont contribué de bien des façons à la réalisation de cet ouvrage : Denise Albert, Raya Almufti, Amy Berlin,

Cathy Christensen, Karen Cliffe, Allison Doupe, Judy Eastwood, Louise Forrest, Adrienne Fratini, Lyn Gracie, Marcie Hall-Mennes, Steve Hamilton, Caitlin Hasser, Dannah Hirsch, Susie Hobbins, Fatima Imara, Lori Lavinthal, Karen Leo, Shana Levy, Katherine Malouh, Faina Nosolovo, Sarah Prolifet, Jeanne St. Pierre, Veronica Saleh, Sharon Smart, Alla Spivak, Elizabeth Springer, Claire Wilcox et Emily Wood.

Je remercie aussi mes autres collègues et les étudiants et membres du personnel du Langley Porter Psychiatric Institute et de l'UCSF, dont j'ai apprécié la contribution : Alison Adcock, Regina Armas, Jim Asp, Renee Binder, Kathryn Bishop, Mike Bishop, Alla Borik, Carol Brodsky, Marie Caffey, Lin Cerles, Robin Cooper, Haile Debas, Andrea DiRocchi, Glenn Elliott, Stu Eisendrath, Leon Epstein, Laura Esserman, Ellen Haller, Dixie Horning, Marc Jacobs, Nancy Kaltreider, David Kessler, Michael Kirsch, Laurel Kœpernick, Rick Lannon, Bev Lehr, Descartes Li, Jonathan Lichtmacher, Elaine Lonnergan, Allan Louie, Theresa McGinness, Robert Malenka, Charlie Marmar, Miriam Martinez, Craig Nelson, Kim Norman, Chad Peterson, Anne Poirier, Astrid Prackatzch, Victor Reus, John Rubinstein, Bryna Segal, Lynn Shrœder, John Sikorski, Susan Smiga, Anna Spielvogel, David Taylor, Larry Tecott, Renee Valdez, Craig Van Dyke, Mark Van Zastrow, Susan Voglmaier, John Young et Leonard Zegans.

Tous mes remerciements aussi aux personnes qui ont lu des passages de ce livre et m'ont donné leur avis : Carolyn Balkenhol, Marcia Barinaga, Elizabeth Barondes, Diana Brizendine, Sue Carter, Sarah Cheyette, Diane Cirrincione, Theresa Crivello, Jennifer Cummings, Pat Dodson, Janet Durant, Jay Giedd, Mel Grumbach, Danna Hirsh, Sarah Hrdy, Cynthia Kenyon, Adrienne Larkin, Jude Lange, Jim Leckman, Luisa Llanes, Rachel Llanes, Eleanor Maccoby, Judith Martin, Diane Middlebrook, Nancy Milliken, Cathy Olney, Linda Pastan, Liz Perle, Lisa Queen, Rachel Rokicki, Dana Slatin, Millicent Tomkins et Myrna Weissman.

Ce livre a particulièrement bénéficié des recherches, des textes et des avis de Marty Altemus, Arthur Aron, Simon Baron-Cohen, Jill Becker, Andreas Bartels, Lucy Brown, David Buss, Larry Cahill, Anne Campbell, Sue Carter, Lee Cohen, Susan Davis, Helen Fisher, Jay Giedd, Jill Goldstein, Mel Grumbach, Andy Guay, Melissa Hines, Nancy Hopkins, Sarah Hrdy, Tom Hinsel, Bob Jaffe, Marta McClintock, Eric McClure, Eleanor Maccoby, Bruce McEwen, Michael Meaney, Barbara Parry, Don Pfaff, Cathy Roca, David Rubinow, Robert Sapolsky, Peter Schmidt, Nirao Shah, Barbara Sherwin, Elizabeth Spelke, Shelley Taylor, Kirstin Uvnäs-Moberg, Sandra Witelson, Sam Yen, Kimberly Yonkers et Elizabeth Young.

Je suis également reconnaissante à tous ceux avec qui j'ai eu des conversations passionnantes sur le cerveau féminin au cours des dernières années : Bruce Ames, Giovanna Ames, Elizabeth Barondes, Jessica Barondes, Lynne Krilich Benioff, Marc Benioff, ReVeta Bowers, Larry Ellison, Melanie Craft Ellison, Cathy Fink, Steve Fink, Milton Friedman, Hope Frye, Donna Furth, Allan Goldberg, Andy Grave, Eva Grave, Anne Hoops, Jerry Jampolsky, Laurene Powell Jobs, Tom Kornberg, Josh Lederberg, Deborah Leff, Sharon Agopian Melodia, Shannon O'Rourke, Judy Rapoport, Jeanne Robertson, Sandy Robertson, Joan Ryan, Dagmar Searle, John Searle, Garen Staglin, Shari Staglin, Millicent Tomkins, Jim Watson, Meredith White, Barbara Willenborg, Marilyn Yalom et Jody Kornberg Yeary.

Je tiens également à remercier les personnes et les fondations privées qui ont apporté leur soutien à mon travail : Lynne et Mark Benioff, la Lawrence Ellison Medical Foundation, le National Center for Excellence in Women's Health de l'UCSF, l'Osher Foundation, la Salesforce.com Foundation et le service de psychiatrie de l'UCSF.

Susan Wels m'a aidée avec talent et habileté à rédiger le premier jet de cet ouvrage et à mettre de l'ordre dans des monceaux de documentation. Qu'elle trouve ici l'expression de mon infinie gratitude.

Je dois aussi beaucoup à Liz Perle, qui, la première, m'a persuadée d'écrire ce livre, et à tous ceux qui y ont cru et se sont donné beaucoup de mal pour qu'il voie le jour : Susan Brown, Rachel Lehmann-Haupt, Deborah Chiel, Mark Haeringer et Rachel Rokicki. Lisa Queen, mon agent, de Queen Literary, m'a apporté un soutien sans faille et m'a aidée tout au long de sa rédaction par ses brillantes suggestions.

Je remercie tout particulièrement l'éditrice Amy Hertz, vice-présidente de Morgan Road Books, qui a envisagé le projet depuis le début et m'a poussée à rendre cet ouvrage aussi vivant que possible et lisible par le plus grand nombre.

Je tiens aussi à remercier mon fils, Whitney, qui a supporté que sa mère passe beaucoup de temps à mener à terme son projet et a apporté sa contribution au chapitre sur l'adolescence.

Enfin, toute ma gratitude va à mon âme sœur, Sam Barondes, mon mari, pour son soutien, sa sagesse, son infinie patience, ses conseils éditoriaux et scientifiques avisés, et pour son amour.

TABLE

Cet ouvrage a été imprimé par

FIRMIN DIDOT

GROUPE CPI

Mesnil-sur-l'Estrée

pour le compte des Éditions Grasset
en avril 2008